教育勅語と学校教育

■教育勅語の教材使用問題をどう考えるか■

日本教育学会教育勅語問題ワーキンググループ編

世織書房

教育勅語と学校教育　＊　目次

第一篇　教育勅語の教材使用問題に関する研究報告書

〈第一部　本　編〉

第二篇　教育諸学からの発言

序

教育勅語問題と本書刊行の経緯

――教育勅語のさらなる批判的検討に向けて――

◆中嶋哲彦（名古屋大学）

第一節　教育勅語使用容認答弁――歴史的に確認された原則への挑戦

学校において、教育に関する勅語を我が国の教育の唯一の根本とするような指導を行うことは不適切であると考えているが、憲法や教育基本法等に反しないような形で教育に関する勅語を教材として用いることまでは否定されることではないと考えている。

これは、政府が二〇一七年三月三一日に閣議決定した答弁書の一節である。この答弁書を読んで、戦後教育から完全に排除された教育勅語を復権させ、再び教育勅語を肯定的に教える学校教育を復活させかねない、と懸念した人は少なくないだろう。二〇〇六年一二月の教育基本法「改正」および二〇〇七年六月の学校教育法「改正」以降、道徳教育が強化される傾向にあることを想起して、安倍政権ならばさもありなんと捉えた人もいるかもしれない。

これまでにも、教育勅語には「夫婦相和シ」など今日でも通用する徳目が書かれているとして、教育勅語を今日の学校教育に活かすべきだとの私見を述べる政治家はいた。しかし、今回のように、教育勅語を教材として肯定的に使用することや、教育勅語の理念に基づく教育が容認されることを、政府の公式見解として表明することはなかった。つまり、これまでは、政治家が個人的見解として教育勅語に肯定的な考えを表明した場合でも、学校教育において教育勅語を復活させる考えはないと表明することで、公私の区別がつけられていたのである。この点から見て、第一九三回国会の政府答弁は、歴代政府が守ってきた限界を著しく逸脱するものだった。

政府は、前述の閣議決定の一ケ月以上前から、第一九三回国会における各種委員会の質疑応答において、学校や設置者（地方公共団体、学校法人）・監督庁の判断により、教育勅語を学校教育において肯定的に使用することを容認する旨の答弁を繰り返していた。一連の政府答弁は、①教育勅語には普遍的な道徳的価値が含まれており、今日でも通用する部分がある、②教育勅語を唯一の指導原理としないかぎり、教育勅語の理念を指導原理とする教育を行うことは可能だ、③日本国憲法・教育基本法に反しないかぎり、学校や教育委員会・学校法人の判断で教育勅語を教材として用いてよい、という三本柱からなっている。

政府は前記閣議決定後も会期末までほぼ同主旨の答弁を繰り返しただけでなく、一時は朝礼などで子どもに教育勅語を暗唱させることも一概には否定しないとの答弁まで飛び出した。後日この発言は事実上撤回されたが、教育勅語を学校教育において用いてよいとの答弁自体を撤回することはなかった。

このような政府答弁について、学校での教育勅語の使用に「憲法や教育基本法等に反しないような形で」との条件を付しているのだから、政府も戦前・戦中のような形で教育勅語を復活させることまで容認しているわけではないとの見方もある。そのなかには、政府の本音は教育勅語を復活させることにあるとの見通しに立ちつつも、政府自身の言葉で政府のフリーハンドを封じようと意図するものもある。しかし、大阪府内の私立幼稚園において幼児に教育勅語を暗唱させていたことについて、政府がこれを日本国憲法・教育基本法に反する行為だと答弁しないことなどに鑑みれば、

「憲法や教育基本法等に反しないような形で」との条件は限りなく空虚なものと言うほかない。

多くの教育学研究者が政府の教育勅語使用容認答弁に反対するのは、政府が一連の答弁において教育勅語がすでに排除されたものであるという歴史的事実を歪曲し、学校教育における教育勅語の扱いに関するすでに確立され政府も従ってきた原則を正当な論拠なく廃棄しようとしているからにほかならない。政府の一連の答弁は、教育勅語の扱いに関する歴史的に確認された原則に対する不当な挑戦であると言わなければならない。

第二節　日本教育学会の対応

教育勅語が作られた理由と経緯、教育勅語に書き込まれた徳目の意味、そして戦前・戦中に教育勅語がどのように利用されたかを知る人は、この閣議決定を契機に教育勅語が復権・復活しかねないと危惧したことだろう。多くの学会・研究会や研究者個人が政府の教育勅語使用容認答弁を批判し、学校関係者に自重を促す声明を相次いで発表した。日本教育学会（広田照幸会長・日本大学）は教育学関連諸学会の会長に呼びかけて、二〇一七年六月一六日、教育勅語を学校教育において肯定的に扱うことは一切認められず、教育勅語を指導原理とする教育を行ってはならないという主旨の会長声明を発表した。この声明に賛同する学会の会長は増え続け、二〇一七年七月三一日には二六人に達した。

これに先立つ二〇一七年五月、日本教育学会の法人理事会は、政府の教育勅語使用容認答弁の問題点を学術的に明らかにするために、教育勅語問題ワーキング・グループを設置した。このワーキング・グループは、乾彰夫（副座長・首都大学東京名誉教授）、大橋基博（名古屋造形大学）、小野雅章（日本大学）、折出健二（愛知教育大学名誉教授）、澤田稔（上智大学）、寺崎里水（法政大学）、中嶋哲彦（座長・名古屋大学）、村田晶子（早稲田大学）をメンバーとして六月に活動を始動し、約半年の間に、①前記会長声明の草案作成、②公開シンポジウムの開催、③研究報告書「教育勅語の教材使用問題に関する研究報告書」の作成などの活動を行った。

公開シンポジウムは、二〇一七年六月と九月に二回実施し、それぞれ一〇〇人を超える参加者を得て、活発な議論が行われた。シンポジウムの概要は下記のとおりである。

○第一回公開シンポジウム〈二〇一七年六月一八日〉早稲田大学戸山キャンパス
「政府の教育勅語容認答弁の問題点」中嶋哲彦（名古屋大学）
「一九四八年教育勅語排除・失効確認決議の意義」三羽光彦（芦屋大学）
「教育勅語と唱歌：儀式による共存関係を中心に」有本真紀（立教大学）
○第二回公開シンポジウム〈二〇一七年九月三〇日〉法政大学市ヶ谷キャンパス
「『教育勅語の教材使用問題に関する研究報告書案』の骨子について」中嶋哲彦（名古屋大学）
「意見表明」米田俊彦（教育史学会代表理事・お茶の水女子大学）
瀧澤利行（日本生活指導学会理事・茨城大学）
冨士原紀恵（日本カリキュラム学会理事・お茶の水女子大学）

また、ワーキング・グループは、グループ内での集団的検討と前記公開シンポジウムでの議論を経て研究報告書を作成した。日本教育学会は二〇一七年一二月一二日、広田、中嶋、小野が出席して、文部科学省記者会において研究報告書の概要、作成の経緯と趣旨を記者発表するとともに、研究報告書を全国の都道府県教育委員会及び政令都市教育委員会に送付した。研究報告書では、教育勅語の成立過程とその歴史的意味、戦前・戦中における教育勅語の利用実態、敗戦後における教育勅語の排除、第一九三回国会における政府答弁の問題点などを学術的に明らかにされた。また、教育勅語を考える上で必要な資料が多数収集整理されている。この研究報告書の各章は、ワーキング・グループのメンバーを中心に研究者が個人論文として執筆してその責任の所在を明らかにしているが、その内容は公開シンポジウムなどでの研究者の集団的討議を基礎にしている。

この研究報告書が学術的研究の成果であることはすでに述べたが、同時に、教育勅語が今後の学校教育において指導原理性をもつ文書として復権するのを許してはならず、また教育勅語を教育的・道徳的価値のある教材として用いた教育を復活させてはならないという目的意識の下で作成されたものである。そのため、学校教育における教育勅語の扱いについて、ワーキング・グループでの検討と前記シンポジウムでの討議を経て、日本国憲法及び教育基本法に基づいて形成された原則を次の五つに整理した。さらに、報告書の主旨、とくに学校において教育勅語をどのように扱うべきかのポイントをわかりやすくまとめたQ&Aを付した。読者はまずQ&Aを一読して研究報告書の概要を把握したのち、Q&Aの各項目に示された本文に読み進むのも良いだろう。

①教育勅語はすでに教育から排除されたものであり、教育勅語またはその理念を指導原理とする教育を行ってはならない。
②教育勅語を暗唱させ、学校行事等で唱和・朗読・解説し、学校内で掲示・音声放送などをしてはならない。
③教科書及び副教材などで、教育勅語を道徳的価値が記された文書として取り上げ、肯定的に扱うことはできない。④の場合を例外として、教育勅語には教科教育で取り上げる教育的価値は認められない。
④教育勅語は、教育勅語が日本国憲法・教育基本法の原理に反するものであることを知り、戦前と戦後の社会・教育・価値観の違いを考察する場面で、批判的に取り上げる場合にかぎり使用できる。
⑤国及び設置者・所轄庁は、教育勅語を指導原理とする教育を行うよう学校・教員に指導または強制してはならず、教育勅語を肯定的に扱う教材を採用し学校・教員に使用させてはならず、また学校・教員がこれらを行うことを容認してはならない。

前記の五原則は、これまでこういう形で整理されたことはなかったが、この内容自体は原理的には一九四七年の日本国憲法施行・教育基本法制定によって、より実体的には一九四八年の衆参両院での教育勅語排除・失効確認決議によって確立されたものであり、学校・教師の教育実践は言うまでもなく、国や地方公共団体の教育行政においても尊重されてきたものである。

本書では、ワーキング・グループの研究報告書（本文、Q＆A、資料の一部）を第一篇として収録したほか、公開シンポジウムでの主要な発言者等に依頼して執筆していただいた論考を第二篇に収録した。

第三節　人格形成を阻害する教育勅語

学校教育において教育勅語を肯定的に教えることは、日本国憲法・教育基本法の教育理念に反することであり、戦後教育において確立された原則からの逸脱にほかならない。しかし、教育勅語によって特定の道徳的価値を権威的に押しつけることの否定的効果を明らかにしなければ、政府の教育勅語使用容認答弁を批判する者の方が七〇年前のいきさつにこだわる守旧派に見えてしまうかもしれない。

日本国憲法・教育基本法の教育理念にせよ、戦後教育の確立された諸原則にせよ、その意味と意義を、そのときどきの現実に即して再確認しつづけないかぎり、新しい世代に属する人々がそれらを主体的に継承していくことは難しく、したがってそれらの自覚的な担い手となることは期待すべくもない。この意味で、政府の教育勅語使用容認答弁の突出は、日本国憲法・教育基本法の教育理念について、これまで以上に自覚的な世代間継承と現代的意義の持続的な再確認の必要性を提起していると考えるべきだろう。

ここでは、教育勅語の復権・復活、つまり教育において子ども・若者に教育勅語を肯定的に教えることに、どのような問題があるかを確認しておこう。

教育勅語は、一八九〇（明治二三）年一〇月三〇日に、天皇制国家における教育の指導原理を明治天皇の言葉として著した文書であり、天皇自身の言葉で臣民が遵守すべき道徳規範を示した文書として神格化され、戦前・戦中の総力戦体制の下で国家による国民の精神的支配を基礎づけた。教育勅語は、形式上は大日本帝国憲法を頂点とする法体系の外側にありながら、主権者天皇の教育に関する意思が記された文書として実定法を超える存在になった。教育勅語は「神国日本」の「現人神」たる天皇の言葉として神格化され、国家主義的・軍国主義的解釈・解説が加えられた教育勅語の徳目に疑いを差し挟むことさえ許されなかったのである。そして、教育勅語の徳目の中心は、「我カ臣民克ク忠ニ克ク孝ニ」すなわち忠孝一本の思想にあり、「一旦緩急アレハ義勇公ニ奉シ以テ天壌無窮ノ皇運ヲ扶翼スヘシ」つまり天皇制国家への忠誠と献身を誓わせることにあった。こうして、教育勅語に書かれた徳目は絶対視され、教師や子ども・若者が教育勅語の内容を否定したり疑ったりすることは許されなかった。これは思考の抑圧であり、心をもつことの否定にほかならない。

敗戦直後、政府・文部省には教育勅語を擁護したり新教育勅語を求めたりする動きがあったが、日本国憲法・教育基本法の制定・施行により、教育勅語は学校教育から完全に排除された。衆参両院が一九四八年六月、教育勅語の排除・失効確認を決議して、教育勅語がすでに排除されたものであることを確認した背景には、日本国憲法・教育基本法の理念に反する教育勅語を学校教育から完全に排除しなければならないという強い意思があったのである。

ところが、今日も、「父母ニ孝ニ兄弟ニ友ニ夫婦相和シ朋友相信シ」は夫婦・兄弟・友人が仲良くすること、「学ヲ修メ業ヲ習ヒ以テ智能ヲ啓発シ徳器ヲ成就シ進テ公益ヲ広メ世務ヲ開キ」はよく学び社会に貢献すべく努力することを意味するとして、教育勅語には現代にも通用する道徳が書かれているとする主張がある。インターネット上に公開されている教育勅語の現代語訳や解説のなかには、教育勅語の原義を無視して、今日でも受け入れられやすいように書かれているものが少なくない。また、教育勅語の徳目は「親ニ孝ニ夫婦相和シ」というように抽象的であり空疎でさえあるため、前述のような意図的な誤読ではなくても、善意の読み手が教育勅語の意味を理解しようとして、教育勅語の文言に自分自身の文脈に即して意味を充填してしまう可能性もある。

教育勅語は、その起草にあたって、その文面が一般民衆に受容され易いものになるよう意図され、書き込まれた徳目の多くは当時の一般民衆が慣れ親しんだ通俗道徳から拝借したものだった。教育勅語の徳目は空疎な文言で記述されていたがゆえに、その徳目の内実を意図的に操作することは容易だったのである。戦前・戦中は、教育勅語の徳目には国家主義・軍国主義の立場から通俗道徳の域を超える意味が充填され、忠君愛国を基本とする国民道徳涵養の中心に置かれた。教育勅語の徳目は、人々のパーソナルな関係を親子関係における「孝」と男尊女卑の思想によって上下関係として秩序づける一方、人々の社会的関係については親子・夫婦・兄弟姉妹・同僚が相携えて君主たる天皇に奉公するという君臣関係における「忠」を基本に秩序づけるものとなったのである。

同様に、教育勅語の字面だけ追って、たとえば家父長的家族関係を前提とした「親ニ孝ニ」を、現代の対等平等な家族関係を前提とする「親を大切にする」という意味に理解することは教育勅語の誤読であり、教育勅語に日本国憲法・教育基本法に合致する道徳的価値が含まれていたと述べることは歴史の偽造である。教育勅語は、天皇の権威を背景にして、天皇制国家の教育制度の成立・確立期における教育の指導原理と涵養すべき徳目を国民に押しつける役割を担った文書である。このことを度外視して、教育勅語を歴史的に評価することも、その文言の道徳的意味を解釈したり教材として用いたりすることも誤りと言わなければならない。

教育勅語へのこだわりの背景には、特定の道徳的価値を権威的に子ども・若者に押しつける意図が伏在していると考えられるが、それは思想・良心の否定にほかならない。思想・良心の自由は、思想・良心形成の自由をその核心にもち、子ども・若者時代における思想・良心の形成過程において思考・感情・行動・経験の自由な展開が保障されてこそ成り立つ。ところが、戦前・戦中の教育は、教育勅語とその徳目を疑う余地のない神聖なものとすることで、子ども・若者に国家主義的・軍国主義的国家道徳を押しつけただけでなく、子ども・若者に自らの思考を自由に展開してはならない領域が存在するという考えや、自らの素直な感情を押し殺してでも国家が善とするものを受け入れなければならないという考えを植え付けた。教育勅語を疑うことはタブーであり、それを受け入れる以外に道はなかったのである。これは、国家主義的・軍国主義的国家道徳の押しつけという意味だけでなく、思考や感情の自由な展開をその根源において否定するという意味でも、思想・良心の自由を否定するものだった。

人は物事を自分自身の文脈に即して咀嚼する過程を経なければ、それを真に受容し骨肉化することはできない。特定の徳目の押しつけと問いの禁圧は、子ども・若者の人格形成そのものをゆがめてしまうだろう。教育勅語の復権・復活を許せば、たとえそれが直ちに国家主義・軍国主義の復活に繋がることはないとしても、子ども・若者の自由な人格形成を否定する教育・社会を生み出してしまうことは必至である。

著者らは、子ども・若者の教育・教育行政に携わる人々に、教育勅語に関する最新の知見を提供することを期して本書を刊行する。本書が教育勅語の復権・復活を押しとどめる一助となれば幸いである。同時に、本書は教育勅語に関する教育学の一つの到達点を示すものであるが、多くの研究者による批判的検討により教育勅語研究がさらに発展することを期待する。

第一篇

教育勅語の教材使用問題に関する研究報告書

第一部　本　編

第一章

教育勅語の内容と実施過程

——教育勅語は学校教育に何をもたらしたのか——

◆小野雅章（日本大学）

はじめに

二〇一七年三月一七日に安倍晋三内閣は、議員からの質問書に対する答弁書で、「憲法や教育基本法に反しないような形で教育に関する勅語を教材として用いることまでは否定されることではない」との見解を、閣議決定を経て公にした。その後も、閣僚や政権与党の幹部から教育勅語の擁護・容認論が繰り返されている。

そもそも教育勅語は、一九四八（昭和二三）年六月一九日、衆議院における「教育勅語等の排除に関する決議」により、教育勅語などの詔勅が、「根本理念が主権在君並びに神話的国体観に基いている事実は、明かに基本的人権を損い、且つ国際信義に対して疑点を残すもととなる」との理由でその排除を、そして同日参議院では、「教育勅語等の失効確認に関する決議」で、日本国憲法・教育基本法制定に基づき、「わが国家及びわが民族を中心とする教育の誤りを徹底的に払拭し、真理と平和とを希求する人間を育成する民主主義的教育理念をおごそかに宣明し」、その結果として、「教育勅語は、軍人に賜はりたる勅諭、戊申詔書、『青少年学徒ニ賜ハリタル勅語』その他の諸詔勅とともに、既に廃止せられその効力を失つている」ことの確認をそれぞれ決議した。前述の教育勅語の教材使用容認や有効論は、明らかに衆参両院による「教育勅語等の排除に関する決議」、「教育勅語等の失効確認に関する決議」に反するものであるが、この過程で気になったのは、教育勅語の教材使用の容認や擁護発言を行う政府関係者や政権与党の関係者の多くが、教育勅語そのものの性格や歴史的な位置づけについて、その基本的事実を押さえていない、無責任で不勉強なものであるという事実である。

教育勅語に関する教育史研究は、日本教育史の分野で、戦前からの蓄積がある(1)。明治維新から教育勅語発布に至る思想状況については森川輝紀の研究(2)が、草案を詳細に分析することにより成立過程の詳細を明らかにした海後宗臣(3)、稲田正次(4)の研究がある。コンパクトにまとめ手際よく教育勅語を論じた山住正己の研究(5)も見逃せない。さらに発布された教育勅語がその後の日本の教育のなかでどう展開したのかについては、佐藤秀夫(6)、籠谷次郎(7)、小股憲明(8)などによる貴重な研究があり、教育勅語の解釈の変遷については、高橋陽一による研究(9)がある。最新のものとしては、教育史学会編集による公開シンポジウムの成果報告がある(10)。また、教育勅語の実施過程の分析にとって重要な御真影と学校儀式やその「奉護」については、小野雅章の研究がある(11)。近代天皇制(教育勅語理念)と学校行事との関係に関する論考として、山本良信・今野俊彦の研究も存在する(12)。今回の政府や政権与党の議論には、これらの研究成果を学ぼうとする姿勢は皆無であり、存在さえ無視している。

本稿では、前述の先行研究に依拠しながら、現在の日本社会で、教育勅語を肯定的に扱うことなどあり得ないことを、①成立過程からみえる教育勅語の性格、および教育勅語の解釈の変遷、②教育勅語の理念を子ども達に具体化させるための「装置」としての祝祭日学校儀式が戦前日本の学校教育に与えた影響、そして③修身教科書を中心に、教材化された教育勅語がどのように扱われ、実際どのような授業(教育)が求められていたのかという三つの側面から考察を加えたいと思う(13)。

第一節　教育勅語の成立過程とその内容

教育勅語について、様々な立場からの見解が示され、マスコミや出版を通じて人々に提示されている。気になるのは、教育勅語について擁護論のなかの多くに、さらには、否定論の一部にも、教育勅語そのものを精確に理解しているとは言い難いものがあることである。教育勅語を議論する場合、そもそも論ではあるが、「教育勅語とは何か」を精確に把握し、議論のための共通基盤を作る必要があると思われる。

少なくとも、その共通基盤として、①教育勅語はどういう経緯で発布されたのかという成立過程と、そこで議論された教育勅語の性格、および②政府（文部省）が、教育勅語をどのように解釈し、その教育を行っていたのかの二点を明確にすることは必須の事項であろう。以下、この二点について考察を加えたいと思う。

一　明治維新期における求める人間像をめぐる相克

教育勅語の発布に至る背景には、明治維新以降の新たな人間像をめぐる厳しい相克があった。その典型が、一八七九（明治一二）年に権力内部で展開された「教学聖旨」をめぐる論争であった。同年九月、天皇の名で現状の教育に関する批判書として、「教学聖旨」が明治政府の中心的な指導者である伊藤博文に示された。この文書は、維新直後からの欧化政策により教育が知識中心のものに偏重したと批判し、今後の教育は儒教的道徳教育を中軸に置くべきことと、身分に対応した教育の復活とを主張する内容であった。これを元田永孚など宮中侍輔らによる政治介入ととらえた伊藤は、その反駁書を、「教育議」としてまとめ上奏した。この「教育議」の原案を起草したのは、後に教育勅語の文案作成の中心を担った井上毅である。「教育議」は、現在の欧化を基本にする近代化は、基本的に堅持すべきであり、旧体制を支えたイデオロギーである儒教主義に復することは、明治維新の意義を否定するものであると反論し、自由民権運動などの政治運動に参加する教員には是正策を、高等教育機関の学生には、専門領域の研究に没頭させることで対処すべきであると論じた。元田は伊藤の反論に対して、「教育議附議」を上奏し、再反論したが、その内容は「教学聖旨」とほぼ同様の内容であった。この論争がその後、どういう展開となったのかについては、史料的制限もあり詳らかでないが、明治政府内部に、維新後の求める人間像をめぐる新旧の深刻な対立があったことを明確に示している。

その後、一八八一（明治一四）年に政権の中枢から大隈重信を排除したクーデターである「明治十四年の政変」に前後して、伊藤博文は自由民権運動対策として、普通教育に限定して儒教主義徳育の復活を認めた。文部省は、「小学校修身書編纂方大意」を府県に内示したが、そこには、「修身ハ儒教主義ニヨル」と明記されていた。また、元田は、一八八二（明治一五）年に天皇の指示によるものとして、修身科教師用書『幼学綱要』（全七冊）を宮内省から刊行した。これを府県知事に「下賜」するとともに、一八八三年から希望する府県、学校に「下賜」・下付を行った。その内容は、儒教徳目による和漢の道徳事例だけを採用した内容になっていたが、さほど大きな影響力をもつには至らなかった(14)。

初代文部大臣に森有礼が就任し、森文政と称される独特の文教政策が推進されるなかで、儒教主義の徳育政策も否定されることになる。周知のとおり、森有礼は文部大臣就任後、立憲君主制移行を見据えた文教政策を展開した。そのなかで、小学校の教育内容政策については、一八八六（明治一九）年四月発布の第一次小学校令で「小学校ノ学科及其程度ハ文部大臣ノ定メル所ニ依ル」（第一二条）とした。これに基づき同年五月に、「小学校ノ学科及其ノ程度」（文部省令第八号）を発したが、そこで修身科は、従前どおり首位教科とはするものの、その内容と教授方法は、「内外古今人士ノ言行ニ就キ児童ニ適切ニシテ且理会シ易キ簡易ナル事柄ヲ談話」（第一〇条）するとした。これにより、儒教主義によって編纂された既存の教科書の使用を禁止するとともに、週当たりの授業時間も六時間から一時間半と四分の一に削減し、一八八一（明治一四）年以来の儒教主義による修身教育の大転換をはかった。「森文政は、『国体主義』の出発ではなくして、啓蒙主義の終焉とみるべき」(15)ものであった。

二　教育勅語の成立過程

（一）明治二三年地方長官会議と「徳育涵養ノ儀ニ付建議」

「上からの啓蒙」を強力に推進した森文政は、森有礼が一八八九（明治二二）年一一月三日の大日本帝国憲法発布の日に、伊勢神宮に「不敬行為」をはたらいたとの廉《かど》で右翼青年に襲撃され、翌日に死亡した。その後、森文政を否定するような動きが急速に進行したが、徳育政策では、それがことのほか顕著であった。これを象徴するできごととして、一八九〇（明治二三）年二月に開催された地方長官会議があり、そこで採択され、首相・内相に提出された「徳育涵養ノ義ニ付建議」は、教育勅語発布に向けての直接の道筋を作ったものと評価されている。地方長官会議では、いくつかの議案が提出されたが、そのなかに教育に関するものとして、小学校簡易科、師範学校、そして「徳育涵養ノ議ニ付建議」の三つの建議が審議された。小学校簡易科、師範学校に関しての建議は審議時間はさほどかからなかった。そのなかで、最も長い時間を費やしたのが「徳育涵養ノ議ニ付建議」であった。この建議が出された背景には、保守的な内務官僚による、森文政が徳育「衰退」を招いたとの共通認識があった。

「徳育涵養ノ議ニ付建議」の立案に大きく関与した、岩手県知事石井省一郎は、後年、森文政期の状況について、「（開明派官僚について─引用者）欧米の風を知らねばだめであるとし、米国などには五倫五常というようなものはない。五倫などということは道徳として殆んど価値のないものである。せいぜい朋友信有り位はとることができるが、その他は不必要であるとした。君臣義ありなどということも全く不自然であるとみる思想が述べられていた。それらは西洋心酔の甚しいものであった。この空気が地方にひろがり、学校教師もこれと連絡し、雷同していた。明治十八年には森有礼が文部大臣となったが、森文相などもアメリカ帰りでなかなか羽振りをきかせていた」(16)と批判し、さらに、森有礼が文相在任中から保守的な地方長官が、森文政への対抗策を練っていたことを、以下のように指摘している。

毎年春になると地方長官会議が東京で開かれる。私もそれに出て色々地方の状態を聞いてみると、どこもここも同じ様子である。私は実にこれでは日本の将来のために宜しくないないと思って、二、三の信友と相談した。一般の風潮がこうなって来ては日本の将来が思い遣られる。是は今のうちに何とかせねばなるまいじゃないか。というので、丁度地方長官会議の折でもあり、多数地方長官が上京していたので、各同僚とも話し合った。鳥取県知事山田信雄、千葉県知事船越衛、島根県知事籠手田安定などは大いに同感で、私も此の人々と一緒に、此の事に就いて奔走することを約束した。しかし思うようにこの運動が展開できなかったので、それならば致し方がない、此の上は教育の方面でよく始末をせねばならぬというので、私ども同志は、それから躍起運動した。それが丁度明治二十一年からのことである(17)。

石井の回想録が正しければ、森有礼が文部大臣在任当時から、保守的な地方長官らが森文政に異を唱え、積極的に教育の方針転換のための活動を行っていたことになる。

森が暗殺された直後に開催された一八九〇(明治二三)年の地方長官会議における「徳育涵養ノ議ニ付建議」の審議では、「第一ニ徳育ヲ先キニシテ智育ヲ後ニセンコトヲ望ム」(岩手県知事石井省一郎)、「断然タル措置ヲ以テ国家主義道徳ヲ基礎トシテ十九年文部省達(所謂森有礼が発した諸学校令をさす―引用者)ノ精神ヨリ先ズ改メ然ル後改正セサレハ遂ニ挽回スルヲ得サセルヘシ」(島根県知事籠手田安定)など(18)の発言があった。地方長官会議の論調は、明治政府の開化主義的な教育政策に正面から反対するものであった。これは、立憲制の採用により国会開設が目前となり、新たな国家体制で危惧される国民意識の「欧化」への傾斜を是正することを目論み、自らの主導権で、国家の教育理念の一定化を試みようとする、政権内保守派の画策であった。「徳育涵養ノ議ニ付建議」の審議、およびその内容で特徴的なのは、学制以来の欧化教育、なかでも森有礼による啓蒙的な教育政策への反発は大きく、「断然タル措置ヲ以テ国家主義道徳ヲ基礎トシテ十九年文部省達ノ精神ヨリ先ズ改メ」との主張がなされたことである。地方長官から文相、および首相・内相に提出された「徳育涵養ノ議ニ付建議」は、「不肖等ノ見ル所ヲ以テスレハ我国ニハ我国固有ノ倫理ノ教アリ故ニ我国徳育ノ主義ヲ定メント欲スレハ宜ク我国此固有ノ倫理ニ基キ其教ヲ立ツヘキノミ」[19]との方向で徳育方針の一定化を求めた。

（二）教育勅語の起草と井上毅

建議を受けた首相山県有朋は、文相榎本武揚に「徳教に関する箴言」の編纂を命じた。しかし、榎本は、「理化学ニ興味ヲ有セシガ徳教ノコトニハ熱心ナラズ」[20]との姿勢で一貫しており、進捗状況は芳しくなかった。山県は、一八九〇（明治二三）年五月に榎本を文相から更迭し、後任を娘婿の芳川顕正にして、この事業の推進をはかった。芳川は、美文家として著名な中村正直（帝国大学文科大学教授）にこの起草を依頼した。中村は起草を承諾し、「徳育の大旨」との表題を付した草案を芳川に提出した。海後宗臣はこの中村起草の草案の特徴を、「道徳の本源を天や神において、そこから人倫を明らかにしようとしたことである。教育勅語が皇祖皇宗の遺訓にして、徳を樹つること深厚とした、道徳の本源の求め方と異なっている。この点については人の心に神ありと考え、人の心は天に通ずるといい、神儒仏何れも忠孝仁愛においては一致しているとして、宗教心に人倫を求めて、そこから善も導きだしている」[21]と指摘している。

中村正直起草の「徳育の大旨」は、ある段階で文部省案として、文相芳川顕正を通じて首相山県有朋に提出された。山県はこれを法制局長官井上毅に示し、内容の検討を命じた。井上は、一八九〇（明治二三）年六月二〇日付、および同月二五日付書簡[22]により、みずからの所見を山県に開陳した。井上は、六月二〇日付書簡の冒頭で、勅語の性質を七箇条にまとめて論究した。それは、①「此勅語ハ他ノ普通ノ政事上ノ勅語ト同様一例ナルベカラズ……今日ノ立憲政体ノ主義ニ従ヘハ君主ハ臣民ノ心ノ自由ニ干渉セズ……勅諭ヲ発シテ教育ノ方向ヲ示サル、ハ政事上ノ命令ト区別シテ社会上ノ君主ノ著作公告トシテ看ザルベカラズ」、②「勅語ニハ敬天尊神等ノ語ヲ避ケザルベカラズ何トナレバ此等ノ語ハ忽チ宗旨上ノ争端ヲ引起スノ種子トナルベシ」、③「勅語ニハ幽遠深微ナル哲学上ノ理論ヲ避ケザルベカラズ何トナレバ哲学上ノ理論ハ必反対ノ思想ヲ引起スベシ」、④「勅語ニハ政事上ノ臭味ヲ避ケザルベカラズ何トナレバ時ノ政事家ノ勧告ニ出デ志尊ノ本意ニ出ズトノ嫌疑ヲ来スベシ」、⑤「漢学ノ口吻ト洋風ノ気習トヲ吐露スベカラズ」、⑥「消極的ノ砭愚戒悪ノ語ヲ用ウベカラズ君主ノ訓戒ハ汪々トシテ大海ノ水ノ如クナルベク浅薄曲悉ナルベカラズ」、⑦「世ニアラユル各派ノ宗旨ノ一ヲ喜バシメテ他ヲ怒ラシムルノ語気アルベカラズ」(23)である。これらは、井上の意図するところの勅語の姿であった。井上は、勅語発布に反対を示しながらも、この書簡で、勅語の下付方法を示すとともに、自ら作成した草稿を山県に提示した。

井上は、その六日後の六月二五日に再度山県宛に書簡を送った。この書簡は、「奉謹啓候教育勅語之件ニ付猶再応熟考仕候処到底不可然事と確信奉存候」と述べ、改めて勅語発布に反対した。その理由として、①「真誠之叡旨ニ出ずして他の学理的之議論を代表したる之意味ありて十目諸視内閣大臣之意見又ハ何某之勧告ニ出たり即ち入レ智恵なりとの感触あらしめハ誰か中心ニ悦服佩戴するものあらん哉」、②「(思想状況が—引用者)百家競馳之時ニ於テ一ノ哲理の旗頭となりて世の異説雑流を駆除スルノ器械ノ為ニ志尊の勅語を利用するとハ余リ無遠慮なる為方ニ而稍や」、さらに、③「今日風教ノ敗レハ世変之然しむると上流社会之習弊ニ因由ス矯正之道ハ只た政事家率先ニ在る而已決して空言ニ在らざるへし空言の極至尊之勅語を以て最終手段とするに至りてハ天下後世必多議を容る、あらん」などをあげた。

井上は、法制局長官として、教育に関する天皇の意志表明には、主権者として行為という政治性を表面に出すことなく、天皇の社会的発言としての性格を付することにより、近代立憲国家の常識に属する政治権力の国民の内心に関する非介入の原則を貫徹する必要性を切に説いた。井上にしてみれば「実ニ十二楼台ヲ架スルヨリ難事」であったが、結局は自らが教育勅語を起草することになった。井上は、君主が教育の方針を決定して国民に告げる勅語は、立憲制の原則と相反するものになる懼れがあるため、極端な保守層(元田など)や前述の問題意識に欠ける学者(中村など)に起草を委ねては、自身が山県宛書簡で列挙した原則は守れないと判断したのであろう。

海後宗臣により、教育勅語草案は四六点を確認でき、「中村草案は八点、元田草案は六点、井上草案は三十二点である」(24)ことが判明している。「(勅語草案の数について—引用者)井上草案が著しく多いのは、発布された教育勅語の立案と修文は、井上草案の初稿を基として進められる」(25)とも指摘しており、井上毅が教育勅語の起草の主たる部分を担うことになった。教育勅語は、一八九〇年六月の下旬から案文の作成が急ピッチで進められ、元田永孚は、案文の修文者として勅語成文化への実質的顧問役を担った。練り上げられた勅語案は、九月二六日に「徳教ニ関スル勅諭」として閣議に提出された。これが一〇月二〇日に天皇の裁可を仰ぐ文書では、「徳教ニ関スル勅語」となった。さらに、発布の際にこれが「教育ニ関スル勅語」となった。

文案が練り上げられているのと同時に、勅語の公布方法が閣議で検討された。閣議では、①天皇が高等師範学校に「親臨」の折に文部大臣に授与し、文部大臣はこれを受け訓令とともに全国の教育関係者に通知する方法と、②小学校令公布の際に勅語として発布する方法の二つ提案された。閣議では、政治性の最も少ない①の方法が閣議決定され一〇月二一日に首相・文相がその旨を天皇に上奏したが、翌二二日に閣議の意向に反し、宮中で文部大臣に授与する方法を採用することが裁定され、内閣に通知された。これには、元田永孚の意向が強く反映された。

(三) 教育勅語の法体系上の性格

教育勅語は、戦前日本の教育理念を示した文書であり、それは立憲体制の成立と資本主義経済の進展により予想される欧米化の動向への抑制と国体主義に基づく国家体制の維持をはかるための「装置」であった。そのため、絶対性をもちながら、この国の教育理念を規制した。一方で、教育勅語の実質な起草者の井上毅は、立憲制下の君主は、国民の内心の自由に干渉しないという原則を守るため、政治上の命令とは区別し、大臣の副署を用いない君主の社会的「著作公告」の形式にした。このことにより、教育勅語と立憲制との整合性を整えようとした。

教育勅語は、戦前の法体系のなかでどのような位置づけにあったのであろうか。この点について、小股憲明による先行研究をもとに検討してみたい。明治憲法下、国家の法規範としての法律命令のほかに、天皇が国民全体、あるいは個人や機関にむけて意思表明を行うときに発せられた詔書と勅書・勅旨・勅諭・勅語があり、前者と後者とを合わせて詔勅と称した。そのなかで、「詔は国家、皇室にとっての重大事件にさいし出され、勅は日常の事件にさいして出されている（詔が重く、勅が軽い）」[26]ものであった。さらに、明治憲法において国務に関する詔勅には、大臣の副署が必要なことも規定されていた（第五五条）。教育勅語は勅語であって詔書ではない。しかも、大臣の副署もともなっていない。

以上のことから、「①勅の形式で出された教育勅語は、詔でなかったという点で、形式上軽いものであったこと、②しかも、教育勅語は数多くの勅のうちの一つにすぎず、他の勅と区別して教育勅語を特別視する形式上の根拠はないこと、③御名（天皇の署名）、御璽（天皇印）のみで大臣の副署を欠く教育勅語は、国務に関する勅であり得ず、国務にかかわらないそれ」[27]であった。その国務にかかわらない勅として発布された教育勅語は、立憲君主制の常識ともいえる君主は国民の良心の自由に干渉しないとの原則との整合性のため、君主の社会上の「著作公告」でなければならなかった。

教育勅語は、一八九〇（明治二三）年一〇月三〇日に宮中において首相山県有朋と文相芳川顕正とに下付された。翌三一日に芳川は各道府県・直轄学校に対して訓令（文部省訓令第八号）を発し、「謹テ惟フニ我カ　天皇陛下深ク臣民ノ教育ニ軫念シタマヒ茲ニ忝ク　勅語ヲ下シタマフ顕正職ヲ文部ニ奉シ躬重任ヲ荷ヒ日夕省思シテ向フ所ヲ愆ランコトヲ恐ル今　勅語ヲ奉承シテ感奮措ク能ハス謹テ　勅語ノ謄本ヲ作リ普ク之ヲ全国ノ学校ニ頒ツ凡ソ教育ノ職ニ在ル者須ク常ニ聖意ヲ奉体シテ研磨薫陶ノ務ヲ怠ラサルヘク殊ニ学校ノ式日及其他便宜日時ヲ定メ生徒ヲ会集シテ　勅語ヲ奉読シ且意ヲ加ヘテ諄々誨告シ生徒ヲシテ夙夜ニ佩服スル所アラシムヘシ」[28]との大臣訓示と教育勅語謄本の各一通を各学校に交付することを命じるとともに、教育勅語の全文を官報に掲載した。教育勅語発布以前にも、天皇による教育の方針に関する意志表明として、「教学聖旨」、修身の教師用教科書である『幼学綱要』頒布の勅諭などがあったが、それらとは異なり、教育勅語は公示されるとともに、その謄本が全国の諸学校（私立学校も含む）に一斉に下付され、式日などにおける「奉読」が訓令によって指示されるに至った。このように、「天皇の詔勅が公然と全国に学校と生徒たちの前に示されたのは教育勅語をもって嚆矢とした」[29]のである。

主たる起草者である井上毅の強い意向により、政治性を表面に出すことなく、天皇の社会的発言としての性格を付することにより、近代立憲国家の常識に属する政治権力の国民の内心に関する非介入の原則との辻褄合わせを行った。そのため、教育勅語そのものは、法体系上において形式上は決して高いものではなく、そもそも政治性をともなわないことになっていた。その後の文部省による教育勅語の「奉体」政策と天皇制の強化・変容により、次第に政治性を帯びるようになり、国家元首の天皇によって示された絶対的な綱領的文書になった。

三　教育勅語の内容とその解釈

（一）国定教科書における教育勅語の解釈――教科用図書調査会

第一期国定修身教科書は、直接教育勅語を教材として取り上げることはなく、教育勅語に関しては、唯一『尋常小学修身書　第四学年』の「第二十七課　よい日本人（教師用書の表題―引用者）」で教育勅語の概要を扱ったに過ぎなかった。そのため、教育勅語の解釈については、課題として表面化しなかった。ところが、国定第二期修身教科書は、教材として教育勅語を特段に重視するようになる。一九一〇（明治四三）年三月、文部省は「小学校ニ於ケル修身教科書編纂ニ付キ教科ノ目的貫徹方」（一九一〇年三月二八日文部省訓令第二号）を発し、国定第二期修身教科書について、「教育ニ関スル勅語ノ趣旨ニ基キ忠孝ノ大義ヲ明ニシ国民固有ノ特性ヲ発揮セシムルニ特ニ意ヲ致セリ」と、教育勅語の趣旨徹底を強調した。結果として、『尋常小学修身書　巻四　児童用』の巻頭に教育勅語の全文について傍訓を付して掲載し、さらに『尋常小学修身書　巻六』の第二六課から第二八課を「教育勅語」とし、その大意の教授を試みた。

教育勅語を教材として、その大要を教授するためには、文部省自身が教育勅語の述義を確定する必要性があった。佐藤秀夫が、教育勅語は、「論理の細部にわたっては如何ようにも解釈可能であった」(30)と指摘したとおり、その解釈は多様を極め、一九〇八（明治四一）年末までに、一一〇冊の衍義書を確認することができるほどである(31)。教育勅語を修身科の教材として扱い、その解釈や構成を説明する場合に用いる基本的資料を文部省は持ち得ていなかった。

このような状況に直面した文部省は、省内に教科用図書調査委員会を設置し、修身教科書に掲載する勅語解釈を審議し、成案を得た。『修正国定教科書編纂趣意書』第四篇（一九一一年一二月）は、「諸家ノ著セル勅語衍義ノ類、坊間ニ流布スルモノ少シトセズ。仔細ニ之ヲ検討スレバ解釈上多少ノ異同ナキニアラズ。是ニ於テ教科用図書調査委員会ハ起草委員会ニ部会ニ総会ニ特ニ之ガ為ニ多大ナル時間ヲ費シ、原案ニツキテ一語一句ヲ苟モゼズ、極メテ慎重ニ審議ヲ凝シテ遂ニ之ヲ決シタルナリ」と論及した。ここに文部省による教育勅語の公式解釈が成立した。

（二）第二期国定修身教科書における教育勅語の釈義

第二期国定修身教科書である『尋常小学修身書　巻六』では、教育勅語を三段落構成であるとして、第二六課から第二八課の三課を教育勅語の解釈に宛て、三段落の一つずつを各課において解説している。第二六課では、第一段を、「朕惟フニ我カ皇祖皇宗……教育ノ淵源亦実ニ此ニ存ス」までとして、以下のように解説する。

我が国は創建極めて旧く、万世一系の天皇の治め給ふ所なり。皇祖皇宗の我が国を開き給ふや、其の規模広大にして永遠に亙りて動くことなからしめ給へり。又皇祖皇宗は身を正しうし道を行ひ、民を愛し教を垂れ、以て範を万世に遺させ給へり。而して臣民は君に忠を致し父母に孝を尽すことを念とせざるものなく、数多き臣民皆心を協せて常に忠孝の美風を完うせり。以上は我が国体の純且美なる所なり。而して我が国教育の基づく所も亦実に此にあるなり。

続く第二七課では、勅語の第二段は、「爾臣民父母ニ孝ニ兄弟ニ友ニ夫婦相和シ……是ノ如キハ独リ朕カ忠良ノ臣民タルノミナラス又以テ爾祖先ノ遺風ヲ顕彰スルニ足ラン」までとして、その解説は以下の通りである。

爾臣民とは畏くも天皇が直接に我等臣民に次の心得を示し給はんとて呼びかけ給へるなり。我等臣民たるものは父母に孝行を尽し、兄弟姉妹の間は友愛を旨とし、夫婦は互いに其の分を守りて相和し相助くべし。朋友には信義を以て交り、他の人に対しては身を慎み無礼の挙動をなさず、又常に己を検束して恣にせず、博く衆人に慈愛を及すべし。

我等は学問を修め業務を習ひて知能才能を進め、徳ある有為の人となり、進んで智徳を活用して公衆の利益を広め、世上有用の業務を興すべし。又国の根本法則たる皇室典範及び大日本帝国憲法を尊重し、其の他諸の法律・命令を遵奉し、若し国家に事変の起るが如きことあらば、勇気を奮ひ一身を捧げて、皇室・国家の為に尽すべし。かくして天地と共に窮なき皇位の御盛運を助け奉るべきなり。

以上は天皇の示し給へる我等臣民の心得にして、よく之を実行するものは独り忠良なる臣民たるに止まらず、又我等の祖先ののこせる美風を発揚することとなるぞとの聖旨なり。

そして、第二八課は、勅語の第三段を「斯ノ道ハ実ニ我カ皇祖皇宗ノ遺訓ニシテ……朕爾臣民ト倶ニ拳々服膺シテ咸其徳ヲ一ニセンコトヲ庶幾フ」とし、次のような解説を加えている。

第二段に示されたる道は明治天皇が新に設けさせ給ひしにはあらずして、実に皇祖皇宗の遺させ給へる御教訓なり。されば天皇は斯の道は皇祖皇宗の御子孫も一般臣民も倶に遵奉すべきものぞと宣ひ、ついで斯の道は古も今も変わることなく、又国の内外を問はずいづくにもよく行はれ得るなりと宣ひ、最後に天皇は御躬づから我等臣民と共に此の御遺訓を遵奉し、之を実践躬行し給ひて、皆其の徳を同じくせんことを望ませ給へるなり。

この教育勅語の解釈は、その後の国定修身教科書編纂の教育勅語に関する記述の重要な指標になった。ここで確定した解釈は、その後、一九四〇（昭和一五）年五月に文部省『聖訓ノ述義ニ関スル協議会報告』で述義の修正が行われるまで、文部省による教育勅語の公式解釈であり続けた。

（三）文部省『聖訓ノ述義ニ関スル協議会報告』（一九四〇年五月）による解釈

「聖訓ノ述義ニ関スル協議会」で、文部省による教育勅語の解釈の修正が行われた。一九四〇（昭和一五）年五月のことである。「聖訓ノ述義ニ関スル協議会」とは、「昭和十四年十月内規を以て本省内に設置せられ、会を開くこと七回、慎重なる協議により青少年学徒に賜はりたる勅語の述義につき成案を得ると共に、教育に関する勅語の述義についてもその基準を明確ならしめ、こゝに教科用図書編纂上有力な指針」(32)をまとめた、文部省内に設置された機関である。

同協議会設置の第一の目的は、「青少年学徒ニ賜ハリタル勅語」の発布を受け、その述義を修身教科書に掲載するため、その通釈と構造とを明確にすることであった。そして、第二の目的は、教育勅語の述義に関する事項であった。この点について河原田稼吉は、「教育勅語につきましては、従来本省著作教科書中のその述義を奉掲致してゐるのでありますが、時代の進運に鑑み、殊に明年は、あたかも教育勅語御下賜五十周年に相当致しました、一層これが聖訓の奉体に努め、我が国教育の本義を発揚しなければならぬ時に当つて居ります。それ故、従来本省のとつて来た勅語の述義についても、この協議会に於て、改めて慎重なる御討議を煩はし、御意見を伺つて、教科書編纂の参考に資し、聖旨奉体方に万全を期したい」(33)と述べている。

会長に林博太郎が就任し、和辻哲郎、森岡常蔵、亘理章三郎、紀平正美、吉田熊次、小西重直などが委員に加わっていた。「聖訓ノ述義ニ関スル協議会」における教育勅語に関する議論で、文部省側から提出されたのは、以下の諸点であった。

一、段落について、全文を三段に切るか、二段に切るか。

一、「深厚ナリ」で切れるか否か、
一、「国体ノ精華」の意義如何。
一、「斯ノ道」の解釈如何。
一、「子孫臣民」の解釈如何。
一、「徳ヲ一ニセン」の解釈如何(34)。

前述のとおり、第二期国定修身教科書の編纂の時点で、文部省は、自身の教育勅語の述義を定め、それをもとにして修身教科書における教育勅語関係の記述を行っていたが、その内容についての問題点も指摘されていた。「論理の細部にわたっては如何ようにも解釈可能であった」(35)教育勅語は述義の確定に多くの課題があり、その解決は、文部省にとっての難問中の難問の一つであった。

教育勅語についての議論は、一九三九(昭和一四)年一一月二八日、一二月五日、同月一二日の三回にわたって行われた。議論には、第二期国定修身教科書編纂時に教科用図書調査委員会の委員と、教育勅語の解釈に関して重要な役割を演じていた森岡常蔵・吉田熊次(修身教科書の主査委員兼起草委員)もこの委員会の委員として議論に参加したが、吉田は教科用図書調査委員会の議論などを披歴しながら、議論の中心的存在の一人として、大きな役割を果たした。議論の結果、教育勅語の全文通釈、語句釈義、および「勅語の述義につき主なる問題」に関して、新たな基準を作成した。

ここで示した基準は、前述の教科用図書調査委員会による教育勅語術義の改訂版であり、かつ、文部省による教育勅語釈義の最終版と言えよう。その意味で、戦前文部省の公式な解釈と結論づけられる。それは、以下のとおりである。

二、教育に関する勅語の全文通釈

朕がおもふに、我が御祖先の方々が国をお肇めになつたことは極めて広遠であり、徳をお立てになつたことは極めて深く厚くあらせられ、又、我が臣民はよく忠にはげみよく孝をつくし、国中のすべての者が皆心を一にして代々美風をつくりあげて来た。これは我が国柄の精髄であつて、教育の基づくところもまた実にこゝにある。汝臣民は、父母に孝行をつくし、兄弟姉妹仲よくし、夫婦互睦び合ひ、朋友互に信義を以て交り、へりくだつて気儘の振舞をせず、人々に対して慈愛を及すやうにし、学問を修め業務を習つて知識才能を養ひ、善良有為の人物となり、進んで公共の利益を広め世のためになる仕事をおこし、常に皇室典範並びに憲法を始め諸々の法令を尊重遵守し、万一危急の大事が起つたならば、大義に基づいて勇気をふるひ一身を捧げて皇室国家の為につくせ。かくして神勅のまにまに天地と共に窮りなき宝祚の御栄をたすけ奉れ。かやうにすることは、たゞに朕に対して忠良な臣民であるばかりでなく、それがとりもなほさず、汝らの祖先ののこした美風をはつきりあらはすことになる。

こゝに示した道は、実に我が御祖先がおのこしになつた御訓であつて、皇祖皇宗の子孫たる者及び臣民たる者が共々にしたがひ守るべきところである。この道は古今を貫いて永久に間違がなく、又我が国はもとより外国でとり用ひても正しい道である。朕は爾臣民と一緒にこの道を大切に守つて、皆この道を体得実践することを切に望む(36)。

教科用図書調査委員会により、教育勅語は三段落構成であると決定し、その後の国定修身教科書は、教育勅語について、三段落構成であるとして教授してきた。しかし、「聖訓ノ述義ニ関スル協議会」では、これを二段落構成であるとの解釈に変更し、以下のように説明している。

勅語の全文は、「顕彰スルニ足ラン」までと「斯ノ道ハ」との二節から成ると解し奉る。述義の便宜上、第一節を二段に分ち、或は更に細分することも差支へないが、いきなり「勅語を三段に分つて拝誦すれば」等とある教科書の表現は考慮を要する(37)。

二段落構成としたので、「『深厚ナリ』の前に於ては、文章として切れないものと解し奉る」(38)と明確にした。また、「皇祖皇宗」については、一語として取り扱い、「天照大神を始め皇室の御先祖」をさすこととし、「国体ノ精華」は、「『皇祖皇宗国ヲ肇ムルコト宏遠ニ』以下『世々厥ノ美ヲ済スルハ』までを含むと解し奉る。精華は精髄といふに同じく、純且美なる実質をいふ」(39)などが釈義の基準として示された。この基準に基づき、国民学校国民科修身の教科書編纂が行われた。

(四) 教育勅語の構造とその内容

前述のとおり、「聖訓ノ述義ニ関スル協議会」の述義は、文部大臣が「従来本省(文部省のこと―引用者)のとつて来た勅語述義についてもこの協議会に於て、改めて慎重なる討議を煩わし、御意見を伺つて、……聖旨奉体方に万全を期したい」(40)と発言した通り、それまでの文部省の述義の改訂版ともいうべきものであった。したがって、これは、戦前文部省が確定した最終的な述義と見なすことができる。以下、これをもとにしながら、教育勅語の構造と内容とについて検討したい。

教育勅語は、全文三一五文字からなる短い文章である。第一の部分は、「朕惟フニ我カ皇祖皇宗国ヲ肇ムルコト宏遠ニ徳ヲ樹スルコト深厚ナリ……一旦緩急アレハ義勇公ニ奉シ以テ天壌無窮ノ皇運ヲ扶翼スヘシ是ノ如キハ独リ朕カ忠良ノ臣民タルノミナラス又以テ爾祖先ノ遺風ヲ顕彰スルニ足ラン」までの部分である。この部分は、「聖訓ノ述義ニ関スル協議会」による述義では二つに分けて考えることが許されており、その最初の部分、すなわち、「朕惟フニ我カ皇祖皇宗……教育ノ淵源亦実ニ此ニ存ス」であり、歴代の皇室の徳の高い統治、およびそれに対する臣民の一貫した忠誠心に励むという君臣の一体でこれまでの歴史を作ってきており、これが、国柄の精髄(国体の精華)として日本の教育のよりどころになっている、と指摘している。

二つ目の部分は、「爾臣民父母ニ孝ニ兄弟ニ友ニ……是ノ如キハ独リ朕カ忠良ノ臣民タルノミナラス又以テ爾祖先ノ遺風ヲ顕彰スルニ足ラン」である。家庭内から社会的、あるいは公民的な徳目が列挙されている部分である。この徳目のなかには、「国憲ヲ重シ国法ニ遵ヒ」という、近代的な徳目も含まれているが、多くは日本の民衆が受容しやすいものとし、近世以来の定言として重んじられていた通俗道徳としての徳目を列挙していた。それらの徳目を、「以テ天壌無窮ノ皇運ヲ扶翼スヘシ」（現代訳「かくして、天地と共に限りの無い皇位のために助け奉れ」）という、天皇制の限りない発展のために奉仕する不可欠なものとしている点に特色があった。

第三段は、「斯ノ道ハ実ニ我カ皇祖皇宗ノ遺訓ニシテ……朕爾臣民ト倶ニ拳々服膺シテ咸其徳ヲ一ニセンコトヲ庶幾フ」であり、結びの部分である。ここでは、前段で示した事項（特に、第一段の後半部分の徳目）は、国体主義に基づく天皇制は、歴史的な遺訓であり、それは、時空を超えた永遠の真理であり、これを天皇自身も臣民と共にその実践に努力したいと結んでいる。

教育勅語は、日本の教育理念の根源を「良心」、「神」に求めるのではなく、国体主義のもとにおける歴史的存在であるとともに、政治の主権者である天皇・天皇制に求めているところに大きな特色がある。こうして、国体論に基礎づけられた教育理念が戦前日本の教育理念として、教育を支配したのである。

第二節　教育勅語と学校儀式

教育勅語は、発布の翌日である一八九〇年一〇月三一日に文相芳川顕正は、訓示を発し、これを教育勅語謄本と共に全国の諸学校へ一斉下付することを文部省訓令第八号で命じた。その大臣訓示は、教育勅語「奉体」を徹底する内容のものであったが、そのなかで、「殊ニ学校ノ式日及其他便宜日時ヲ定メ生徒ヲ会集シテ　勅語ヲ奉読シ且意ヲ加ヘテ諄々誨告シ生徒ヲシテ夙夜ニ佩用スル所アラシムヘシ」(41)と、学校儀式における教育勅語「奉読」を命じた。こうして、学校儀式は、教育勅語の趣旨徹底のための重要な「装置」となったが、そもそも学校儀式の発案は、教育勅語発布以前の文相森有礼によるものであった。以下、学校儀式の史的展開のなかで、教育勅語が学校教育にどのような影響を与えたのかを論じることにしたい。

一　森文政期の国家祝日学校儀式——教育勅語発布以前の御真影と学校儀式

（一）近代天皇制下の祝祭日制定と学校儀式

明治政府が太陰暦から太陽暦に改暦するにあたり、旧暦明治五年一二月三日を一八七三（明治六）年一月一日とした。この改暦に伴い、宮中では五節句（人日、上巳、端午、七夕、重陽）を廃止して、神武天皇即位日と天長節を新たな祝日とした。続いて、同年一〇月に、元始祭、紀元節、神武天皇祭、神嘗祭、天長節、新嘗祭などを国家の休日に指定した。この他に法令には規定されない四方拝があった。このなかで、一月一日の四方拝、一〇月一七日の神嘗祭、一一月二三日の新嘗祭は、近世から続くものであったが、それ以外の祝祭日は、「近世とは不連続に、維新後新たに創り出された」(42)祝祭日であった。当然のことがら、民衆に支持されて学校のなかに導入されるはずのものではなく、森有礼による国家祝日の学校儀式が導入されるまでは、これらの日に学校を場にした組織的な儀式が行われることはほとんどなく、たとえあったとしてもそれは極めて稀であった(43)。明治初期は、天皇制そのものの基盤がいまだ不安定であり、学校儀式などによる天皇制教化を行うには至っていなかった。森文政期以前は、近世から続く手習塾の伝統をもつ学校儀式（行事）が残存するなか、新たに明治政府が創り出した祝祭日は、学校は単なる休日であるのが一般的であった。

日本の近代学校の発足は、明治五年八月三日（一八七二年九月五日）の学制（明治五年八月三日文部省布達第一三・一四号）発布によるが、この学制発布は、岩倉遣欧使節団派遣中の留守政府による急進的な国家創業の改革の一環であった。この急進的な改革は、民衆からの支持を受けることなく、就学拒否に遭遇した。そのため、一八七九（明治一二）年九月に学制を廃止して、第一次教育令（一八七九年九月二九日太政官布告第四〇号）を発して、民衆の側に譲歩した教育政策を試みたが、これも失敗し、一八八〇（明治一三）年一二月には第二次教育令（一八八〇年一二月二八日太政官布告第五九号）を発布する、という教育政策の「試行錯誤」が続いた。

明治政府がめざした教育は、近代国民教育の構築であり、それは前近代の手習塾における教育の否定であった。前述のとおり、こうした施策が民衆に受け入れられたわけではなかった。明治政府は、教育内容や教授法については、手習塾のそれを一新することは譲らなかったが、それ以外の部分では、手習塾における慣行を近代小学校へ引き継がれることも許容した。そもそも学制は、それまでに存在した手習塾を否定して、全国に五万三七六〇校の小学校を設置しようとする、ある意味無謀な計画であった。そのため、多くの府県が私塾（含手習塾）を禁止して公立小学校の設置を進めたが、その実態は、手習塾を合併改変したものが最大多数であった。茨城県や神奈川県のように、手習塾をそのまま小学校として新たに公立小学校を設置しなかった事例や、東京府のように、手習塾を育成して私立小学校とし、その指導的地位として少数の公立小学校を設置する例などがみられた。そのため、教員も手習塾の師匠であった者が多数を占めた。

結果として、明治初期の小学校では手習塾の儀式（行事）の多くが残された。席書・天神講、あるいは七夕祭りなど手習塾で実施された儀式（行事）が依然として、子ども達の学習の折り目に大きな役割を担っていた。維新直後の小学校は、天皇制とはほとんど無関係であった(44)。

（二）森文政下の御真影・学校儀式

周知のとおり、それまで単に休日に過ぎなかった国家祝祭日を利用し、国家の祝日に学校に教員・生徒を参集させ、御真影への「拝礼」と唱歌による祝賀の儀式を挙行するように内命により指示したのは、初代文相森有礼であった。森は、日本の立憲制移行を念頭に、このような学校儀式を実施し、生徒達に愛国心の育成を試みた。

森は、一八八八（明治二一）年の紀元節を迎えるにあたり、「自今右両説（紀元節・天長節―引用者）ニ於テハ尋常師範学校ハ勿論、尋常中学校小学校及其他ノ諸学校各々其校ニ教員吏員生徒ヲ集メ祝賀式ヲ挙行スルヲ要ス、而シテ其式ハ専ラ唱歌ニ由ルヲ可トス、此ノ如クスルトキハ専ラ忠君愛国ノ志気ヲ興シ教育ノ上進モ亦大ニ利スル所アルヘシ」(45)と演説し、国家の祝日に学校で祝賀式を挙行するように指示した。文部省は直ちにこの方針を「内命」により各府県に伝えた。その「内命」は、「我文部省ハ、……聖像ヲ拝シ奉リ、次ニ当日ノ頌歌ヲ唱ヘシムルヲ以テ例トスベキ」(46)との内容であった。森が意図した国家祝日の学校儀式には、御真影がその「道具立て」として構想されていた。文部省は宮内省と折衝し、それまで官立学校のみに限られていた御真影の下付申請権を公立の中等レベルの学校へと拡大した。

森の「内命」を受けた各府県が宮内省に対して府県立の中等レベルへの御真影下付を申請した最初は、一八八七年九月二六日であり、それは、東京府尋常師範学校・同尋常中学校への下付申請であった。この申請書に対する宮内省側の検討文書には、「向後各府県立学校ヨリ願出之向ヘモ同様御下付可相成伺候成」(47)との文言がみられるが、これも了解されたものと思われ、「二十年十月廿二日　可相渡旨通達ス」(48)とのが確認できる。これ以後、各府県からの公立の中等学校レベルの学校への御真影「下賜」は、ほぼ無条件で認められるようになった。

公立の中等レベルの諸学校が、学校儀式にとって重要な「道具立て」である御真影を得ることになり、各府県は祝日学校儀式の「祝賀式要領」、「拝賀式心得」などを制定し、具体的な式目を定めた。森は、「内命」により祝日学校儀式の実施は求めたが、その詳細については、「法規をもって直接的に強制するような措置は一切とらず、唱歌曲譜の回付や視学官通達、さらには自らの演説など間接的手段をとるに留めていた」(49)ため、儀式の内容は各府県で違いがみられ多様であった。事実としても、御真影の下付申請権をもち実際御真影を儀式の「道具立て」を得ていた公立の中等レベルの学校と御真影の下付申請権をもたなかった小学校とでは、同一内容の儀式の挙行は不可能であった。結果として、同じ府県内でも中等学校と小学校とでは、儀式内容に違いがみられたのである。

その後、御真影の下付申請権は、次第に拡大した。一八八九（明治二二）年一〇月二三日付で、文部省は宮内省に対して、「自今各公立小学校ニ於テモ出願候向有之候ハ、拝戴相成候様致度尤モ出願候分有之候説ハ其都度可及照会候」との文書を送付した。これに対し宮内省は同年一二月六日付で「御照会之趣致承知候」(50)と回答した。ここに、公立高等小学校も御真影の「下賜」対象に加えられた。また、学校関係の御真影下付申請の手続きは、各地方長官(知事)が、文部省を通して宮内省に申請するという原則もこの時点で確立した(51)。こうした結果をもとに文部省は、同年一二月一九日に総務局長通牒として、「聖上並 皇后宮御写真ノ儀是迄道府県学校等ヘハ夫々拝戴相成来候、自今高等小学校ヘモ申立ニ依リ下附可相成筈ニ友之候」(52)と周知した。森文政期に学校の児童・生徒を対象にして立憲君主制国家への愛国心を養成するための手段として、御真影を用いた祝日学校儀式が考案され、そのために、公立の中等レベルの学校、さらには公立高等小学校が御真影の「下賜」対象となり、学校儀式の有力な「道具立て」となった。

(三) 森文政期の学校儀式の特徴

初代文相森有礼によって発案された、国家の祝日(主として紀元節・天長節)における御真影への「拝礼」と式用唱歌斉唱、および校長訓話を主な内容とする学校儀式は、国家主義教育の浸透のために大きな役割を担ったことはいうまでもないが、教育勅語発布以降の三大節(一九二七年以降は四大節)学校儀式とは、性格を異にしている点がある。このことは、教育勅語の性格を理解するうえでも重要なため、以下、要点を指摘したい。

森が発案した学校儀式は、生徒達に「忠君愛国ノ志気」を育成することが目的であった。それは、「幕藩的忠誠関係や封建共同体的帰属意識に替わる近代的集団意識の育成を通じて子どもたちへの国家帰属意識形成」(53)をめざすものであった。その際に、森は抽象性の高い「国家」を、子ども達に具体化したイメージへと転換させるものとして、国家元首である天皇に着目した。森からすれば、学校儀式における御真影への「拝礼」は、国家への「拝礼」ということになる。森は、「『御真影』=天皇存在は本質的に『国家』の具象化=人格化としてとらえていたのであり、それ以上でもそれ以下でもなかった」(54)と言えよう。

森自身、さらには森文政期の祝日学校儀式は、教育勅語発布以降のそれとは、基本的な性格が異なっていた。そのため、学校儀式の挙行を、国家の祝日である「紀元節」（新暦採用時に国家成立記念日とした新設の祝日）と「天長節」（新暦採用時に元首である天皇の誕生日として新設の祝日）に限定し、国体主義的な天皇観に基づく神道祭日（神嘗祭、新嘗祭、春季皇霊祭、秋季皇霊祭など）や民衆の間でも広がっていた伝統的な祝日の「一月一日」もその対象に入れていなかった。

森の思想は、「『遅れた人民』を作為の客体としてとらえ、その覚醒を『上から』触発しようとする質のものにほかならなかった。その点では、福澤諭吉など森の提唱した明六社系統の啓蒙派知識人、および森が政治的に対立した民権派の上級・中級部分などと、その体質を共有していた」(55)と指摘される。総体的に、森文政は学制以降明治政府の開明派官僚が主導した啓蒙をめざす系譜にあり、御真影に対して「拝礼」を行い、式歌斉唱と校長訓話という、後の三大節学校儀式の基本的構造を作り上げた森発案の祝日学校儀式であるが、その本質は、教育勅語発布以降のそれとは大きく異なっていた。

二　教育勅語の発布と学校儀式の変容

（一）教育勅語謄本の全国一斉下付と御真影の複写「奉掲」許可

一八八九（明治二二）年一一月二二日の大日本帝国憲法発布の日、文相森有礼は、右翼の暴漢に襲われ、その翌日に死亡した。森の死後、この国の教育政策は大きく転換した。その象徴的なできごとが、教育勅語の発布であろう。教育勅語発布に向けての大きな契機になった、一八九〇年二月の地方長官会議で議決された「徳育涵養ノ儀ニ付建議」であるが、その審議過程は、森文政批判に満ちていた。なかでも、島根県知事籠手田安定の「今日断然タル処置ヲ以テ国家主義教育ヲ基礎トシテ、十九年文部省達ノ精神ヨリ先ツ改メ」(56)との発言が、この状況をよく示している。

一八九〇（明治二三）年一〇月三〇日に教育勅語が発布されたが、これにより天皇制と教育との間に新たな関係が構築された。教育勅語に示された徳目のなかには、「国憲ヲ重シ」「国法ニ遵ヒ」など近代的な徳目もあるが、その多くは、教育勅語によって新たに示されたものではなく、従前から通俗道徳の定言として人々が重んじたものであった。それら諸徳目のすべてが、「以テ天壌無窮ノ皇運ニ扶翼スヘシ」に収斂する構造になっており、教育は、明確に国体主義に基づく天皇制に奉仕するものへと転換した。

教育勅語の趣旨徹底のために、文相芳川顕正は、教育勅語発布の翌日に、「勅語ノ謄本ヲ作リ普ク之ヲ全国ノ学校ニ頒ツ……殊ニ学校ノ式日及其他便宜日時ヲ定メ生徒ヲ参集シテ　勅語ヲ奉読シ生徒ヲシテ夙夜ニ拭く佩用スル所アラシムルヘシ」(57)との大臣訓示を訓令した（一八九〇年一〇月三一日文部省訓令第八号）。教育勅語の謄本を各学校に下付すること、式日を中心に教育勅語の「奉読」を徹底した。

これと関連して、教育勅語発布のおよそ三週間前の一八九〇（明治二三）年一〇月七日に第二次小学校令（一八九〇年一〇月七日勅令第二一五号）が発布された。第一五条は、「小学校ノ毎週教授時間ノ制限及祝日大祭日ノ儀式等ニ関シテハ文部大臣之ヲ規程ス」であり、祝日大祭日の学校儀式挙行がすでに固まっていた。森文政期の国家祝日の学校儀式は、基本的には各学校の自発性を重視し、法令による実施義務を課していなかったが、第二次小学校令では、神道の祭日である大祭日をも含めて、学校儀式の挙行を法令によって義務化する方針であった。

教育勅語の形式が天皇自ら教育（徳目）の理念について、直接「臣民」に語り掛けるものであったため、その「奉読式」の式場に天皇・皇后の御真影があれば、儀式の効果の増大が見込まれた。教育勅語謄本を全国の諸学校に下付し、祝日大祭日の儀式を義務化して、天皇制教化の有力な手段とするためには、小学校の大多数を占める公立小学校へも御真影を普及させる必要があった。一八九〇（明治二三）年八月一二日に文部省は宮内省に対して、「自今（市町村立―引用者）高等小学校等ノミニ限ラス市町村立各小学校幼稚園ニ至迄御真影拝戴願出候向ヘハ下賜セラレ職員生徒ヲシテ崇拝セシメ忠君愛国ノ志気ヲ涵養セシメ候様致度」(58)と照会した。

前例のないこの照会に宮内省は、即座に回答しなかった。教育勅語発布を直前に控えた同年一〇月四日、宮内省は文部省宛に「文部大臣申立ノ趣意ハ無余儀無事ニ存候ヘ共市町村立尋常小学校幼稚園ハ全国殆ント弐万三千百ヶ所ノ多数ニ付キ右ヘ一々下賜セラル、ハ即今俄ニ御詮議相成兼候事ト存候」と回答し、公立尋常小学校を御真影の「下賜」対象にすることは認めなかった。その宮内省も御真影と教育勅語とをセットにした学校儀式の意義は十分に認めるところであり、「御来意之趣教育上必要之儀ニ付……近傍ノ学校ヘ下賜セラレタル御真影ヲ複写シ奉掲候儀ハ被差許候」(59)と回答した。宮内省は、正規の御真影は下付対象とできないものの、近傍の御真影「拝戴」校の御真影を複写し、それを儀式に使用することを認めるという折衷案を示した。文部省は、その後も公立尋常小学校へも正規の御真影の下付申請資格を得るように運動したが、認められなかった。文部省は、結局一八九二(明治二五)年五月二一日に次官通牒「文甲一九一号」を発し、公立尋常小学校への御真影の複写の「奉掲」(以下、「複写御真影」とする)許可について、全国に周知した。

こうして、教育勅語発布の直前である一八九〇年一〇月四日の時点で、宮内省が文部省に対して、公立尋常小学校幼稚園に対して「複写御真影」の式場への「奉掲」許可を通知した事実は重要である。この時点で、教育勅語「奉読」と御真影への「拝礼」とをセットにした、文部省が目論む儀式内容の祝日大祭日儀式が、全国のほとんどの学校で完全実施が可能になったからである。

(二) 教育勅語「奉読式」の実施状況

教育勅語謄本が全国の諸学校に一斉下付されると、各道府県は、それぞれ「奉読式」を実施した。その「奉読式」の実態や「奉読式心得」など具体的な諸規定は、「教育ニ関スル　勅語奉読式ノ状況」(文部大臣芳川顕正発内閣総理大臣山県有朋宛一八九一年五月一四日付報告)(60)により知ることができる。主なものをあげれば、以下のとおりである。第一高等中学校に関しては、「本年一月九日午前八時倫理講堂ノ中央ニ　両陛下ノ　御真影ヲ奉掲シ其全面ノ卓上ニ　御宸書ノ　勅語ヲ奉置シ其傍ニ忠君愛国ノ誠心ヲ表スル護国旗ヲ立テ教員生徒一同奉拝シ而後校長代理教授　勅語ヲ奉読シ右畢リテ教員及生徒五人ツ、順次ニ　御宸署ノ前ニ至リ親シク之ヲ奉拝シテ退場ス」との報告がある。この時に内村鑑三による「不敬」事件が発生して問題化していたが、それ関する記載は一切見られない。兵庫県に関しては、「……市町村立及私立学校ヘハ更ニ奉読式心得等ヲ添ヘテ郡市長ニ（勅語謄本を―引用者）交付シ各学校ニ交付セシメ毎年十月三十日及学校ノ式日冬夏期休業ノ前後始業終業日ニ式ヲ行ヒ修身科教授時間ニモ奉読シ且誨告スヘシト懇篤訓諭ス」との報告している。石川県からの報告は、「客年十一月　勅語謄本並文部大臣訓示ヲ頒布セラレタルニ付之ヲ交付スルニ際シ本県核公私立学校ニ於テハ将来天長節紀元節及一月始業ノ日ニハ必ス謹厳慎重ニ奉読式ヲ挙行スヘキコトヲ訓令セリ、尋常師範学校其ノ他各県立学校及各公私立学校ニ於テハ謄本受領ノ日若クハ大祭日又ハ卒業証書授与ノ日ヲ以テ謹テ奉読シ校長若クハ主席訓導懇ニ　聖意ノアル所ヲ指示セリ」とある。富山県は、「客年末　勅語謄本並文部大臣訓示ヲ交付相成タルニ付其奉読会心得ヲ添ヘテ各学校ニ配布新年紀元節天長節卒業証書授与学校記念等ノ式日並毎月三十日……ニ奉読スルコト、ト定ム」と報告した。

ここからは、すでに森文政期に式日となっていた紀元節、天長節に加え、卒業証書授与式、始業式・終業式、教育勅語発布日などを教育勅語の「奉読」を行う式日にしたこと、「奉読式」に関する心得を制定している府県があることなどが明らかになる。群馬県は一八九〇年一二月二五日発「群馬県訓令甲一九〇号」により「勅語奉読心得」を周知した。それによると、「勅語奉読会」は、「毎年三大節冬季夏季休業後授業始卒業証書授与当日及其他学校式日ニ於テ執行スルモノトス」、「勅語奉読式ニハ　御真影下賜ノ学校ニ於テハ先ツ　天皇陛下奉拝ノ式ヲ行フヘシ」との条文がみられる。富山県は一八九一（明治二四）年一月九日付「富山県訓令第二号」で「勅語奉読会心得」が示された。そこでは、「勅語奉読会ハ毎年十月三十日並ニ卒業証書授与学校紀元等ノ日ニ生徒ヲ学校ニ会集シテ之ヲ開クモノトス」、「勅語奉読会ニハ先ツ　天皇陛下及　皇后陛下奉拝ノ式ヲ行ヒ而シテ　勅語ヲ奉読スヘシ」となっている。これらの「心得」は、その後、同年六月一七日の「小学校祝日大祭日儀式規程」（一八九一年六月一七日文部省令第四号）の制定により、全国的に統一されることになり、教育勅語発布から「小学校祝日大祭日儀式規程」制定までの過渡的なものであったが、教育勅語「奉読」と御真影「奉拝」とがセットとして考えられていること、すでに三大節に加え、卒業証書授与式、入学式などを教育勅語「奉読」の式日として認識していることなど、後の状況を考察するうえで重要である。

（三）「小学校祝日大祭日儀式規程」（一八九一年）の制定と「複写御真影」

前述のとおり、第二次小学校令（一八九〇年一〇月七日勅令第二一七号）第一五条の規定により、祝祭日学校儀式の挙行が法令による義務として全国一斉に実施されることになっていた。しかし、その詳細についての規程がなかったため、同年一〇月三一日の「文部省令第八号」によって命ぜられた教育勅語の「奉読式」は、森文政期に成立した祝日学校儀式を踏襲しつつそれぞれの地域の判断で内容や実施日を定めて行われていた。これを改めて、新たに全国的に一定の基準を定めたのが、「小学校祝日大祭日儀式規程」の制定であった。全文八条からなるこの規程の概要は、次のようなものである。

○儀式の内容を①御真影への最敬礼と天皇への万歳奉祝、②教育勅語「奉読」、③教育勅語の趣旨に基づく校長訓話、④祝日大祭日に相応しい唱歌の斉唱としたうえで、紀元節、天長節、元始祭、神嘗祭、新嘗祭では、①から④のすべての儀式を、公明天皇祭、春季皇霊祭、神武天皇祭、秋季皇霊祭には、③と④とを、一月一日には、①と④とをそれぞれ実施すること（第一条から第三条）。

○祝日大祭日には、教員（学校教及教員）は、率先して生徒を校庭（体操場）や野外に連れ出して遊戯や体操を行って、生徒の心情を快活にすること（第四条）。

○市町村長や学事関係の吏員はなるべく祝日大祭日の学校儀式に参列すること（第五条）。

○生徒の父母・親戚、その他の地域住民も祝日大祭日学校儀式に参列せしめること（第六条）。

○儀式当日には、生徒に茶菓や絵画などを配布することは認めること（第七条）。

○儀式に関する細部にわたる規則は府県知事の段階で定めること（第八条）。

教育勅語発布にともない、その「奉読」を行う学校儀式挙行のために制定された「小学校祝日大祭日儀式規程」は、国家の祝日に加え、国家神道の祭日である大祭日をも式日に加えた。これにより、学校教育に国体主義が深く根づく素地を創りあげた。「小学校祝日大祭日儀式規程」による儀式の内容は、森有礼による「内命」によって導入された祝日学校儀式を基本にしながら、その後、文部大臣訓示によって開始された教育勅語「奉読式」の式目を儀式内容に加え、生徒の参加を促すための手段（行事や祝儀）を考慮したものと考えられる。森有礼が儀式挙行で重視してやまなかった、唱歌斉唱も儀式内容として重視した。式目そのものは、森文政期から実施されたものであるが、式日に国家神道の祭日が加えられたことにより、国体主義による天皇制教化のための儀式としての性格が明確に付与され、かつそれが府県レベルによる細則の制定を受け、全国一律の天皇礼賛の行事が学校教育のなかに取り入れられた。祝日祭学校儀式の変容に、教育勅語発布の与えた影響は計り知れない。

小学校祝日大祭日儀式を国体主義による天皇制教化のための「装置」として、確実なものにするためには、教育勅語「奉読」と御真影への「拝礼」とをセットにして実施する必要があった。すでに教育勅語の発布を直前に控えた一八九〇年一〇月四日時点で、文部省は宮内省から、公立尋常小学校に対しては正規の御真影の下付対象とすることはできないが、その教育的な意義を踏まえ、「複写御真影」の「奉掲」を許可する旨の回答を得ていた。しかし、文部省は公立尋常小学校も正規な御真影の下付申請資格を得ようと工作を展開していたため、「小学校祝日大祭日儀式規程」制定時には、公立尋常小学校への「複写御真影」の「奉掲」許可の旨を各府県に通達していなかった。同規程が定めた儀式内容のうち最も重要な式目は、教育勅語「奉読」とともに御真影への「拝礼」であったが、全国の学校の大多数を占める公立尋常小学校では、完全な祝祭日学校儀式ができない状態になった。

そこで、文部省は方針を転換し、公立尋常小学校に対しては、「複写御真影」の「奉掲」許可で対応することにし、一八九二（明治二五）年五月二一日に道府県宛に次官通牒「文甲一九一号」を発し、公立尋常小学校・幼稚園に関して、

「其校園等ノ費用ヲ以テ近傍ノ学校へ下賜セラレタル御真影ヲ複写シ奉掲候義ハ被差許候間右御了知有之度」(61)と通知した。さらに、同年六月一七日に、文部省は、各府県へ文部大臣内訓「御影奉掲ノ件」を発し、「御真影ノ複写ニアラサル他ノ　御影ヲ儀式場ニ奉掲セントスルトキハ予メ北海道庁長官府県知事ノ認可ヲ受ケムヘシ　北海道庁府県知事ニ於テ前項ノ認可ヲ与フヘキモノハ版権ノ登録ヲ経タル　御影又ハ特ニ許可ヲ得テ描写シタル　御影ノ中其図形印刷良巧ニシテ儀式場ニ奉掲セシムルニ足ルヘシト認ムルモノニ限ル儀ト心得ヘシ」と、条件を付けながらも、正規の御真影、「複写御真影」のいずれにも該当しない、天皇・皇后の肖像画・肖像写真を儀式に使用することも認めた。

森が生徒達に国家意識を涵養しようとする目的で考案した国家祝日の学校儀式は、教育勅語発布以降、日本の教育理念を歴代天皇の徳治とそれに対する「臣民」の忠誠という国体史観に基づく綱領とし、その趣旨を徹底するための「装置」に変容し、「小学校祝日大祭日儀式規程」が制定され、法令により儀式内容と挙行義務が明確に示された。祝祭日学校儀式は、教育勅語の理念に基づく国家への忠誠心を子ども達に植えつけるための重要な「装置」になった。

三　学校儀式定型化への過程

（一）祝日大祭日学校儀式の実施状況と式日の整理

こうして、子ども達は、それまで休日であった祝日大祭日に登校し、国体史観に基づく天皇制教化のための学校儀式への参加を強制されることになった。しかし、その祝日大祭日は、一月一日の四方拝、一〇月一七日の神嘗祭、一一月二三日の新嘗祭は、近世からのものであったが、それ以外の祝祭日は、「近世とは不連続に、維新後新たに創り出された」(62)ものであったため、民衆にとっては、「降って湧いた」ごときのものであった。そのため、初期の祝日大祭日学校儀式の実施状況は、明治政府が当初意図したとおりのものにはならなかった。それを知る史料として、「小学校実況諮問条項答申」（石川県　明治二六年五月一〇日）(63)がある。これは、①教育勅語の趣旨徹底策に関する具体的な方策について、②祝日大祭日儀式の父母生徒の出席率や内容に関する諮問に対する石川県各郡市からの答申を掲載した文書である。祝祭日の出席状況については、「天長節紀元節ニハ児童ノ出席平常ニ異ナラスト雖モ其他ノ祝祭日ニハ出席稍々少ク殊ニ一月三日即元始祭ノ如キハ出席極メテ少シ」（尋常師範学校附属小学校）、「三大節ニハ児童ノ参集スルモノ平常ト敢テ異ナラサレトモ其他ノ祭祝日ニハ其数ヲ減ス」（江沼郡）など、三大節以外の出席率が不良であることが示されている。なかでも、河北郡からの報告は、教育勅語の発布を契機にして、国家神道の祭日をも学校儀式を行う式日にし、天皇制教化を推進しようと目論んだものの、三大節は、町村内の有力者からの寄付金による「振舞」などを目当てに参加するので欠席は少ないが、それ以外の祝祭日は、「一般人民ノ気向ヲ酌ミタル者ニアラサレバ……生徒出校ノ数何レモ平常出席ノ五分ノ一ニ充タサルコトアリ」と述べ、民衆の生活と関係のない祝祭日に頻繁に儀式を行うことは、「従来重シタル式日モ其影響ヲ及ホシ一般ノ感情ヲ薄クスルノ弊害ヲ生センコトヲ恐ル」と、学校儀式そのものが軽視されると、問題点を端的に指摘していた。権力の側が国民統治のために考案した天皇制教化の「装置」は、最初から十分な機能を発揮しなかったばかりか、軌道修正しなければ存在そのものが危ぶまれる状況にあった。

このような状況を深刻に受け止めた文部省は、軌道修正に乗り出すとともに、儀式そのものの尊厳化を保つための措置を施した。先ずは、祝日大祭日儀式中、特に三大節以外の祭日の出席率が極めて低く、「一般ノ感情ヲ薄クスルノ弊害」を生じかねない状況については、一八九三（明治二六）年五月五日に、文部省は「小学校祝日大祭日儀式ニ関スル件」（一八九三年五月五日文部省令第九号）を発し、「明治二十四年文部省令第四号ニ規定シタル儀式ハ第一条ニ依リ紀元節天長節ニ於テ之ヲ行ヒ第三条ニ依リ一月一日ニ之ヲ行フ者トシ、他ノ大祭日及祭日ニ於テハ各学校ノ任意トス」(64)と、祝日大祭日の儀式挙行の義務を三大節に限定し、それ以外は各学校の任意であるとした。

文部省は同日に「文部省令第九号ノ趣旨」（巳普甲九二三号　文部大臣内訓）を発し、方針転換の趣旨を次のように説明した。

一ノ注意ヲ要スルモノアリ生徒ヲ教養スルニハ其ノ良心活機ヲ誘導スルヲ務メ而シテ厭倦ノ機ヲ避ケサル可ラス

故ニ生徒ヲシテ大礼ヲ行ハシムルニ或ハ頻繁ニ渉リ疎慢ノ嫌アラシムルニ至リテハ却テ敬祝ノ本意ヲ失フノミナラス其ノ良心ヲ教養スルノ目的ヲ誤ルモノニ近カラムトス此ノ反対ノ結果ヲ避クル為ニ生徒ノ学校ニ於ケル敬礼ノ日ヲ以テ新年、紀元節、天長節ノ三祝日トシ其ノ他ハ各学校ノ任意ニ施行スル所トナスハ止ムヲ得サルニ出ル者ナリ(65)

民衆の生活サイクルからかけ離れた上からによる儀式の強制は、民衆が受容するはずのものではなく、天皇制教化にとって逆の効果を招きかねないとの判断がここにあった。森文政期以来、国家総がかりで祝意を示していた紀元節、天長節、そして、古くからの民間に浸透していた一月一日に式日を限定した。

(二) 学校儀式の定型化

式日を三大節に限定し、回数を削減した一方で、儀式の尊厳さを示す諸「装置」は、確実に強化された。「小学校祝日大祭日儀式規程」が制定され、学校儀式が義務化されたが、儀式における「最敬礼」の方法の不統一や儀式用唱歌の未整備、さらに儀式における教育勅語の「奉読」方法の不統一などの問題があったため、儀式の尊厳さが失われ、天皇制教化の目的遂行には、逆効果と判断された。

文部省は、こうした事態を是正するため、儀式の定型化をめざし、「小学校祝日大祭日儀式規程」制定の直後から様々な施策を講じた。その第一は、敬礼方法の統一であった。一八九一(明治二四)年七月三日、文部省は各府県に対して総務局長通牒「小学校祝日大祭日儀式規程最敬礼ノ件」を発した。これは、「小学校祝日大祭日儀式規程」で定めた「最敬礼」が、「諸校ニ於テ区々ニ相成テハ不都合ニ付凡ソ別記ノ如キ旨趣ヲ以テ一定セラレ可然存候」との内容であり、具体的には、「最敬礼ノ式ハ帽ヲ脱シ体ノ上部ヲ前ニ傾ケ頭ヲ垂レ手ヲ膝ニ当テ敬意ヲ表スルモノトス、但女子洋服着用ノ節ハ脱帽ノ限ニ在ラス」(66)とした。

次なる施策は、儀式用唱歌の選定であった。文部省は、同年一〇月八日に、「祝日大祭日ノ小学校用唱歌ニ供スル歌詞及楽譜ノ件」（一八九一年一〇月八日文部省訓令第二号）を発し、「小学校ニ於テ祝日大祭日ノ儀式ヲ行フノ際、唱歌用ニ供スル歌詞及楽譜ハ特ニ其採択ヲ慎ムヘキモノナルヲ以テ北海道庁長官府県知事ニ於テ予メ本大臣ノ認可ヲ経ヘシ、但文部省ノ撰定ニ係ルモノ及他ノ地方長官ニ於テ一旦本大臣ノ認可ヲ経タルモノハ此ノ限ニ在ラス」(67)と命じた。この訓令には、「小学校ニ於テ祝日大祭日ノ儀式ヲ行フニ当リ用フル所ノ歌詞楽譜ハ主トシテ尊王愛国ノ志気ヲ振起スルニ足ルヘキモノ所謂国歌ノ如キモノタラサルヘカラサルハ論ヲ俟タル然ルニ未ダ適当ノ歌詞楽譜ナキカ為往々杜撰ノモノヲ用フルモノアリ、是教育上深ク憂フヘキコトナルヲ以テ本令ヲ発シタルナリ」(68)と、その発令理由を示した。「小学校祝日大祭日儀式規程」は制定したものの、儀式内容の詳細までは詰め切れていない実態があった。

こうした状況に文部省も対策に乗り出した。同年一二月二九日に「小学校ニ於テ祝日大祭日儀式ニ用フル歌詞及楽譜ノ件」（文部省普通学務局長通牒）を発し、「従来祝日大祭日ノ儀式ニ用フル目的ヲ以テ著作シタル歌詞及楽譜ニ乏シク儀式施行ノ際不便尠ナカラサルト存候依テ先ツ文部省東京音楽学校ノ編纂ニ係ル唱歌集中ノ歌詞及楽譜ニシテ右儀式ニ差支ナキモノヲ挙ケ、別紙ニ掲載シ為念及御通牒候」と、文部省音楽取調掛編纂『幼稚園唱歌集』、同『小学唱歌集　初編』、同『小学唱歌集　第二編』、同『小学唱歌集　第三編』、東京音楽学校編『中等唱歌集』から、一三曲を提示した(69)。ここで注目すべきは、「君が代」が二種類提示されていたことである。現行の国歌「君が代」は、東京音楽学校編『中等唱歌集』所収のものであるが、これに加え、文部省音楽取調掛編『小学唱歌集　初編』所収の「君が代」も儀式用唱歌に指定していた。儀式用唱歌についても、「試行錯誤」が続いていた。文部省が小学校祝日大祭日儀式唱歌を正式に決定したのは、一八九三（明治二六）年八月一二日の「小学校祝日大祭日儀式唱歌用歌詞及楽譜撰定」（一八九三年八月一二日文部省告示第三号）であった。この別冊として、現行の国歌「君が代」、「勅語奉答」など全八曲を選定し(70)、戦前日本の祝祭日式歌が成立した。

儀式の尊厳さを保つために教育勅語の「奉読」方法についても基準が作られた。これは、高等師範学校の主導により行われた。教育勅語の読み方が、人により区々で一定せず、「教育上憂ふべきことなりとし、女子高等師範学校と協議し、明治二十八年五月、其の読方を一定し」、それを『東京茗渓雑誌』第一四八号（一八九五年五月二〇日）に発表した(71)。ルビ付きで発表されたこの訓読法は、第二期国定修身教科書である『尋常小学修身書　巻四　児童用』の扉部分に収録された勅語の訓読にも採用され、広く普及した。その後、一九〇〇（明治三三）年八月の「小学校令施行規則」（一九〇〇年八月二一日文部省令第一四号）第二八条により、三大節学校儀式について改めて規定し、これが戦前を通しての学校儀式の基準になった。それは、以下のとおりである。

第二十八条　紀元節、天長節、及一月一日ニ於テハ職員及児童、学校ニ参集シテ左ノ儀式ヲ行フヘシ
一　職員及児童「君カ代」ヲ合唱ス
二　職員及児童ハ
　天皇陛下
　皇后陛下ノ御影ニ対シ奉リ最敬礼ヲ行フ
三　学校長ハ教育ニ関スル勅語ヲ奉読ス
四　学校長ハ教育ニ関スル勅語ニ基キ要旨ノ在ル所ヲ誨告ス
五　職員及児童ハ其ノ式日ニ相当スル唱歌ヲ合唱ス
御影ヲ拝戴セサル学校及特ニ府県知事ノ認可ヲ受ケ複写シタル御影若ハ府県知事ニ於テ適当ト認メタル御影ヲ奉蔵セサル学校ニ於テハ第一号及第五号ヲ闕クコトヲ得(72)

儀式の挙行義務のあるのは、紀元節・天長節・一月一日として、「小学校祝日大祭日儀式規程」に定める儀式内容に「職員及児童「君が代」を合唱ス」が加えられた式目を等しく実施することになり、ここに学校儀式の定型化が完成し

た。

（三）三大節学校儀式定型化以降の学校儀式

その後、三大節学校儀式は、中等教育機関でも挙行が義務化された。中学校については、一九〇一（明治三四）年三月五日の「中学校令施行規則」（一九〇一年三月五日文部省令第三号）第一九条で、「紀元節、天長節、一月一日ニハ職員生徒学校ニ参集シ祝賀ノ式ヲ行フヘシ」と規定された。「小学校令施行規則」とは異なり、儀式内容までには論及していないが、ほぼ小学校と同様の儀式が実施された。高等女学校については、同年三月二二日の「高等女学校令施行規則」（一九〇一年三月二二日文部省令第四号）第二三条で、三大節学校儀式は「中学校令施行規則」第一九条を準用することが、そして師範学校については、一九〇七（明治四〇）年四月一七日の「師範学校規程」（一九〇七年四月一七日文部省令第十二号）第四三条で「紀元節、天長節、一月一日ニハ職員生徒学校ニ参集シ祝賀ノ式ヲ行フヘシ」（「中学校令施行規則」第一九条と同文）と規定した。法令による三大節学校儀式の挙行義務は中等学校にまで及んだ。

もう一つ重要な点は、祝祭日学校儀式の定型化にともない、卒業式、入学式、始業式、終業式なども、三大節学校儀式の性格に大きく影響を受けるようになった。すなわち、三大節学校儀式の式目を基準にして、それぞれの式日の軽重をもとにして、儀式の定型化が進行した。鹿児島県師範学校附属小学校『鹿児島県師範学校附属小学校一覧』（一九〇六年）所収の「儀式規程」によれば、「祝日、大祭日、卒業証書授与、勅語奉読日、五月二十八日ノ諸式ハ学校長之ヲ挙行シ、始業、終業、入学、職員送迎、教生交替、児童役員任命ノ諸式ハ主事之ヲ行フ」と式日を定め、三大節など重要な儀式には、「君が代」斉唱、御真影への「拝礼」、教育勅語「奉読」、主事による誨告、唱歌斉唱などすべての式目を、卒業証書授与式には、卒業証書授与、褒賞授与、卒業生総代謝辞以外は、前述の儀式の式目から御真影「拝礼」を除いた儀式を実施することを規定している。同様の規程は、長野県の事例にもみられる。長野県更級郡共和尋常高等小学校「儀式ニ関スル規程」（一九一一年）は、同校で挙行する儀式として、「一　三大祝日奉祝式　二　教育勅語奉読式

三　戊申詔書奉読式　四　学校新築落成紀念式　五　証書授与式　六　職員送迎式　七　入学式　八　始業式及終業式　九　朝礼式　十　其他」（第一条）(73)とし、「三大祝日奉祝式」には、「君が代」斉唱・御真影への「拝礼」・教育勅語「奉読」・校長訓辞・式歌斉唱を行い、それ以外の式日についても、この「三大祝日奉祝式」の式目を基準にしながら、それぞれの式日の内容に合わせて軽重をつけるものとなっている。鹿児島県の事例と同様に、御真影への「拝礼」は、三大節に限定され、教育勅語「奉読」は証書授与式まで、「君が代」斉唱は始業式・終業式までなどとなっている。このように、入学式・卒業式を含めた学校行事がすべて天皇制教化のために直結するという性格づけが、三大節学校儀式の定型化によって方向づけられたといえよう。

第三節　修身科（国民科修身）教育における教育勅語

教育勅語は、当時の筆頭教科であった修身科の指標になった。教育勅語発布の翌年、第二次小学校令に基づく「小学校令教則大綱」（一八九一年一一月一七日文部省令第一一号）により、「修身ハ教育ニ関スル　勅語ノ旨趣ニ基キ児童ノ良心ヲ啓培シテ其徳性ヲ涵養シ人道実践ノ方法ヲ授クルヲ以テ要旨トス」（第二条）と、修身科の教育は、教育勅語に基づくものと明確に規定されていた。基本的にこの趣旨は、「小学校令施行規則」（一九〇〇年八月二一日文部省令第一四号）においても、「修身ハ教育ニ関スル勅語ノ旨趣ニ基キテ児童ノ徳性ヲ涵養シ道徳ノ実践ヲ指導スルヲ以テ要旨トス」（第二条）とほぼ同様の条文で継承された。

さらに、「国民学校令施行規則」（一九四一年三月一四日文部省令第四号）は、国民学校令（一九四一年三月一日勅令第一四八号）の第一条により、「教育ニ関スル勅語ノ旨趣ヲ奉体シテ教育ノ全般ニ亘リ皇国ノ道ヲ修練セシメ特ニ国体ニ対スル信念ヲ深カラシムベシ」（第一条第一項）としたうえで、「国民科修身ハ教育ニ関スル勅語ノ旨趣ニ基キテ国民道徳ノ実践ヲ指導シ児童ノ徳性ヲ養ヒ皇国ノ道義的使命ヲ自覚セシムルモノトス」（第三条）と規定した。国民学校では、教育全体を教育勅語の趣旨を奉体し「国体」に対する信念を深くするという全体目的のなかの修身と位置づけ、そのなかで教育勅語の趣旨に基づく国民道徳の育成を行うと規定した。

当時の筆頭科目であった修身科（国民科修身）は、教育勅語発布以降一貫して、筆頭教科である修身（国民科修身）の教育の目的に位置づけられていた。その修身科の教育内容については、教科書、さらにはその編纂趣意書などによって、その概要を知ることが可能である。以下、修身科（国民科修身）を中心に、教科教育のなかで教育勅語をどのように教授しようとしていたのか、これを概観してみたい。

一　教育勅語発布と修身教科書

（一）森有礼の教育思想と修身教育

教育勅語発布以降の修身教育の特色を明らかにするために、それ以前に展開された森文政期の修身教育について若干の指摘を行い、そのうえで教育勅語発布以後、修身教育、さらには修身教科書にどのような変化が現れたのかについて論究してみたい。

森有礼の教育政策については、諸説が存在するが、少なくとも教育勅語発布は、森文政の否定の系譜にあることは間違いない。その観点から、森文政期の修身教育のあり方を観ると興味深い事実が浮かび上がる。周知のとおり、森文政期の修身教育は、第一次小学校令（一八八六年四月一〇日勅令第一四号）に基づき、「小学校ノ学科及其ノ程度」（一八八六年五月二五日文部省令第八号）が制定され、小学校の学科基準が示された。森文政期以前の「小学校教則綱領」（一八八一年五月四日文部省達第一二号）に比べると、毎週教授時数が六時間から一・五時間へと削減された。教授内容についても、「小学校ノ学科及其ノ程度」で「小学校ニ於テハ内外古今人士ノ善良ノ言行ニ就キ児童ニ適切ニシテ且理念シ易キ簡易ナル事柄ヲ談話シ日常ノ作法ヲ教ヘ教員身自ラ言行ノ模範トナリ児童ヲシテ善ク之ニ習ハシムルヲ以テ専要トス」（第一〇条）と定めた。さらに、一八八七（明治二〇）年五月一四日に、小学校修身科において教科書使用禁止を、視学官を通じて府県に通知した(74)。

森文政期以前の「小学校教則綱領」による修身教育が、「小学校修身書編纂方大意」を各府県に内示し、文部省みずからが『小学校修身書初等科之部』全六冊（一八八三年六月）、および『小学国修身科中等之部』全六冊（一八八四年一一月）を刊行し、教科書を使用し、儒教主義による修身教育を推進したのとは、正反対の政策であった。森は、「宗教にも頼らず、哲学にも倚らず、広く人間社会を通観して、この世の中は自己と他人の相い持ちであって、自他相共にすれば世の中は太平無事に治まり、自他相反すれば騒動が起るという有様を見て、自他並立という説を考え出し、これを以て徳育の主義を定めようとして」(75)いた、とされる。森文政期の修身教育は、一八八一（明治一四）年頃から展開された元田永孚らによる、儒教主義的な修身教育を完全否定するものであった。第一小学校令で「小学校ノ教科書ハ文部大臣ノ検定シタルモノニ限ルヘシ」（第一三条）と規定されていたが、森が小学校おける修身教育に教科書使用を禁止したため、森文政期に修身教科書の検定は実施されなかった。

（二）教育勅語発布以降の修身教科書

教育勅語発布の直接的要因が、森文政の、特に徳育政策の否定であった以上、修身教育の大転換は、当然の成り行きであった。第二次小学校令（一八九〇年一〇月七日勅令第二一五号）に基づく「小学校教則大綱」で、「修身ハ教育ニ関スル　勅語ノ旨趣ニ基キ児童ノ良心ヲ啓培シテ其徳性ヲ涵養シ人道実践ノ方法ヲ授クルヲ以テ要旨トス」（第二条）と規定され、修身は、教育勅語に基づくことが明示された。その翌月、文部省は、「普通教育施設ニ関スル文部大臣ノ意見」（一八九〇年一一月一七日文部省訓令第五号）を発し、「小学校ノ修身ハ教育ニ関スル　勅語ノ旨趣ヲ奉体シ本邦固有ノ道ヲ基礎トシ万国普通ノ教育ヲ酌量シ躬行実践ヲ務メ常ニ社会全般ノ徳義ニ背クコトナキヲ期スヘシ……此等ノ諸教科目ニ於テハ皆適実善良ナル教科書ヲ撰定スルヲ要ス殊ニ修身ニ於テ多数ノ教員ニ一任シテ教科書ヲ定メサルカ如キハ其当ヲ得サルモノトス」(76)と、修身科も教科書を使用することになった。一八九一年一二月一六日の省議決定で「小学校修身教科用図書検定標準」が示され、「修身教科用図書ニ掲載セル事項ハ小学校教則大綱第二条ノ要旨及程度ニ適合セルモノタルヘシ」とされた。

以上のような経緯を経て修身教科書の検定が開始され、一八九三（明治二六）年ごろから多くの文部省検定による修身教科書が発行された。これらの教科書は、教育勅語に基づいて編集され、毎学年教育勅語に示された徳目を繰り返す方式で編集されているところに特徴をみることができる。一般に、「徳育主義」と呼ばれ、この時期の修身教科書の特色であるといわれている。

二　国定教科書制度成立以降の修身教科書と教育勅語

（一）国定第一期修身教科書と教育勅語

周知のとおり、第三次小学校令（一九〇〇年八月二〇日勅令第三四四号）により、戦前日本の義務教育制度の基本が形成された。それに基づく「小学校令施行規則」は、修身について、「修身ハ教育ニ関スル勅語ノ旨趣ニ基キテ児童ノ徳性ヲ涵養シ道徳ノ実践ヲ指導スルヲ以テ要旨トス」とした。さらに、その三年後の一九〇三（明治三六）年には、同施行令を改正し、教科書の国定化が実施された。ここに、国家が意図する教育内容が教科書を通して直接的に教材となること体制が確立したことになる。以下、教育勅語が国定教科書の中で、どのように教材化されたのかを、児童用・教師用の教科書、および国定教科書編纂趣意書に依拠して検討してみたい。

国定第一期修身教科書、すなわち、『尋常小学修身書』、および『高等小学修身書』の編纂方針について、文部省『国定教科書編纂趣意書』は、「本書ハ小学校修身科用教科書ニ充ツルタメニ編纂シタルモノニシテ明治二十三年十月三十日ノ勅語ノ旨趣ニ基キ児童ノ徳性ヲ涵養シ道徳ノ実践ヲ指導シ健全ナル日本国民タルニ必須ノ道徳ノ要旨ヲ授クルヲ目的トセリ」(77)と論及した。その『尋常小学修身書　第四学年　児童用』は、「第二十七　よい日本人（教師用書の表題―引用者）」で、平易な表現で教育勅語の概要を説明し、そのうえで、「つねに、これらのことを守ると、明治二十三年十月三十日に、くだされた勅語のごしゅいに、したがひたてまつることになります」と論じている。この教材について、『尋常小学修身書　第四学年　教師用』は、「第二十七　よい日本人」で、その目的を、「本課は、本学年に於て教へたる各課をまとめて復習せしめ、併せて第一学年より教へたることを総括するを以て、本課の目的とす」として、『尋常小学修身書』の編纂方針として、義務教育期間を通じて教育勅語の趣旨を子ども達に徹底させることとしている。さらに、「注意」として、「本課を教授する際、明治二十三年十月三十日に下したまひし勅語の大意を説き聞かすべし」とも論及している。しかし、教育勅語そのものの本文が掲載されることはなかった。

第一期国定教科書には、多くの批判があった。特に修身教科書については、「忠孝道徳が軽視されているとして、枢密顧問官・野村靖、東久邇通禧、田中不二麿などが『文部省著作修身書ニ関スル意見』と、独自の尋常・高等小学児童修身教科書草案（七冊）を文部省や枢密院長老・学者に提示、また日本弘道館は『国定小学修身教科書ニ対スル意見』と題する小冊子を発表している」[78]という状況にあった。同書の編纂時期は、教育勅語の撤回・改定論が権力内部で議論されている時期でもあった。当初、同書の起草員の一人であった中嶋徳蔵は、教育勅語撤回を主張したとして世論から指弾され、起草員を更迭されるという事態にあった。この経緯について、中嶋の後任となった吉田熊次は、「他より伝聞する所によると、（中嶋徳蔵が—引用者）修身教科書に関連して、教育勅語を批判したことが問題を惹起した為めであろうといふことであった」[79]と回顧している。いずれにせよ、権力内部で教育勅語の撤回・改定が真剣に議論され、西園寺公望による教育勅語の改定案が示されるような状況のもと、教育勅語自体が極めて不安定であり、修身教科書に教育勅語が教材として多くの頁を割くような状況にはなかったと考えられる。

（二）国定第二期以降の修身教科書と教育勅語

教育勅語は、日露戦争の薄氷の勝利を経て、権威を確立し、教育勅語の撤回・改定論も収束した。佐藤秀夫は、これを、「教育勅語をして、時代を超えた普遍性を主張する『古典』の地位に昇格させ、新たな状況に対応すべき教育理念は、その都度その時々の天皇の名により示されるという方式」(80)と説明している。権威が確立した教育勅語の衍義を修身教科書に加えるべきとの主張は、一九〇七(明治四〇)年頃には顕著になった。文部省は同年六月に「小学校児童卒業後永ク教育ニ関スル勅語ノ趣旨ヲ奉体実践セシムルヘキ適法ノ方法ニ関スル師範学校長会議答申ノ旨貫徹取計方(一九〇六年九月一六日付文部省普通学務局長発各地方庁・各高等師範学校宛通牒　未発普三四三号)を発し、「全国師範学校長会議答申」のなかで、「適切ト認ムルヘキ事項モ不尠候ニ付現行法規ノ範囲内ニ於テ地方ノ状況ヲ斟酌シ相当御施設相成候様致度特ニ小学校児童ヲシテ卒業ノ後永ク教育ニ関スル勅語ノ趣旨ヲ奉体実践セシムル適当ノ方法ニ関スル答申ハ大体ニ於テ適当ト被認候ニ付地方ノ状況ニ依リ便宜御参酌ノ上貴官下各学校ヘ周知セシメ十分其ノ趣旨ヲ貫徹セシムル様御取計相成度」と述べたのち、「全国師範学校長会議答申抄録」を添付した。そのなかで、小学校教育における教育勅語の教育実践について、次のような指摘がなされている。

(一)小学校在学中ニ児童ヲシテ聖勅ノ諳誦ニ熟達セシムル様教育スルコト
(二)聖勅ノ大体及各項目ニ付キ其ノ趣旨ヲ発揮スルニ足ルヘキ適当ノ歌詞歌曲ヲ文部省ニ於テ撰定シテ之ヲ普ク各小学校ニ於テ教授セシムルコト
(三)小学校ノ最後ノ一学年ニ用ヒシムヘキ修身書ハ特ニ聖勅ノ衍義ヲ以テ之ニ充テ且其ノ装釘ヲ堅牢優雅ニシ卒業後モ永ク之ヲ保存シ生涯遵守スヘキ経典トナサスムルコト
(四)修身教授及一切ノ訓誡、訓話等ハ成ルヘク聖勅ノ語句ニ帰結セシムルコト(81)

この通牒を送付された各府県は、それぞれ各地域に県通牒を発してこの趣旨の徹底を図った。長野県は同年一〇月三〇日付長野県通牒「学乙収第五四六号」を発し、「一学校ニ於ケル勅語ノ取扱ハ一層鄭重ヲ要スルコト／一生徒児童ヲシテ聖勅ノ暗誦暗写ニ熟達セシムル様教育スルコト／一修身教授及一切ノ訓誡ハ可成聖勅ノ語句ニ帰結セシムルコト」[82]と各郡長に命じた。こうして、各学校段階で、教育勅語の暗誦や暗写が開始されたもの推測できる。さらに、前述の全国師範学校長会議答申の一つである、「小学校ノ最後ノ一学年ニ用ヒム修身書ハ特ニ衍義ヲ以テ之ニ充テ」は、国定教科書改訂時に採用されることになった。

日露戦争において、日本は薄氷の勝利を得たが、国内は、資本主義の進展にともなう諸矛盾の顕在化と社会主義思想の台頭という大きな問題に直面した。こうした諸矛盾を天皇の名による詔書で解決し、国民統合の強化をめざし、一九〇八（明治四一）年一〇月一三日に戊申詔書が発布された。そうした動きのなか、一九〇七（明治四〇）年三月に小学校令が改正され、一九〇八年四月から義務教育年限が六年間に延長されることになった。これにともない同年九月に「小学校令施行規則」の改正が実施され、仮名遣いや漢字制限を改めるなど、教則の部分が大幅に改められた。その結果、必然として国定教科書改訂の必要が生じ、全面改訂が実施されることになった。同年九月に文部省内に教科用図書調査委員会が設置され、小学校の修身、日本歴史、国語教科書の起草・調査審議、および文部大臣の諮問に応じてその他の教科書の調査を担った。会長、副会長の他に委員三五名以内により組織された。委員全員参加の総会と主査委員により構成される部会があり、部会は「第一部　修身」、「第二部　歴史」、「第三部　国語」の構成で、それぞれ編纂に関する概要と起草委員による原稿の審査を任務とした。委員会構成で会長が加藤弘之、副会長が菊池大麓、修身教科書を担当する「第一部」主査委員は、山川健次郎（部長）、一木喜徳郎、穂積八束、森林太郎、中島力造、渡部董之介、三宅米吉、森岡常蔵、吉田熊次であり、実際の執筆は起草委員として、三宅米吉、森岡常蔵、吉田熊次が担当した。

第二期国定修身教科書について、文部省は『尋常小学修身書編纂趣意書』の「第三章　教材の選択」で、「教材ハ小学校令施行規則第二条ニ拠リ、教育ニ関スル勅語ノ旨趣ニ基ヅキ、日本国民タルニ必須ナル道徳ノ要旨ヲ授ケ、児童ノ徳性ヲ涵養シ、道徳ノ実践ヲ指導スルニ必要ナルモノヲ選ビタリ。又能ク聖旨ノ在ル所ヲ奉体セシメンガ為ニ勅語ノ語句並ビニ全文ニツキテ会得スル所アラシメタリ」[83]と、義務教育の六年間で、教育勅語の語句、および全文を会得することを目標にした。第二期国定修身教科書では、教育勅語を教材として取り上げることになったが、その扱いについては、「巻四児童書ニ至リ其ノ巻首ニ勅語ノ本文ヲ掲ゲ且之ニ傍訓ヲ施シ、児童ヲシテ随意誦読セシムルコトノ便ヲ図リ、又巻五以上適宜ノ課ニ於テ之ニ関係アル勅語中ノ語句ヲ挙ゲテ其ノ意義ヲ説明シ、巻六最後ノ三課ニ於テハ勅語ヲ課題トシテ其ノ大意ヲ説明セリ」(84)と、尋常小学校四年生で勅語の全文を読むことを可能にし、同五年生で教育勅語のなかの重要とされる語句の意義を解説し、最終学年の同六年生で教育勅語の釈義を行うことにした。

文部省は、教育勅語を教材として、その概要を解説することにした。しかし、その時点でも衍義書が百種類以上確認でき、区々な解釈がみられた。そのため、文部省は、教科用図書調査委員会第一部会を中心に検討し、文部省としての釈義を決定し、それをもとに教材化した。まず『尋常小学修身書　巻四　児童用』の巻首に掲載した教育勅語の全文の傍訓は、三大節学校儀式の定型化のプロセスで高等師範学校と女子高等師範学校との間で調整し、『東京茗渓会雑誌』第一四八号(一八九五年五月二五日)に発表したものであった。教育勅語そのものについては、義務教育の最終学年で用いる『尋常小学修身書　巻六』の最後の第二六課から第二八課を「教育勅語」とした。教材としての教育勅語をどのように扱おうとしたのかについては、教師用書の「説話要領」「主なる設問」で知ることができるので、以下、この点を論究したい。

第二期国定修身教科書は、教育勅語について、教科用図書調査委員会の議論の結果により、三段構成であるとして、解説を行った。教育勅語については、第二六課から第二八課で扱っているが、三課合計で一五項目の「主なる設問」が提示されている。第二六課では、「『我カ皇祖皇宗国ヲ肇ムルコト宏遠ニ徳ヲ樹ツルコト深厚ナリ』とはどういふ意味でありますか」、「『我カ臣民克ク忠ニ克ク孝ニ億兆心ヲ一ニシテ世々厥ノ美ヲ済スル』とはどういふ意味でありますか」、「我が国体の精華とは何をいふのですか」、第二七課「『天壌無窮ノ皇運ニ扶翼スヘシ』とはどんな意味でありますか」、「(前の設問を受けて―引用者)それには我等臣民はどんなになければなりませんか」、第二八課では、「『斯ノ道ハ実ニ我カ皇祖皇宗ノ遺訓ニシテ』とはどういふ意味でありますか」、「『咸其徳ヲ一ニセンコトヲ庶幾フ』とはどういふ意味でありますか」、そして、「勅語に対してはどういふ心掛がなければなりませんか」などが示されている。

これらの設問は、「説話要領」により、「解答」が提示された。第二六課については、「皇祖皇宗の我が国を開き、我が国の基礎を定め給ふや、其の規模広大にして永遠に亙りて動くことなからしめ給へり。……臣民は君に忠を致し父母に孝を尽すことを念とせらすものなく、心を協せて常にこの美風を完うせり。……我等はよく我が国体の本質を会得し、永遠に之を保持センコトに努めざるべからず」と論及している。第二七課では、「(「爾臣民父母ニ孝ニ……国憲ヲ重シ国法ニ遵ヒ」までの徳目を解説した後―引用者) 以上説来れる所は我等臣民の須臾も忘るべからざる道にして、此の道を体得するとこはよく国家社会の幸福を致すべく、又よく我が皇位の御盛運を助け奉るを得べし。臣民たるもの此の道を実行し、天祖の神勅の旨をかしこみ、我が皇運を扶翼し奉らんことに努めよとは、実に勅語の我等臣民を戒め給ふ御趣意なり」と指摘している。

そして、第二八課では、「第二段に於て示されたる道は陛下が新に設けさせ給ひしにはあらず、実に皇祖皇宗の御遺訓にしを発揚せざるべからず。……世界には国は多しといへども臣民と共に道徳を実行せんと宣へる君主をを戴く国は果たして幾ばくかある。我等はかかる麗はしき国体を有する国に生れ、又かかる天皇陛下を戴くことの幸福を思ひて、片時も怠ることなく勅語の御趣意を奉体せんことに務むべきなり」と論及している。続く、第三期国定修身教科書では、教材としての教育勅語の扱いは、第二期国定修身教科書の方針を踏襲した(85)。

第四期国定修身教科書については、第二・第三期に比べると、教育勅語の教授内容に大きな変化があった。第四学年使用の児童用書に傍訓を付した教育勅語の全文を掲載すること、最終学年である第六学年使用の教科書に教材として三課にわたり教育勅語をあげ、その概要を説明するという構成には変化は見られないが、「編纂ノ根本方針」のなかに、「殊ニ国体観念ヲ明瞭ナラシム」(86)を加えた。そして、「教科書ノ種類及ビ任務」の項で、教育勅語について以下のように述べている。

引続キ教育ニ関スル勅語ノ聖訓ノ教授事項ト連関セシメテ教授シ、以テ勅語ノ御趣旨ノ大要ヲ会得セシメ、且之ヲ実践ニ導カンコトヲ期シテ編纂セリ。既ニ巻四ニ於テ児童用書ノ巻頭ニ勅語ノ全文ニ傍訓ヲ加ヘテ奉掲シ、児童ヲシテ随時随意ニ奉読セシメ、漸次之ニ熟セシムルヤウ用意スル所アリタリ。サレバ巻五ヨリハ児童ヲシテ傍訓ニ依ラザルモ猶且正確容易ニ勅語ノ全文ヲ拝誦スルヲ得シメ、又漸次暗誦スルヲ得セシメンコトヲ期シ、其ノ傍訓ヲ去リテ奉掲スルコトトシタリ。ナホ本巻各課ノ教授ニ際シテモコレガ帰趣タルベキ勅語ノ聖訓ヲ掲ゲテ其ノ語句ヲ説明シ、巻五ト相待チテ御趣旨ノ大要ヲ逐次会得セシムノ用意ヲ施シタリ。而シテ最後ニ之ヲ総括シ、聖旨ノ全般ヲ綜合的ニ会得奉体セシムルコトトセリ(87)。

このような編纂趣意のもと、第四期国定修身教科書である『尋常小学修身書』が編纂されたが、教育勅語について、「漸次暗誦スルヲ得セシメンコトヲ」を明確にし、巻五には、傍訓を付さない教育勅語全文を掲載した。ここにおいて、教育勅語の暗誦を明確に求めるに至った。さらに、『尋常小学修身書　巻六　教師用』の第二五から第二十七の「教育勅語」を検討すると、第二六の「本課に於ける主要な教授事項」には、「天壌無窮の皇運を扶翼し奉るのが、忠良なる道であり、孝順な子孫たる道であること」、「これまで授けたるよい子供、よい日本人とは、畢竟天壌無窮の皇運を扶翼し奉る忠良な臣民のことであることを十分に会得せしむること」を強調している。

教材の配列についても、「教育ニ関スル勅語ノ御趣旨ノ理会ニ資スルヤウ、意ヲ用ヒテ配列シタリ」(88)と論及するなど、教育勅語の趣旨を修身科で徹底させる方針であった。さらに第四期国定修身教科書の巻六は、新たに「皇室」の課を「皇室ニ関スル教材ノ総括トシテ」(89)新設し、「天皇を神と仰ぎ奉ると共に、皇室を宗家といただき奉るのが、我が国の世界に比類ないところであるます」と記述した。第四期修身国定教科書の編纂方針で、「殊ニ国体観念ヲ明徴ナラシム」とした点において、「従来のものとは著しく異なるものであった」(90)と指摘されるが、その実態は、「天皇を神と仰ぎ奉る」ものであり、教育勅語の趣旨をさらに徹底させるものであった。

三　国民学校国民科修身の教科書における教育勅語

（一）国民学校用修身科国定教科書における教育勅語

周知のとおり、一九四一（昭和一六）年四月に発足した国民学校は、それまでの義務教育制度を大きく転換するものであった。国民学校令（一九四一年三月一日勅令第一四八号）により、その目的は、「国民学校ハ皇国ノ道ニ則リテ初等普通教育ヲ施シ国民ノ基礎的錬成ヲ為スヲ以テ目的トス」と規定した。それに基づく「国民学校令施行規則」（一九四一年三月一四日文部省令第四号）では、「教育ニ関スル勅語ノ旨趣ヲ奉体シテ教育ノ全般ニ亘リ皇国ノ道ヲ修練セシメ特ニ国体ニ対スル信念ヲ深カラシムベシ」（第一条第一項）と、国民学校教育全般が教育勅語の趣旨を奉体して、国体に対する信念を深化させることを求めた。そのうえで、国民科修身について、「国民科修身ハ教育ニ関スル勅語ノ旨趣ニ基キテ国民道徳ノ実践ヲ指導シ児童ノ徳性ヲ養ヒ皇国ノ道義的使命ヲ自覚セシムルモノトス」（第三条）とした。

国民学校の教科書は、従来の小学校用教科書の「改訂」ではなく、全科目が新たな学校制度への対応として編纂された「新発刊」であり、新たな編集方針のための準備作業が行われた。先述の「聖訓ノ述義ニ関スル協議会」（一九三九年一〇月設置）もその一つであった。同協議会は同年一〇月三〇日から一一月五日に六回の会議を開催し、「我が国教育の大本たる教学に関する聖訓の述義につきご意見を伺ひ、教科書編纂の上の参考に資したひといふ」(91)考えのもと、「青少年学徒ニ賜ハリタル勅語」、教育勅語の釈義の検討を行い、翌一九四〇（昭和一五）年二月に文部省『秘　昭和十五年二月　聖訓ノ述義ニ関スル協議会報告』を発表し、教科書編纂のための基礎資料とした。

その後、一九四〇（昭和一五）年六月二九日に文部省内に設置された教科書調査会で「国民学校教科書編纂方針案」を決定し、教科書を編纂した。第五期国定修身教科書において、編纂趣意書は作られず、教師用書の「総説」がそれに代わるものと位置づけられた。同書は、「教育に関する勅語と修身指導」について、以下のとおりに論及している。

いふまでもなく教育に関する勅語は、皇国臣民が億兆一心の実を挙げ、国体の精華を発揮するゆゑんの道を昭示し給へるものであり、国民のすべてがそのお諭しを体して実践すべき第一の経典であつて、国民道徳の基礎もまたここに定まつてゐる。しかも国民はこの聖訓に対し奉つて、ただ単に観念的に奉体するといふのではなく、お諭しにしたがつて躬行し、実際行為に表して行くといふことが大切である(92)

教育勅語の教授は、「実践的奉体をなさしめるといふところまで徹底さすべきである。即ち、実践指導に重点を置くことによつて、徳性を涵養し、皇国の道義的使命を自覚せしめるものでなければならない」(93)と強調した。実際、第五期国定修身教科書で教育勅語を具体的に教材としたのは、『初等科修身四』の「一　大身心の奉体」のみである。この教材は、先述『聖訓ノ述義ニ関スル協議会報告』(一九四〇年二月)を受け、それまでの国定教科書が採用していた解釈を修正し、教育勅語は全体で二段構成であることを明記した。この教材は、教育勅語全体の釈義、などその趣旨、国体の精華の理解・会得など教育勅語の理解徹底をめざすものである。

教師用書では、「釈義についてとくに心得て置かねばならないには、次の諸点である」として、以下、五つの事項をあげている。

一、勅語の全文は、「顕彰スルニ足ラン」までと「斯ノ道ハ」よりとの二節から成ると解し奉る。
二、「朕惟フニ」は荘厳なる発句と解し奉る。随つて、特別にどこまでかかるかといふやうに考へるきとは不適当である。
四、「皇祖皇宗」は一語として取扱ひ、天照大神を始め皇室の御祖先の方々を指し奉るものと拝察する。
五、「国体ノ精華」は、「皇祖皇宗国ヲ肇ムルコト宏遠ニ」以下「世々厥ノ美ヲ済セルハ」までを含むと解し奉る。
六、「一旦緩急アラハ」の「アラハ」は「あつたときには」の意味である(94)。

そのうえで、「児童用書の文章取扱いに当つては、これを反復拝誦せしめ、教師の謹話と相俟つて要旨の理解を深からしめるやうにする。また謹写を行はしめるがよい。／最後に、大御心の奉体といふことから、日常の行為について反省せしめ登校下校の際奉安所に向つて最敬礼をなすこと、宮城遥拝のこと、大東亜戦争下いかにして自己の本務をつくすべきか、などについて、具体的な指導を徹底せしめる」(95)と具体的な指導内容を示している。

ところで、教育勅語の趣旨徹底をもとにする国民科修身は、どのような観点から指導することを求めていたのであろうか。この点については、同書の「(二) 国民科修身指導の重点」に詳しい。第一にあげられているのが、「祭祀の意義を明らかにし、敬神の念を涵養することにつとめなければならない」である。そして、「天皇は神をまつり給ふことによつて天つ神と御一体となり、いよいよ現御神としての御徳を明らかにせさせ給ふ。それ故に天皇は特に祭祀を重んぜさせられ、御親から賢所・皇霊殿・神殿の御祭祀をとり行はせらるるのである。臣民もまたこの大御心を承け奉つて、同じく祭祀を以てわが肇国の精神を奉体し、私を捨てて天皇の御安泰を祈り奉り、また国家に奉ずる精神を磨くのである。かやうに天皇の神に奉仕せられることと臣民の敬神とはいづれもその源を同じうし、天皇は祭祀によつていよいよ君徳を篤くし給ひ、臣民は敬神によつていよいよその分を尽すの覚悟を篤くする……ここに忠孝一体となつて万全現れるものである。修身指導に際しては、このことに対する注意が肝要である」(96)と論及し、修身の指導に当たり、祭祀・敬神の念を強調した。

これに関連して、「第四に、修身指導と一体たるべき礼法は単なる形式的末梢的な容儀ではなく、恭敬親和の心がおのずから外に現れる行為である。殊にわが国の礼法は天皇に対し奉る至誠の心を中心として発達し来たつたものであつて、尊厳なる御稜を仰ぎ、億兆の相和するといふことが根本となつてゐる」とし、「その意味で、礼法指導はどこまでも修身と切離すことのできない不可分の関係に於いてなされるべきものである」(97)と、修身教育において、礼法を殊のほか重視した。

その礼法については、国民学校令施行の同日に「作法教育ニ関スル件」(一九四〇年四月一日発普五二号、文部省普通学務局長・専門学務局長通牒）を発し、別冊として「礼法要項」を示した。「礼法要項」は、師範学校及中等学校の「修身科ニ於ケル作法教授ノ参考資料トシテ御取扱ヒ相成」べきものとして編纂されたものであるが、実際は、「右（師範学校・中等学校―引用者）以外ノ学校ニ付テモ右ニ準ジ御措置相成度申添フ」(98)と、師範学校・中等学校以外の学校においても礼法の指針となるべき性格のものであった。その「礼法要項」中の「礼法要項趣旨」では、「前編は、諸礼法に通ずる基本的な事項を掲げたものであり、後編は、国民生活の実際に即して具体的の項目便宜皇室・国家に関する礼法、家庭生活に関する礼法、社会生活に関する礼法の三大部に分けて記述したものである」としながらも、「『皇室・国家に関する礼法』は我が国礼法の根幹であつて敬神尊皇の誠を致し、国民精神を涵養する上に特に重要であり」(99)と論じ、「皇室・国家に関する礼法」を最重視した。国民学校における修身教育は、祭祀・礼法を積極に取り入れながら、教育勅語の理念を徹底する構造であった。

（二）国民学校令下における教育勅語に関する教育の実態

国民学校においては、「国民学校令施行規則」（一九四一年三月一四日文部省令第四号）により、「教育ニ関スル勅語ノ旨趣ヲ奉体シテ教育ノ全般ニ亘リ皇国ノ道ヲ修練セシメ特ニ国体ニ対スル信念ヲ深カラシムベシ」（第一条第一項）と、国民学校教育全般が教育勅語の趣旨を奉体することが求めた。そのなかで国民科修身は、「国民科修身ハ教育ニ関スル勅語ノ旨趣ニ基キテ国民道徳ノ実践ヲ指導シ児童ノ徳性ヲ養ヒ皇国ノ道義的使命ヲ自覚セシムルモノトス」（第三条）と教育勅語の趣旨に基づく国民道徳の実践に必要性が説かれた。以下、その実践について論究したい。

国民学校の教育の特色の一つに儀式や学校行事の重視がある。「国民学校令施行規則」第一条第六項は、「儀式、学校行事等ヲ重ンジ之ヲ教科ト併セ一体トシテ教育ノ実ヲ挙グルニカムベシ」と規定した。この方針について、文部省督学官倉林源四郎は、「祝祭日、記念日等の国家的行事とか、入学式、卒業式その他の学校行事、及び雛祭節句等の民族的行事などは児童をして国民生活を体験せしめる一つで、国民的情操陶冶の無二の機会である」(100)と指摘した。さらに、

『初等科修身四　教師用』で、「大御心の奉体といふことから、日常の行為について反省せしめ登校下校の際奉安所に向つて最敬礼をなすこと、宮城遥拝のこと、大東亜戦争下いかにして自己の本務をつくすべきか、などについて、具体的な指導を徹底せしめる」(101)とも指摘している。

こうした方針を受け、各学校ではそれぞれの教育計画を立てたが、その一例を示すと、国民科修身の「目的」を「教育ニ関スル勅語ノ旨趣ニ基キテ国民道徳ノ実践ヲ指導シ児童ノ徳性ヲ養ヒ皇国ノ道義的使命ヲ自覚セシメルモノトス」とし、具体的な事項について、「一、『教育ニ関スル勅語』の旨趣奉体に当つては、常住坐臥の生活実践と結びつけて実践的奉体の実践を図り、力めて単なる観念的知識の上で奉体するといふやうな事に陥ることを避けること。二、国民道徳の実践に当つては、道の体験的把握を通して、皇国民の自覚に導くこと」などとした。そして、「教授方針」として、「◎初等科ニ於テハ近易ナル実践ノ指導ヨリ始メ道徳的情操ヲ涵養シ具体的事実ニ則シテ国民道徳ノ大要ヲ会得セシムベシ」、「◎祭祀ノ意義ヲ明ニシ敬神ノ念ヲ涵養スルニ力ムヘシ」、「◎礼法ノ実践ヲ指導シ礼ノ精神ヲ会得セシムルト共ニ公衆道徳ニ付テ適切ナル指導ヲ為シ品位ノ向上ニ力ムヘシ」などをあげている。礼法については、「礼法は単なる形式的末梢的な礼的所作ではなく、恭敬、和親の心が自から外に現はれる行為である。殊に我が国の礼法は　天皇に対し奉る至誠の心を中心として来たものである。……吾等国民が一体となり大君に随順するといふ恭敬の心身一如の具現こそ礼法である」と論及する。さらに、「儀式、行事、施設と緊密なる連繫を保ち本科（国民科修身―引用者）の徹底を期すること」(102)などが各学校段階でも強調された。

国民科修身は、祭祀や礼法の実践が強調されるとともに、それらを儀式、行事などと緊密に連繫することが求められた。こうした儀式、行事は、「教科外の施設」として位置づけられたが、以下のようなものが一般的であった(103)。まず、法令に定められた儀式として四大節（一月一日、紀元節、天長節、明治節）があった。そのほかに、勅語、詔書発布関係の儀式として、青少年学徒ニ賜ハリタル勅語発布記念日、戊申詔書発布記念日、教育勅語発布記念日、国民精神作興ニ関スル詔書発布記念日などがある。学校独自の儀式として、入学式、始業式、卒業式、終業式、さらに行幸記念日など、独祭日や時局関連の行事として、興亜奉公日、神武天皇祭、靖国神社臨時大祭、海軍記念日、陸軍記念日、春季皇霊祭、秋季皇霊祭、神嘗祭、新嘗祭などが、さらに、義士祭、楠公祭、乃木祭なども含まれていた。

四大節や勅語・詔書関係の儀式については、「一、勅語、詔書の御聖旨を奉体して、日々の生活を刷新し、いよいよ臣道の実践に励むと共に、大御心に抱かるゝこの感激と光栄に感ぜしめ、鞏き国体信念に培ふこと　二、厳粛荘厳なる儀式に際して愈々国民礼法を錬成し、不敬なることなき様留意せしむること　三、特に国民科修身、国民科国史、芸能科音楽と関連せしめ、教科と一体関係の上に儀式の教育的効果を達成すること」(104)が、他の儀式・行事についても、「我が国の醇風美俗たる敬神崇祖の念を培ふこと」(105)などが留意事項として示されていた。国民学校では、天皇制や国体主義に直結するような儀式や行事が頻繁に行われるようになった。

先述のとおり、国民学校では、国民科修身の教育の一環で、「日常の行為について反省せしめ登校下校の際奉安所に向つて最敬礼をなすこと、宮城遥拝のこと、大東亜戦争下いかにして自己の本務をつくすべきか、などについて、具体的な指導を徹底せしめる」(106)としたが、それは、朝礼や放課後に実践された。いくつかの事例を検討すると、始業前や朝礼時には、教育勅語・「青少年学徒ニ賜ハリタル勅語」の「奉唱」、神棚への拝礼、「宮城遙拝」、国旗掲揚、国歌斉唱が実施された。また、放課後を利用した学校や学年・学級を単位とした神社参拝、勤労奉仕が実施された(107)。

国民学校期の教育では、教育勅語の教授は、国民科修身を中心に学校教育全体で行われた。特に祭祀や礼法が強調され、それに基づく様々な儀式・行事が日々の学校生活で実践された。それらは、一九三五（昭和一〇）年の天皇機関説事件を契機に展開された国体明徴運動、およびその教育版である教学刷新や一九三七（昭和一二）年の日中戦争開戦に伴い官製の国民運動として大々的に展開された国民精神総動員の「実践項目」などを、積極的に学校教育のなかに取り入れたものであったが、これらを改めて再編したものであるといえよう。

日々の学校経営のなかでは、何よりも御真影と教育勅語謄本の管理が最優先されるようになった。各学校の諸規定の筆頭が「御真影奉護規程」となり、日々厳格な「奉護」が実施された。こうした教育実践の行きつくところの一つの事例をあげてみたい。「御真影奉遷ノ件」（一九四五年八月一六日付広島工業専門校発文部大臣宛文書）との文書が残されている。この当時広島は、米国による原爆投下により甚大な被害にあい絶望的な状況であったことは周知のとおりである。その時に発せられたこの文書の内容は、「敵機空襲ノ虞アルテメ本校奉戴ノ　御真影御影ハ七月二十一日附広島県知事ノ承認ヲ得テ……安全場所ニ奉遷シ御異状ナク奉護致候条、此段及報告候也」(108)である。ここに、教育勅語の趣旨を徹底するという教育の本質がある。

おわりに

以上、教育勅語について、①成立過程にみる本質とその内容と構造、②学校儀式を通しての教育勅語理念の身体化の実態、③教科（特に修身科・国民科修身）教育のなかにおける教育勅語の取り扱いを通して、今日の教育勅語の教材化容認のもつ問題点を指摘した。これまでの議論を要約する形で、本章の結論としたい。

第一点は、教育勅語の成立事情とその内容・構成についてである。教育勅語の成立の背景には、明治維新以降の近代化過程で展開された人間観をめぐる厳しい相克があった。教育勅語は、日本の欧化に批判的な宮中保守派や山県有朋に連なる保守的内務官僚が、立憲制移行への対抗措置として発案された。一方で、立憲君主制国家の君主は、「臣民ノ良心ノ自由ニ干渉セズ」との原則を堅持するため、君主が教育理念を臣民に示す勅諭は、政治上の命令とは明確に区別し、君主の「著作公告」であることにも配慮された。教育勅語そのものは、法体系上において形式上は決して高いものではなく、そもそも政治性をともなわない君主の「著作公告」であり、大臣の副署もともなっていなかった。

その内容は、「国憲ヲ重シ国法ニ遵ヒ」など近代的な項目も見られたが、多くは、古くからの通俗道徳の羅列であった。しかもそれらの項目はすべて、「以テ天壌無窮ノ皇運ニ扶翼スヘシ」（かくして、天地と共に限りの無い皇位を助け奉れ）に収斂しており、ここにこそ、教育勅語の大きな特色があった。そして、こうした教育勅語の諭すところは、天皇制の歴史的遺訓の賜物であり、それは時空を超えた永遠の真理であり、天皇自身が臣民とともにその実践に努力したいと結論づけている。教育勅語は、日本の教育理念を国体主義に基づく天皇制に求めており、主権在民を基本とする現行の日本社会にとって、容認されるようなことはあり得ない。

第二点は、学校儀式における教育勅語についてである。教育勅語発布以降、これを教育理念として日本の教育の日々の実践が行われた。そのなかで、学校儀式の果たした役割は無視できない。そもそも祝祭日学校儀式は、初代文相の森有礼が、「上からの啓蒙政策」として、国民に国家意識を養成するための手段として発案し、国家祝日である紀元節・天長節に国家元首である天皇の肖像写真（御真影）への拝礼と式歌斉唱、校長訓話を主な式目とする学校儀式が開始された。ところが、教育勅語発布以降、学校儀式は、国体主義に基づく天皇制教化のための「装置」に変容した。教育勅語謄本の全国一斉下付、御真影の普及策を進めながら、儀式内容も、敬礼の方法、教育勅語の読み方、儀式用唱歌の制定などを通して厳格化した。

最終的には、一九〇〇（明治三三）年八月の「小学校令施行規則」（一九〇〇年八月二一日文部省令第一四号）により、儀式の挙行義務のあるのは、紀元節・天長節・一月一日の三大節（一九二七年からは四大節）、「小学校祝日大祭日儀式規程」に定める儀式内容に「職員及児童「君が代」を合唱ス」が加えられた式目を等しく実施することになり、ここに学校儀式の定型化が完成した。定型化した三大節学校儀式は、その後、中等学校（旧制中学校・高等女学校・師範学校）へも波及し、中等レベルの諸学校でも三大節学校儀式の挙行が義務化された。

祝祭日学校儀式の定型化にともない、卒業式、入学式、始業式、終業式なども、三大節学校儀式の性格に大きく影響を受けるようになった。すなわち、三大節学校儀式の式目を基準にして、それぞれの儀式の軽重をもとに儀式の定型化が進行したことも重要な事実である。入学式・卒業式を含めた学校行事は、すべて天皇制教化のための重要な「装置」となり、子ども達に対して教育勅語理念をより具体化するため重要な役割を担った。ここには、現在の教育現場にも大きな影響を与えている入学式・卒業式における国旗・国歌の強制の問題における保守政治家の思考回路にもつながるものがあるように思われる。

第三点は、修身科（国民科修身）における、国定教科書における教育勅語の扱いについてであった。教育勅語の趣旨は、修身科においても徹底された。第二次小学校令に基づく「小学校教則大綱」（一八九一年一一月一七日文部省令第一一号）で、「修身ハ教育ニ関スル　勅語ノ旨趣ニ基キ児童ノ良心ヲ啓培シテ其徳性ヲ涵養シ人道実践ノ方法ヲ授クルヲ以テ要旨トス」（第二条）と規定されて以降、修身科（国民科修身）は、一貫して教育勅語の趣旨を子ども達に徹底するための教科として機能した。教育勅語発布にともない、修身科の教育は、それまでの教科書を使用しない原則が否定され、教科書よる教授が命じられ、厳格な検定を経た教科書による教育勅語に関する教育が行われた。

一九〇三（明治三六）年に小学校用教科書の国定制が成立すると、文部省自らが教科書を作成し、教育勅語を教材化し、その教育の指針を示した。教育勅語の権威が不安定であった時期の国定第一期修身教科書においては、教育勅語の扱いはそれほど重視されたものではなかったが、日露戦争を経て、天皇の権威が確立した時期の国定第二期修身教科書になると、教材としての教育勅語が著しく重視されるようになった。文部省は、国定教科書の改訂を控え、教科書に掲載するため、みずから教育勅語の解釈を行い、それを第二期国定修身教科書に掲載した、「此の道を体得するとこはよく国家社会の幸福を致すべく、又よく我が皇位の御盛運を助け奉るを得べし。臣民たるもの此の道を実行し、天祖の神勅の旨をかしこみ、我が皇運を扶翼し奉らんことに努めよとは、実に勅語の我等臣民を戒め給ふ御趣意なり」と説いた。

その後、第四期国定修身教科書では、教育勅語の暗誦・暗写などが公然と求められ、国定第五期修身教科書、すなわち、国民学校期になると、教育勅語に関する教授は、実践することが強調され、「反復拝誦せしめ、教師の講話と相俟つて要旨の理解を深からしめるやうにする。また謹写を行はしめるがよい。／最後に、大御心の奉体といふことから、日常の行為について反省せしめ登校下校の際奉安所に向つて最敬礼をなすこと、宮城遥拝のこと、大東亜戦争下いかにして自己の本務をつくすべきか、などについて、具体的な指導を徹底せしめる」(109)ことが求められた。そうした実践の究極が、御真影・教育勅語謄本を子ども達の生命以上に重視する姿勢であった。

このように、国体主義に基づく天皇制に奉仕することが「国体の精華」として、それに邁進することを国民に求めるという教育勅語の基本的な性格、さらにそれを学校教育の中に取り入れた教育は、どれを取ってみても日本国憲法の趣旨に合致するものはない。

一九四八（昭和二三）年六月の衆参両院による教育勅語の排除・失効確認に関する議決は、このような戦前日本における教育勅語理念の実施過程を含めてのものであった。「奉読」を通しての教育勅語の子ども達への身体化という過去の事実を顧みるとき、教育基本法に反しない限り、教育勅語の朗読は問題ないとした政府答弁（当時の副大臣義家広介による答弁）は、前述のような歴史的な事実はまったく踏まえていない暴論以外の何物でもない。さらに、教育勅語を教材としての使用を容認するということは、これまでに論じてきた国定修身教科書における教材としての教育勅語への途を認めることになりかねない。教育勅語の趣旨を徹底した教育実践の行き着くところは、御真影・教育勅語謄本など「紙切れ」一枚が人命よりはるかに重視するものであった。そのような教育が、果たして日本国憲法の理念に合致するものなのであろうか。

教育勅語を論じるとき、その果たした意味について、客観的な観点から史実を一つひとつ確認し、そのうえで議論することが必要なのではないだろうか。

●註

（1）教育勅語成立過程に関する資料集として、国民精神文化研究所編『教育勅語渙発関係資料集』第一巻から第三巻、国民精神文化研究所、一九三九年、教学局編『教育に関する勅語渙発五十年記念資料展覧図録』内閣印刷局、一九四一年、などの基本資料は、戦前からのものである。

（2）森川輝紀『増補版　教育勅語への道――教育の政治史』三元社、二〇一一年。

（3）海後宗臣『教育勅語成立史の研究』私家版、一九六五年（海後宗臣『海後宗臣著作集　第一〇巻　教育勅語成立の研究』東京書籍、一九八一年）。

（4）稲田正次『教育勅語成立過程の研究』講談社、一九七一年。

（5）山住正己『教育勅語』朝日選書、一九八〇年。

（6）佐藤秀夫『続・現代史資料八　御真影と教育勅語一』〜『続・現代史資料一〇　御真影と教育勅語三』みすず書房、一九九四年〜一九九六年。教育勅語の実施過程として成立時から廃止にいたる資料集であるが、その解説が教育勅語の本質を知るうえで有用である。他に、『教育の文化史一　学校の構造』阿吽社、二〇〇四年、などもある。

（7）籠谷次郎『近代日本における教育と国家の思想』阿吽社、一九九四年。

（8）小股憲明『近代日本の国民像と天皇像』大阪公立大学共同出版会、二〇〇五年、同『明治期における不敬事件の研究』思文閣、二〇一〇年。

（9）高橋陽一「「皇国ノ道」概念の機能と矛盾――吉田熊次教育学と教育勅語解釈の転変」『日本教育史研究』第一六号、一九九七年。

（10）教育史学会は、今回の政府による教育勅語の教材化容認問題に対して、これを否定・批判する立場から、公開シンポジウム「教育勅語の何が問題か」（二〇一七年六月一〇日、於お茶の水女子大学）を開催し、その成果を教育史学会編『教育勅語の何が問題か』岩波書店、二〇一七年、として公刊しており、教育勅語の実施過程を手際よくまとめている。

（11）小野雅章『御真影と学校――「奉護」の変容』東京大学出版会、二〇一四年。

（12）山本良信・今野敏彦『近代教育の天皇制イデオロギー――明治期学校行事の考察』新泉社、一九七三年、同『大正・昭和教育の天皇制イデオロギー〔Ⅰ〕――学校行事の宗教的性格』新泉社、一九七六年、同『大正・昭和教育の天皇制イデオロギー〔Ⅱ〕――学校行事の軍事的・疑似自治的性格』新泉社、一九七七年、など。

（13）教育勅語を歴史的に検討する場合、様々な観点からのアプローチが考えられる。教育勅語の近代教育思想史における位置づけ、政治史とのかかわり、軍隊教育との関係、教育勅語が学校や社会に大きな影響を与えることになった、御真影や教育勅語に関する「不敬事件」の問題、さらに旧日本植民地と教育勅語の関係など、今回取り上げていない領域は数多くある。今回の報告書を執筆するにあたり、教育勅語の教材化容認への批判が重要な論点であることを考慮に入れたこと、さらに筆者の能力の問題などを考慮して、三つの観点からの考察とした。

なお、教育勅語史研究については、佐藤秀夫「教育史研究の検証」藤田英典他編『教育学年報六　教育史像の再構築』世織書房、一九九七年、で教育勅語の成立史に集中しがちな従来の研究を批判的に検討している。それから二〇年経過した今日においても、その克服がなし得たとは言えない状況にある。

(14) このことについては、矢治佑起「『幼学綱要』に関する研究——明治前期教育政策史上における意味の検討」『日本の教育史学』第三三集、一九九〇年に詳しく検討されている。
(15) 佐藤秀夫『教育の文化史三　史実の検証』阿吽社、二〇〇五年、二一頁。
(16) 海後宗臣『海後宗臣著作集　第一〇巻　教育勅語成立史の研究』東京書籍、一九八一年、二〇六頁。
(17) 同前、二〇七頁。
(18) 佐藤秀夫『続・現代史資料八　御真影と教育勅語一』みすず書房、一九九四年、二六～三三頁。
(19) 同前、三三頁。
(20) 国民精神文化研究所『教育勅語渙発関係資料集　第二巻』国民精神文化研究所、一九三九年、四五四頁。
(21) 前掲『海後宗臣著作集　第一〇巻　教育勅語成立史研究』二八九～二九〇頁。
(22) 前掲『教育勅語渙発関係資料集　第二巻』四三一～四三五頁。
(23) 同前、四三二～三三頁。
(24) 前掲『海後宗臣著作集　第一〇巻　教育勅語成立史研究』四八九頁。
(25) 同前。
(26) 小股憲明『近代日本の国民像と天皇像』大阪公立大学共同出版会、二〇〇五年、四三七頁。
(27) 同前。
(28) 前掲『続・現代史資料八　御真影と教育勅語一』四一頁。
(29) 佐藤秀夫『教育の文化史一　学校の文化』阿吽社、二〇〇四年、一五四頁。

(30) 前掲『続・現代史資料八　御真影と教育勅語一』二五頁。
(31)『聖訓ノ術義ニ関スル協議会報告』（一九四〇年二月）の付録「一、教育勅語衍義書目録」（一二五～一四六頁）による。
(32)『聖訓ノ述義ニ関スル協議会報告』（一九四〇年二月）の扉。
(33) 同前、六一頁。
(34) 同前。
(35) 前掲『続・現代史資料八　御真影と教育勅語一』二五頁。
(36) 前掲『聖訓ノ述義ニ関スル協議会報告』七～八頁。
(37) 同前、一二頁。
(38) 同前。
(39) 同前。
(40) 同前、二頁。
(41) 前掲『続・現代史資料八　御真影と教育勅語一』四一頁。
(42) 高木博志『近代天皇制の文化史的研究――天皇就任儀礼・年中行事・文化財』校倉書房、一九九七年、一八〇頁。
(43) 前掲『教育の文化史一　学校の構造』一七八頁、などを参照のこと。
(44) 佐藤秀夫『教育の文化史四　現代の視座』阿吽社、二〇〇四年、二五九頁。
(45) 大久保利謙編『森有禮全集』第一巻、宣文堂、一九七二年、六八六頁。
(46) 社説「学校ニ於ケル大祭祝日ノ礼」『教育報知』第一〇五号（一八八八年二月一一日）。
(47) 宮内省編「御写真録」。
(48) 同前。
(49) 前掲『学校の文化史一　学校の構造』一八五頁。
(50) 新田和幸「小学校への『御真影』下付政策の端緒について――『文部省総務局長通知』の背景とその意義」『日本の教育史学』第三八集、四四～四五頁。

(51) この点の分析については、新田による前掲論文が詳しく分析している。
(52) 前掲『続・現代史資料八　御真影と教育勅語一』七頁。
(53) 同前、一一頁。
(54) 同前。
(55) 前掲『教育の文化史一　学校の構造』二七五頁。
(56) 前掲『続・現代史資料八　御真影と教育勅語一』四〇頁。
(57) 同前、四〇頁。
(58) 前掲「御写真録」。
(59) 同前。
(60) 前掲『続・現代史資料八　御真影と教育勅語一』五〇~五八頁に所収。
(61) 同前、七四頁。
(62) 前掲『近代天皇制の文化史的研究——天皇就任儀礼・年中行事・文化財』一八〇頁。
(63) 前掲『続・現代史資料八　御真影と教育勅語一』八三~九一頁。
(64) 同前、八二頁。
(65) 同前、八三頁。
(66) 同前、六八頁。
(67) 同前、六九頁。
(68) 同前。
(69) 同前、七一~七二頁。
(70) 同前、九三~一〇〇頁。
(71) 同前、一〇三~一〇四頁。
(72) 同前、一一一~一一二頁。

(73) 佐藤秀夫『続・現代史資料九　御真影と教育勅語二』みすず書房、一九九六年、三五〜三六頁。
(74)『文部省第十五年報』(一八八七年)五頁。
(75) 木場貞長「森有礼先生を偲びて」一九三八年一一月一七日(『森有礼全集』第二巻、宣文堂書店、一九七二年)、六九七頁。
(76) 前掲『続・現代史資料八　御真影と教育勅語一』七一頁。
(77) 文部省『国定教科書編纂趣意書』錘美堂翻刻発行、一九〇四年、五頁。
(78) 中村紀久二「『復刻版　国定教科書編纂趣意書』解説」『復刻版教科書編纂趣意書　解説・目録』国書刊行会、二〇〇八年、一二頁。
(79) 前掲『続・現代史資料八　御真影と教育勅語一』四一〇頁。
(80) 佐藤秀夫「解説」前掲『続・現代史資料八　御真影と教育勅語一』二九頁。
(81) 前掲『続・現代史資料八　御真影と教育勅語一』一二〇〜一二一頁。
(82) 同前、一二二〜一二三頁。
(83)「尋常小学修身書編纂趣意書」文部省『修正国定教科書編纂趣意書　第四篇』一九一一年、三頁。
(84) 同前、五頁。
(85)「尋常小学修身書巻六修正趣意書」(一九二三年六月)文部省編纂『高等小学校修身書編纂趣意書/尋常小学修身書修正趣意書』国定教科書共同販売所、一九二四年で、「『教育に関する勅語』ニ於テハ字句ノ修正ヲ施シタル外其ノ内容旧教科書ニ同ジ。サレド其ノ最後ニ於テ本教科書一貫ノ旨趣トシテ至誠ヲ以テ此ノ勅語ノ御趣意ヲ奉体センコトニ努ムベキコトヲ加ヘタリ」(六九頁)と論じており、基本方針は第二期国定修身教科書のものと変化はないと指摘している。
(86) 文部省編纂『尋常小学修身書巻六編纂趣意書』東京書籍、一九三九年、一頁。
(87) 同前、二〜三頁。
(88) 同前、五頁。
(89) 同前、四頁。
(90) 前掲「『復刻版　国定教科書編纂趣意書』解説」六四頁。

(91) 前掲『続・現代史資料九　御真影と教育勅語二』三五九頁。
(92)『初等科修身四　教師用』一九四三年、一四頁。
(93) 同前。
(94) 同前、九頁。
(95) 同前。
(96) 同前、一九頁。
(97) 同前、二二頁。
(98) 前掲『続・現代史資料九　御真影と教育勅語二』二八九頁。
(99) 国民礼法研究会編『文部省礼法要項便覧』明治図書、一九四一年、三頁。
(100) 倉林源四郎「国民学校教則案の総論」日本放送協会『国民学校教則案説明要領及解説』日本放送協会、一九四〇年、一六頁。
(101) 前掲『初等科修身四　教師用』九頁。
(102) 郡山市金透国民学校『国民学校の経営』一九四一年、七九〜八二頁。
(103)「教科外ノ施設」については、法令により定められたもの以外については、それぞれの学校により、若干の相違がみられるが、ここでは『国民学校経営資料』教養研究会、一九四三年、『国民学校経営資料　続編』教養研究会、一九四三年に記載されたものから、一般的と思われるものを掲げた。
(104) 前掲『国民学校の経営』一九一頁。
(105) 同前、一九三頁。
(106) 同前。
(107)「四、日時程　二」前掲『国民学校経営資料』教養研究会、一九四三年、一一八〜一四七頁、の記述による。
(108) 小野雅章『御真影と学校――「奉護」の変容』東京大学出版会、二〇一四年、二八四〜二八六頁。
(109) 同前。

第二章

学校儀式と身体
――教育勅語と唱歌の共存関係を中心に――

有本真紀（立教大学）

はじめに

本章のねらいは、教育勅語がなぜ強大な力をもちえたのかを考察することにある。教育勅語は渙発以来敗戦に至るまで、日本の教育を支配した。謄本として全国の学校に交付されたこと、つまり単に文書が届けられただけでは、教育勅語がそれだけの力をもつことになった理由を説明することができない。では、教育勅語に力を宿らせたものは何だったのか。その大きな要因として勅語奉読を組み込んだ学校儀式の存在があったことは、多くの研究がつとに指摘してきた。

しかし、勅語奉読に付随して重要な役割を果たした儀式唱歌と、それを歌った子どもたちの身体、さらに身体行為の意味や身体の記憶については、ほとんど注目されてこなかった。このうち、儀式唱歌全般に関しては主に音楽教育史分野での研究が蓄積されているものの、教育勅語と直結した唱歌に関する研究は極めて限られている(1)。教育勅語関係文献のなかでも唱歌に言及している例は多くなく、とりわけ儀式において行為する身体への関心は薄いように思われる。

だが、これらは教育勅語の浸透を考えるうえで看過できない重みをもつのであり、考察されるべき課題である。また、唱歌と学校儀式は、日本の近代学校教育が確立していく固有な時代状況のなかで成立し、両者が結合しながら普及した経緯がある。したがって、教育勅語と唱歌の関係を捉えるには、その結合の背景を理解することも必要である。

そのため、ここではまず唱歌《勅語奉答》の記憶をたどり、次に唱歌と学校儀式の成立事情を押さえたうえで、儀式における行為、身体、声の視点から、それらが教育勅語の浸透に果たした役割を考察したい。

第一節　祝日大祭日儀式唱歌《勅語奉答》

図1　《勅語奉答》

勅語奉答　勝安芳作歌　小山作之助作曲

あやに畏《かしこ》き天皇《すめらぎ》の。
あやに尊《たふと》き天皇《すめらぎ》の。
あやに尊《たふと》く畏《かしこ》くも。
下《くだ》し賜《たま》へり大《おほ》勅《み》語《こと》。
是《これ》ぞめでたき日《ひ》の本《もと》の。
國《くに》の教《をしへ》の基《もとゐ》なる。
是《これ》ぞめでたき日《ひ》の本《もと》の。
人《ひと》の教《をしへ》の鑑《かゞみ》なる。
あやに畏《かしこ》き天皇《すめらぎ》の。
勅《み》語《こと》のまゝに勤《いそし》みて。
あやに尊《たふと》き天皇《すめらぎ》の。
大《おほ》御《み》心《こゝろ》に答《こた》へまつらむ。

（1893年8月12日付、官報第3037号附録）

楽譜（図1）は、一八九三（明治二六）年八月一二日付、官報第三〇三七号附録に掲載された「祝日大祭日歌詞並楽譜」のうち、《勅語奉答》の唱歌である。これは、文部省が「祝日大祭日儀式唱歌」として公示した八曲の唱歌（《君が代》《勅語奉答》《一月一日》《元始祭》《紀元節》《神嘗祭》《天長節》《新嘗祭》）[2]の一つで、敗戦に至るまで用いられた。

この《勅語奉答》の作詞者は勝

図２　臣物部安芳（勝海舟）書

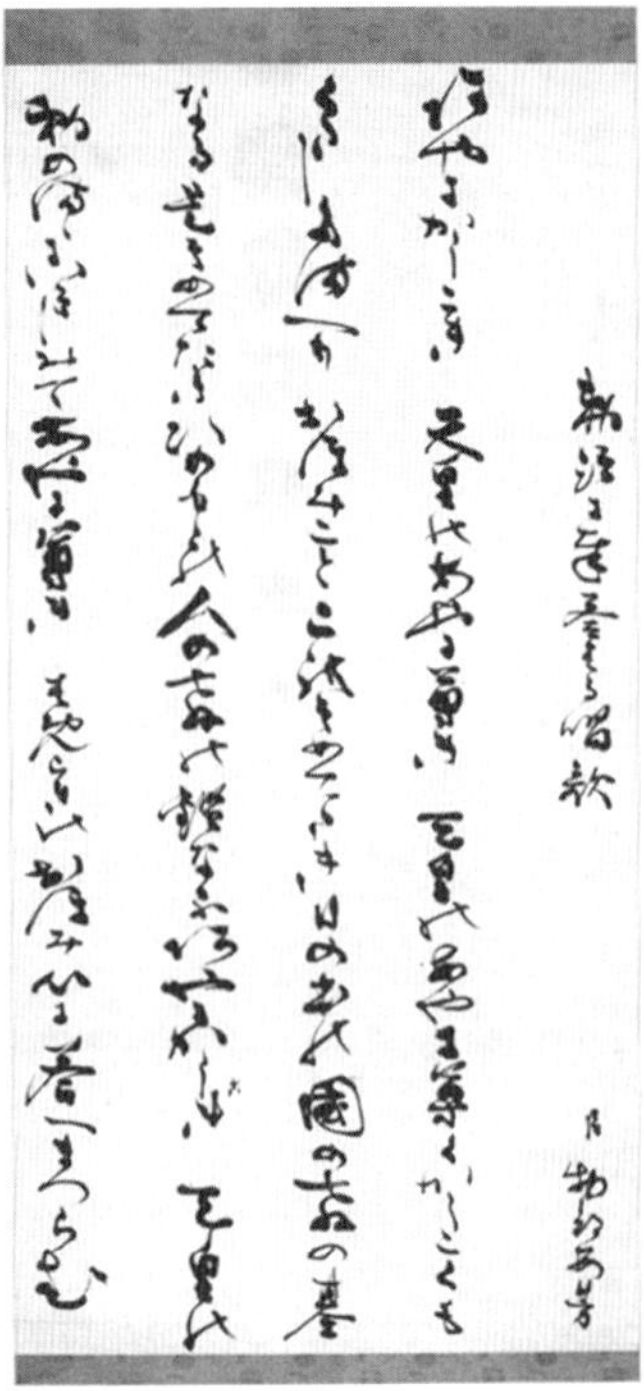

「勅語に奉答する唱歌」（お茶の水女子大学デジタルアーカイブズ大学所蔵書蹟資料）

安芳、すなわち勝海舟（一八二三〜一八九九）であり、自筆の歌詞掛軸（図２）には「臣物部安芳」の署名がある。蘭学を学び、蕃書調所頭取等を経て軍事総裁となった海舟は多くの著作を残したが、そのなかには漢詩を中心とする詩歌も含まれている。

《勅語奉答》は、「勅語《みこと》のま、に」「大御心《おおみこころ》に答へまつらむ」の箇所を除いて「三＋四＋五」の音数律による七五調となっており、それは当時作られた多くの唱歌と共通している。一番のみの唱歌としては、かなり長い歌詞といえる。

作曲者の小山作之助（一八六四〜一九二七）は、新潟県の出身、一九歳で音楽取調掛（現・東京藝術大学音楽学部）に入学し、日本の学校における音楽教育の創始者である伊澤修二に師事した。卒業後は、音楽取調掛から改組された東京音楽学校で教鞭をとり、教え子に滝廉太郎がいる。同校退職後には、文部省唱歌の編纂委員も務めた。多数の作品を残しており、最もよく知られた唱歌《夏は来ぬ》（卯の花の匂う垣根に）のほか、《川中島》《鏡が浦の驟雨》などを作曲している。また、《敵は幾万》《国民唱歌 日本海軍》といった軍歌、《楠公父子》《東京府民 公徳唱歌》などの教訓的な唱歌も目立つ。作曲だけでなく作詞も手がけ、滝廉太郎作曲《卒業式歌》の歌詞（をさめしわざの数々は　我身の為と国のため……やしまの民のさとき名を外国までもかゞやかせ）は、小山作之助の作である。

《勅語奉答》のメロディは、歌詞の長さに対応して四八小節と、児童が歌う唱歌としては異例の長さである。楽譜下の歌詞を見ると四行ずつに区分することができ、「あやに」と「天皇《すめらぎ》」が多用される部分と、それにはさまれた中間部で構成されている。音楽としてもA―B―A'の三部形式をとっており、Bの部分は「稍速カニ」、最後は「徐々ニ」と、若干テンポを変えて演奏するよう指定されている。祝日大祭日唱歌のなかでも、凝った作りの楽曲といえる。

第二節　《勅語奉答》の記憶

儀式唱歌《勅語奉答》は、第二次大戦終結まで四大節をはじめとする学校儀式で歌われた。だとすれば、当時この歌を教えられ歌った方たちはそのことを覚えているのだろうか。そこで、八五歳以上の方五人にお話をうかがった(3)。いずれも以前からの知人で、インタビューというほど改まった形ではない。聞きたい内容を事前にはまったく知らせず、「小学校のころのことを教えてください」と切り出して、「教育勅語を覚えていますか」「《勅語奉答》という歌を知っていますか、歌いましたか」と尋ねた。

【Aさん：一九三一（昭和六）年生まれ男性】

校長先生が白い手袋をはいて《ママ》、おもむろに木の箱から勅語の巻物を取り出し、祝詞口調で奉読されます。生徒は、頭を垂れて不動の姿勢で勅語を聞きます。鼻をすすったり、咳をしたりしてはいけません。勅語奉読の後、校長の話があり、話の後に《勅語奉答》を歌ったように思います。

私が国民学校初等科五年生の時に、一〇歳上の姉が訓導として赴任してきました。四大節の前には朝礼の時に式歌の練習があり、姉がその指導に当たりました。それとは別に、式の直前には一時間を割いて、全校生徒が式歌の練習をしました。特に勅語奉答の歌は、大きな紙に歌詞を書いて掲示されていました。なにせ、「畏き」「尊き」「尊く」と同じような言葉が出てきて、しかも似通った節が繰り返されるので、低学年の児童には歌いにくい歌でした。高学年でも自信をもって歌える者は多くはなかったと思います。

出だしの「あやに畏き天皇の」と、終わりの「大御心に答へまつらむ」のところは大きな声で歌うのですが、途中は小さな声になるのです。全体を同じ大きさの声を出すようにと言われても、歌えないのだからどうにもなりません。姉は、ずいぶん気を使ったことでしょう。何回も繰り返し練習し、式には何とか格好がついたように思います。意味などは関係なく、とにかく歌えればそれでよかったのです。

式には、町長、役場吏員、警察署長、町の名士が参列されます。みんな正装しての参列です。式の歌が下手であれば、校長の面目は保たれなかったのだと思います。式に参加する生徒の心構えが、姿勢や歌に表れます。参列した来賓は、生徒の様子を見て、教育の成果を評価する機会にもなるわけです。校長をはじめ、教職員は、厳粛で規律正しい式典となるように、特に気を配ったのだと思います。ですから、式歌の出来栄えは、極めて重要視されたのでしょう。それにしても、勅語奉答の歌は、子どもたちには実に覚えにくい歌であったと思います。

Aさんは、戦後に新制大学となった地方国立大学教育学部の第一期生で、卒業後は小・中学校の教員をされ、定年退職時は校長だった方である。実姉から指導を受けたため非常に鮮明な記憶があると思われ、自身の校長経験に照らしての解釈も含まれる特殊な回想である。そうした事情を差し引いても、指導された時の具体的な様子や、《勅語奉答》が覚えづらく歌いにくい唱歌であったこと、意味は関係なく歌えればよかったことなど、当時の児童がこの歌をどう経験したのかを知ることができる。

【Bさん：一九二九（昭和四）年生まれ女性】

毎朝、学校に行くと、「教育勅語」と「青少年学徒ニ賜ハリタル勅語」を唱えて、「奉答歌」を歌わされた。意味はちっともわからなかったけど、今でも言える（ここで実際に「教育勅語」を暗唱される）。男の子らは、先生のいないところで「朕思わず屁をひって、爾臣民臭かろう」と言ってふざけていた。天皇の名前も初代から全部言わされた。一級上の人は、「宣戦ノ詔書」も唱えていた。式日には「ええべべ」（よい着物）を着て学校に行って、《君が代》の後に校長先生の教育勅語を聞いてから、「奉答歌」を歌った（こんな歌だと言って、歌ってくださる）。こんなのは、もう七〇年も歌ったことがないです。大昔のことです（括弧内は著者の補足）。

Bさんは山間の農家の生まれで、怪我のため一年遅れて昭和二〇年三月に地元の国民学校高等科を卒業、林業を営む夫と結婚して、現在まで生家のすぐ近くに住まわれている。電話でお話をうかがったのだが、後日談によれば、電話を受けた時はちょうど昼寝をしていたところで、どのような話をしたのか覚えていないとのことであった。だが、実際の話は明瞭で、「教育勅語」も「奉答歌」も、よどみなく暗唱された。

Bさんの歌う「奉答歌」は、Aさんが回想する《勅語奉答》（官報楽譜）ではなく、歌詞もメロディも異なる《勅語奉答》であった。これは、勝の歌詞による祝日大祭日唱歌《勅語奉答》があまりに長く、唱歌として非常に覚えづらいため、主に低学年児童の負担を減らす目的で、同じく小山作之助が作曲した唱歌である。

あな　たふとしな　大勅語《おおみこと》　みことの趣旨《むね》を　心に刻《え》りて
露もそむかじ　朝夕に　あな　たふとしな　大勅語

（中村秋香作歌・小山作之助作曲《勅語奉答》、初出『新撰國民唱歌五』一九〇一）

長さは一六小節と官報楽譜に比べて三分の一だが、基本的に七五調の歌詞であり、歌詞のエッセンスは勝によるものと変わらず、児童が親しみをもてる歌とは言いがたい。Bさんは、第二フレーズにある「心に刻《え》りて」を「心にいれて」と発音して歌われた。耳からの聞き覚えで歌詞を間違って記憶することは、大人でもよくある。まして「刻《え》りて」のようになじみのない語であれば、意識せず既知の語に変換したとしても不思議はない。「歌えと言われて意味もわからずに歌った」というのが実感ではあろうが、子どもたちのなかでは、自然発生的に理解が及ぶ範囲の歌詞——みことのむねを心にいれて――への変換が行われており、毎日歌わせた教師も、それをとりたてて問題にしていなかったということだろう。

無論、これほどはっきりした記憶を語り、歌を歌える人ばかりではない。むしろ、AさんやBさんのように詳細な記憶を保持している人は稀有な例なのかもしれない。Bさんは、同級生に尋ねたところ《勅語奉答》の歌は知らないと言われ、「あんなに歌ったのに覚えとらん人もあるものだ」と話してくださった。

一九三〇（昭和五）年生まれの男性Cさんは、小学校の音楽教諭を経て大学教員になられた方である。「教育勅語を聞いたことは覚えているが、《勅語奉答》という歌は知らない」とおっしゃる。しかし、勝作詞の《勅語奉答》をふりがなのない歌詞のみの状態でお見せするとすらすらと読まれ、「不思議なことだが、考えずに『すめらぎ』や『かしこく』が読めるということは、歌ったのかもしれない」と言われる。さらにメロディを提示すると、「聞いたことがあるようだ」とおっしゃる。

また、一九二九（昭和四）年生まれの女性Dさん、一九三二（昭和七）年生まれの男性Eさんも異口同音に、「《勅語奉答》という歌は覚えていない」と言われるものの、歌詞を音読すると「それなら聞いたことがある」と表情が変わった。ただし、メロディを提示しても「はっきりわからない。勅語奉読の後、全校で歌ったかどうか覚えていない」とのことであった。

学校によっても、唱歌の取り組みに差があった可能性はあるだろう。また、小学校で習ったこと、歌った歌のすべてを覚えている人はいないと思われ、実際には教わっていたとしても思い出せないことがあるのは自然である。だが、意味もわからずに歌わされた歌、しかも七〇年以上の間一度も歌ったことも聞いたこともなかった歌が突然の求めに応じて口をついて出てきたり、当時の状況を詳細に思い出して語る方がおられたり、歌詞を見て記憶が呼び起こされることには、驚きとともに怖さを覚える。

これらの語りのなかで最も印象に残ったのは、「言葉や歌の意味などわからずに、勅語を聞いたり唱えたりし、《勅語奉答》を歌っていた」という回想である。では、その時子どもたちの身体は何を経験していたことになるのだろうか。歌を覚えていない人たちには、学校儀式を通してなされた教育が十分身に付いていなかったということなのだろうか。

この大きな疑問を解く前に、まずは明治期の唱歌と学校儀式の関係を簡単にたどることからはじめたい(4)。なぜこうした《勅語奉答》歌の記憶が刻まれることになったのか、そもそも教育勅語と唱歌がいかにして結びついたのか、儀式唱歌を生み出した学校儀式はどのような経緯ではじめられたのか。それらを知ることが、儀式において身体が経験したことの意味を捉えるための前提となるからである。

第三節　唱歌の開始と徳育

明治初年において、楽器や歌謡は「歌舞音曲」や「遊芸」と考えられ、「芸術としての音楽」や「情操教育」といった観念は存在しなかった。そうした状況のなかで、学制（一八七二年）には下等小学の教科目中に「唱歌」が置かれたものの、「当分之ヲ欠ク」と付された。当時の人びとには、歌を唱えることが学校で学ぶべき内容だとは思えなかったであろう。文部省ですら、どのような教材が相応しく、いかにして教えるのか、唱歌を担当可能な教員をどう育てるのかといったヴィジョンを持ち合わせていない状態であった。

一方、学制中に学校儀式に関する規定はなく、小学校では新年最初の登校日に行われる「始業式」（開業式・開莚式）の他に儀式はほとんど行われていなかった。これまで各地の小学校に残る学校日誌を調査してきたなかでも、明治一〇年代後半になるまで新年始業式以外の儀式の記録には接していない。

しかし、上級学校では早くから卒業式が開始されていた。日本で初めて卒業式が挙行されたのは、一八七六（明治九）年、陸軍戸山学校においてである。観兵式の後に屋外で行われた式では、軍楽が演奏された。一八七七（明治一〇）年には東京大学で初の卒業式が挙行され、翌一八七八（明治一一）年の式では「講義室の正面に聖上　皇后宮の御真影を掛け花瓶に種々の花を挿ミ牖戸毎に国旗を掲げ……陸軍楽隊楽を奏」（「朝野新聞」一八七八年七月一〇日）したと記録されている。この式場のしつらえは、後の祝日大祭日儀式の原型と言ってよいだろう。

このように、高等教育機関の卒業式や、千葉師範学校、駒場農学校などの開講式には、軍楽隊が演奏を行った記録が多くみられる。また、宮内省式部寮雅楽課の伶人たちも欧州楽を練習し、天長節・紀元節などの宮中行事のほか、国立銀行開業式や外国要人の接待の際にも演奏した。西洋音楽は国家および天皇の儀式・儀礼と結びついた公的な響きとして受容されはじめていたのである。

同じころ、唱歌科の開設に向かう動きもはじまっていた。雅楽課では、東京女子師範学校からの依頼により、一八七七（明治一〇）年に唱歌の教材制作に取りかかった。その結果生まれたのが「保育唱歌」、正式には「保育並ニ遊戯唱歌」という約百曲の教材群である。唱歌といっても、「保育唱歌」は雅楽の音組織でつくられ、現在一般にイメージされる唱歌とはまったく異なる様式の音楽である。東京女子師範学校と附属幼稚園では、さっそくこの「保育唱歌」を教えはじめ、一八七九（明治一二）年に行われた皇后臨席による同校第一回卒業式には、体操や理化学実験とともに保育唱歌三曲が披露された。つまり、この卒業式が日本で初めて唱歌が歌われた学校儀式であった。歌われた三曲のうち《学道》（学之道）は皇后の詠んだ和歌に節をつけたものであり、この歌詞は後に同校校歌、さらには日本の校歌第一号となった。

みがかずば　玉も鏡も　何かせむ　学の道も　斯くこそ在りけれ　《学道》「保育唱歌」第一（昭憲皇后作歌）

奏楽・唱歌は儀式、とりわけ卒業証書授与式と結びついて広がった。来賓や観衆が集まる卒業式は、西洋音楽のデモンストレーション、成果発表や娯楽の提供などの機能を果たしていたからである。

同じ一八七九（明治一二）年には、西洋由来の唱歌を全国に普及させていく基盤となった音楽取調掛（後の東京音楽学校、現・東京藝術大学）が、伊澤修二らの働きかけによって設置された。小学師範学科取調のためにアメリカへ留学し、音楽教育も学んだ伊澤は、東京師範学校長と音楽取調掛御用掛を兼務し、翌一八八〇（明治一三）年にはボストンからL・W・メーソンを招いて唱歌の伝習と教材作成を開始した。唱歌教材の作成は、主にメーソン著作の教材や讃美歌のメロディに日本語をつける形で進められた。歌詞は音楽取調掛が原案を作成、文部省が修正意見を付し、さらに練り直すという過程を経て完成されたが、その途上から音楽取調掛や東京女子師範学校での唱歌教授に用いられた。

こうした動きは、修身教育が重視されていく過程と軌を一にしていた。一八七九（明治一二）年の教学聖旨、一八八〇（明治一三）年の改正教育令による修身の重視と唱歌科の黎明期が重なったことは、唱歌科と祝日大祭日儀式の性格を決定するうえで、非常に重要な意味をもつのである。

一八八一（明治一四）年の「小学校教則綱領」には、「唱歌ヲ授クルニハ児童ノ胸膈ヲ開暢シテ其健康ヲ補益シ心情ヲ感動シ其美徳ヲ涵養センコトヲ要ス」（第二四条）と示され、唱歌教育の目的は健康と美徳の涵養に置かれている。だが、それに続いて「但唱歌ハ教授法等ノ整フヲ待チテ設クヘシ」と記載があるように、この目的は唱歌科の実践開始前、唱歌教材の作成が進められる最中に規定されたのであり、むしろこの目的に違う拙速な唱歌教授がなされることを避けるための条文と受け取れる。

一八八二（明治一五）年、日本初の五線譜による唱歌教科書であり、その後の日本の唱歌教育・音楽教育の方向性を決定づけた『小学唱歌集』初編が発行された。その緒言冒頭には、「凡ソ教育ノ要ハ徳育智育体育ノ三者ニ在リ而シテ小学ニ在リテハ最モ宜ク徳性ヲ涵養スルヲ以テ要トスヘシ今夫レ音楽ノ物タル性情ニ本ツキ人心ヲ正シ風化ヲ助クルノ妙用アリ」と記されている。「人心を正す」役割を担う『小学唱歌集』全九一曲中には、仁・義・礼・智・信を盛り込んだ《五常の歌》、「父子親あり 君臣義あり 夫婦別あり 長幼序あり 朋友信あり」を歌詞とする《五倫の歌》、《皇御国》《天津日嗣》《太平の曲》など、ナショナリズムや儒教道徳を直截に歌ったものも目立つ。

一八八四（明治一七）年に『小学唱歌集』第三編までが刊行されると、伊澤は大木文部卿宛てに『音楽取調成績申報書』（音楽取調所編）を提出した。そのうち「音楽ト教育トノ関係」の章には、「道徳上ノ関係」の項が置かれている。

図３　『音楽取調成績申報書』に示された徳目に対応する唱歌

「幼稚進学ノ快情ヲ鼓舞スルモノ」:《進め進め》
「朋友ヲ愛慕シ交際上信義ヲ厚ウスルノ心情ヲ養成スルモノ」:《霞か雲か》《蛍の光》
「父母ノ恩恵ヲ慕ハシムルモノ」:《大和撫子》《思ひ出れば》
「聖主ノ恩徳ヲ欽慕シ臣道ヲ盡スベキ至情ヲ養成セシムルモノ」:《雨露に》《忠臣》
「尊王愛国ノ赤心義気ヲ喚発セシムルモノ」:《君か代》《皇御国》
「敬神ノ心ヲ起サシムルモノ」:《栄ゆく御代》

（音楽取調所、1884年、155〜156頁）

図４　『小学唱歌集』初編　第二〇《蛍》

三　つくしのきはみ。みちのおく。
　　うみやまとほく。へだつとも。
　　そのまごころは。へだてなく。
　　ひとつにつくせ。くにのため。

四　千島のおくも。　おきなはも。
　　やしまのうちの。まもりなり。
　　いたらんくにに。いさおしく。
　　つとめよわがせ。つつがなく。

そこでは、「心ヲ正シ身ヲ修メ俗ヲ易フルハ、音楽ニ如クモノナシ」として、『小学唱歌集』には「専ラ徳育ニ資スルトコロノモノヲ取用」したことが述べられ、具体的な徳目と唱歌教材とを対応させている（図３）。

こうした、唱歌を徳育に資する科目とする認識は、伊澤に固有のものではない。東京大学初の日本人教授で軍歌《抜刀隊》の作詞者でもあった外山正一も、唱歌を小学校の教科目に加えるべきとして、講演で「音楽グライ社会ニ必要ナモノハアリマセン」と訴えた。音楽は情けを表し道徳上にも愛国心にも関係するものであり、子どもには教科書で修身を教えるよりも歌で教えるのが有効で、「愛国ガ宜シイ宜シイト云ツテ教科書ヲ説イテモ子供ハ能ク感ジマセヌ　ソレヨリモ『やしまのうちのまもり』ヲ歌ツタ方ガ愛国ニナリマス」と説いた（『下野私立教育会雑誌』第二四号、一八八六年一一月、五〜一〇頁）。

「やしまのうちのまもり」とは、『小学唱歌集』初編第二十の《蛍》（蛍の光）である。この歌には戦後歌われなくなった三番・四番があり、その歌詞は『小学唱歌集』の性格をよく表している（図４）。ここには、千島・樺太交換条約（一八七五）により日本領と確定した千島と、「琉球処分」の後宮古・八重山諸島を清国に割譲する分島案が廃案（一八八〇）となって国境が確定した沖縄が「八州《やしま》の内」、すなわち日本国の防衛域であると歌われている。《蛍の光》は当時の微妙な領土問題を直接に反映しながら制作された、政治的、国家的意図を極めて強く打ち出す愛国歌だったのである。信義を厚くし、国家のために力を尽くすことを誓う歌、子どもに愛国を教える歌――『小学唱歌集』の多くの曲には、そうした教育的意図が込められていた。

このような性格をもつ『小学唱歌集』の唱歌は、刊行直後から一部の師範学校と附属小学校で、さらに明治一〇年代末には先進的な公立小学校でも卒業式の式次第に組み込まれるようになる(5)。

第四節　唱歌科の浸透と学校儀式・教育勅語

一八八八（明治二一）年、文部省は紀元節・天長節をはじめとする国家祝日に学校儀式を実施するよう内命を発し、初の儀式唱歌である《紀元節》（高崎正風作詞、伊澤修二作曲）および《天長節》（黒川真瀬作詞、奥好義作曲）を学校唱歌として、歌詞および楽譜を府県・直轄学校宛てに送付した。この時点で唱歌科を開設していた小学校はほとんどなかったにもかかわらず、卒業式に唱歌を導入していた先進的な学校のなかには、送付されたばかりの唱歌を紀元節・天長節に歌った例がみられる。

卒業式に《君が代》が歌われるようになるのもこのころからであり、教員たちは各地で開かれるようになった短期の唱歌講習会に参加して、ただちに唱歌科の開設には至らないまでも、まずは儀式に唱歌を取り入れようと努めた。また、大変高価であったオルガンを購入し、儀式で唱歌を披露することで先進性を示そうとする学校もあったことを考えると、儀式唱歌は上意下達で押しつけられただけの存在だったのか、検討の余地はあるだろう。それは唱歌が徳育に直結しており、儀式で立派に唱歌を歌うことが教育の成果として評価されたからである。小学校祝日大祭日儀式規程が出される前のこの段階で、学校儀式の方向性は実践的に決定されつつあったといえる。

一八九〇（明治二三）年一〇月三〇日、「教育ニ関スル勅語」の謄本が全国の学校に下付され、翌日には学校の式日等に勅語拝読式を行うよう訓令が発された。そのわずか三日後の天長節儀式に勅語奉読を組み込んだ学校もあり、翌年三月の卒業式には、勅語奉読に加えて卒業生への勅語謄本贈与を行った学校もあった。

一八九一（明治二四）年六月には、「小学校祝日大祭日儀式規程」（文部省令第四号）が出された。その第一条には、紀元節等の日に「学校長、教員及生徒一同式場ニ参集シテ」、①御影への最敬礼、②教育勅語奉読、③「其祝日大祭日ニ相応スル演説ヲ為シ忠君愛国ノ志気ヲ涵養センコト」、④「其祝日大祭日ニ相応スル唱歌ヲ合唱」することが定められている。まだ御真影を下賜されていない学校では①を省き、祝祭日の種類によっては③と④、または①と④のみとされたが、すべての儀式において唱歌の合唱が義務化されたことになる。唱歌科を開設している学校は依然少ないなかでこのような規程が可能であったのは、一部の学校においてであったとはいえ、卒業式での唱歌実践が先行していたためと考えられる。なお、ここにいう「合唱」は、複数のパートに分かれて行うものではなく、全員がユニゾンで歌う「斉唱」をさしている。

この規程に触発されて、種々の儀式用の唱歌が続々と作られるようになる。教育勅語関連の唱歌も、わかっているだけで明治期に三〇点が発表されたという（雨宮、一九九七、一九九八、一九九九）。学校は積極的に唱歌を儀式に取り入れるが、「未タ適当ノ歌詞楽譜ナキカ為メ往々杜撰ノモノヲ用フルモノアリ」として、文部省は大臣の認可を受けた曲のみを歌うよう訓令を発した（一八九一年文部省訓令第二号）。また、「祝日大祭日歌詞及楽譜審査委員会」を設置し、同委員会は文部省および東京音楽学校編纂の既存の唱歌集から一三曲を暫定的に選定した。さらに、一八九三（明治二六）年八月には「祝日大祭日歌詞並楽譜」として先述の八曲が告示され、祝日大祭日儀式唱歌が確定した。ここに、全国の小学校で同じ日に同じ歌を歌う体制が成立したのである(6)。

明治後半期には、唱歌教科書だけでなく市販の唱歌本や銀笛、手風琴（アコーディオン）、ヴァイオリンなど様々な楽器の独習書などが多く出版されるようになり、そうした市販本にも祝日大祭日儀式唱歌が掲載されていく。つまり、儀式唱歌は学校のなかだけではなく、市井の人びとにも歌われたり演奏されたりした可能性が高い。

祝日大祭日儀式規程を機に、唱歌科は漸進的な浸透を見せる。数多く出されるようになった唱歌教科書のうち、教育勅語と唱歌との関係を考えるうえで重要なのが『小学唱歌』である。これは、一八九二（明治二五）年から翌年にかけて発行された伊澤修二編の六巻からなる教科書で、先述の『小学唱歌集』とは別物である。それぞれの唱歌について、教授上注意すべき事項を示しているのが、その大きな特徴である。

巻之一の冒頭は、「犬」を意味する《おほわた》という伊澤修二作曲による八小節の唱歌で、「おほわたこいこい ままくわせう」の歌詞をもつ。挿絵には、犬に餌をあげる子どもが描かれている（図5）。歌詞の下に付された教授上の注意には、犬について問答し、犬でさえ飼い主の恩を忘れない、まして人は恩を忘れてはならないことを説いた後に唱歌の教授にかかるべしと書かれている。加えて、「我国ハ、大古以来、土地、物産ナド、皆帝室ノ御所有ナリシヲ、今日、其土地ヲ下シ賜リ、物産ヲ開成セラレ、人民ヲシテ、安穏ニ生活ヲ遂ゲ得シムルニ至リタルハ、偏ニ天皇陛下ノ御恩澤ニヨル事ナレバ、幼年ノ時ヨリ、皆忠君愛国ノ志ナクテハ、叶ハヌ事ヲ悟ラシムベシ」と説く。まさに、「歌う修身」「歌う教育勅語」である。この教科書は広く普及しなかったとみられるが、いずれの唱歌教科書にも、根底には臣民としての「徳育ニ資スル」という基本姿勢が流れている。

図5《おほわた》

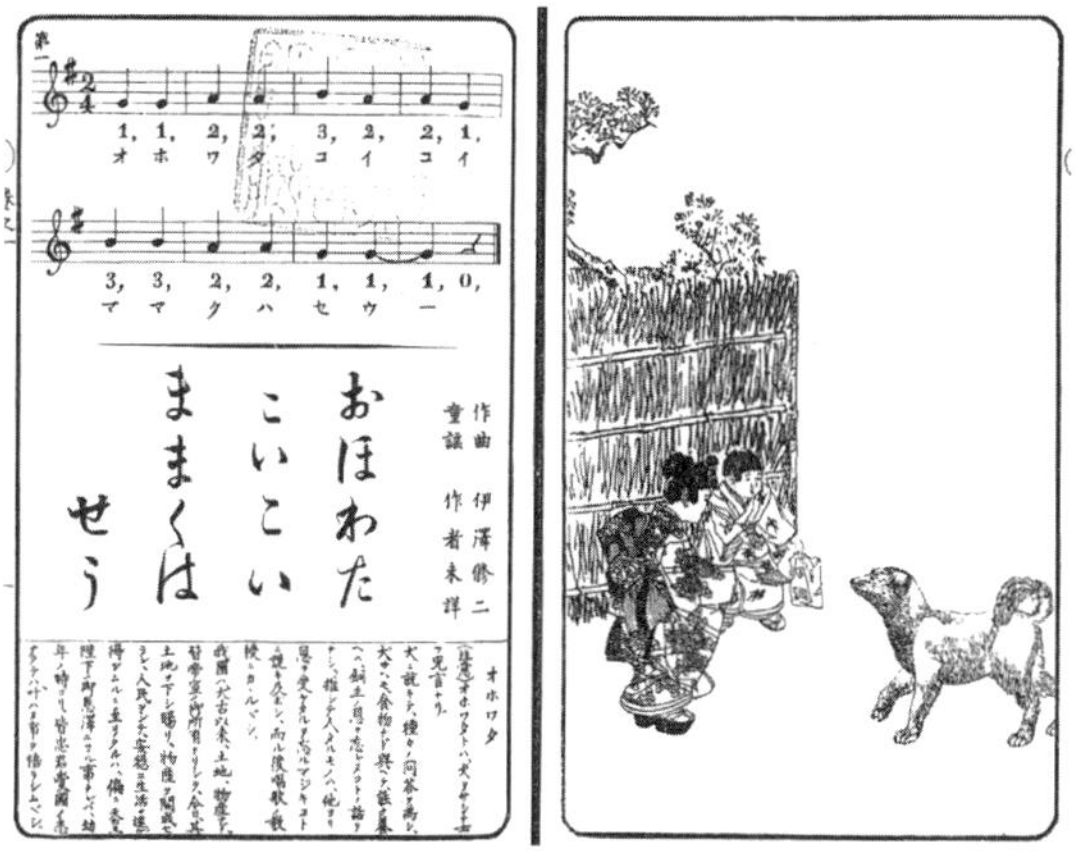

（伊澤修二編『小学唱歌』巻之一、1892年）

修身、儀式と結びついた唱歌教育は、植民地でも展開された。たとえば、一八九六（明治二九）年の台湾総督府国語学校講習員第一回卒業証書授与式では伊澤学務部長による勅語奉読が行われ、《君が代》《勅語奉答》《皇御国》が歌われた。また、日清戦争後には、《蛍の光》の四番が「千島の奥も台湾もやしまのうちのまもりなり」と歌われていたという。

明治期終盤、尋常小学校が六か年の義務制になった一九〇七（明治四〇）年の小学校令改正により、唱歌科は初めて教科名が現れた学制から三五年にして、ようやく必修科目の地位を得ることになった(7)。国民学校期に「芸能科音楽」と改称した後の教科書にも、《兵タイゴッコ》《軍旗》《靖国神社》《肇国の歌》《海ゆかば》《八紘為宇》など、戦後墨塗り対象となった唱歌が多く掲載されていた。これらの曲に加え、児童達が《勅語奉答》をはじめとする祝日大祭日儀式唱歌を教えられていたことは、聞き取りでも明らかになった通りである。このように、明治期から昭和戦前期の唱歌科・音楽科と修身、儀式とは、一貫して分かちがたく結びついていたのである。

第五節　行為・身体・声と《勅語奉答》の精神

少年の学校儀式体験といえば、共通しているのは、校長先生のギョメイギョジ、ついでナオレ！と、一斉に子どもたちの間にわき上がるZU、ZU、ZUと鼻をすする音、そしてホッとひろがる解放の吸気…。

教育学者の故中内敏夫先生からいただいた私信（二〇〇九年一月六日消印の葉書）にあった一文である。Aさんの回想でも不動の姿勢で勅語奉読を聞いたことが語られていたが、奉読が終わると同時に一斉に鼻水をすする音が聞こえたという記憶は多くの人に共通しており、特に寒さの厳しい一月一日と紀元節の儀式は辛かったと語られる。ではその時、子どもたちの身体に刻まれたのは生理的な忍耐と、それから解放された安堵のみだったのだろうか。

儀式において行われた立礼、最敬礼、低頭は、明治期になって新たに行われるようになった行動様式であった。こうした行為は、身体という実体を通して恭順を表現する。コナトンによれば、「儀礼のパフォーマンスに本質的に伴われる行為は、儀礼を遂行する者と彼らが遂行するとされるものの間に得られる関係を特定すること」（Connerton 1989／邦訳、九五頁）だという。勅語奉読の間、子どもたちの身体はひたすら動きを制止することだけを意識していたかもしれない。だが、最敬礼し、低頭して不動の姿勢をとるという行為が自らを「爾臣民」と呼びかけられる者と規定し、呼びかける者の権威を成立させ追認させたのである。これは、儀式のみがもつ力である。「人びとが誰が権威をもち、誰がそうでないかを思い描けるのは、シンボルと儀式によってのみ」(Kertzer 1988/邦訳、四〇頁)であり、儀式における様式化されたふるまいが権威と行為者との関係を特定するのである。

儀式はまた、高度に構造化されたシークエンスに従って標準化される。とりわけ、全国のどの学校でも同じ形式で挙行することが求められた戦前期の学校儀式では、同じ日に同じ身体行為が各地で展開され、毎年同じ日付に繰り返された。こうして、国家祝日の式典が、村の時間を生きる人びとの暦に「国民」のカレンダーを挿入していった。同じ日に同じ身体行為を遂行して国家の祝祭に加わり、それを反復することで「国民」は形作られた。国家は直接目に見えないからこそ、シンボリックな意味を帯びた儀式に参加し、身体行為を共にする「われわれ国民」であることを定期的に確認させることが、国民形成には必要であった。

とはいえ、人びとは儀式において同じ身体行為を強制されただけではないか、という疑問はあるだろう。子どもたちは怒られるのを恐れて教わったとおりふるまうものの、教師の目の届かないところでは「爾臣民臭かろう」と揶揄し、意味もわからずに教育勅語を聞いたり唱えたりしたという。彼らは、周囲に合わせることで儀式の場をやり過ごしていただけではないか。

しかし、それでは儀式の強度を低く見積もりすぎてしまう。「顕在的機能」と「潜在的機能」を説明した社会学者のマートンによれば、雨乞いの儀式は雨を降らせるために行うのであり、その意図された目的が「顕在的機能」である。だが、その目的以外にも雨乞いの儀式は「潜在的機能」を果たしている。集団の成員が集合して共同活動に参加する儀式は集団的同一性を強化する機能を果たしており、「集団統一の基礎的根源ともみられる心情に集合的表現を与える手段」(Merton 1957/邦訳、一二〇頁)だというのである。

「政治組織の強度は、そのメンバーの信念の同質性からではなく、儀式をとおしての連続的な忠誠の表現に由来する」(Kertzer 1988/邦訳、九三頁)。ここでの忠誠は、あくまで忠誠の表現としての身体行為であり、そこに忠誠の心情が宿っていることを意味しない。さらに言えば、「各人は自分に許され，あるいは命ぜられている行動の仕方に応じて感ずる」（Lévi-Strauss 1965／邦訳、一四頁）のであり、それに違うとすれば、非難や反省が待ち受ける。つまり、儀式は人びとが同じ価値や解釈を共有することなしに、ともに行為することによって連帯と規範を打ち立ててしまう、ということなのである。

さらに、儀式は批判をくじく方法でもある。儀式という場は、参加者に画一的で様式化された身体行為を課し、それ以外の行動を禁止する。儀式において「一同礼」「黙とう」「斉唱」などと声がかかれば、それに応じないという行為がその人の人間性や能力や主義主張の問題として顕在化する。そのため、参加者は自分が儀式の場に参集しているという事実において、身体行為への直接的で共同的な参加を余儀なくされ、批判を封じられてしまう。

ここで、音声を伴う行為にも目を向けたい。Aさんは、校長先生が祝詞口調で勅語奉読を行っていたと語っていた。それぞれの読み手の声に特徴はあるにせよ、おそらくどの校長も祝詞口調で奉読したと思われる。儀式で発される声は、イントネーションやリズムのバリエーションが極度に制限されるためである。もし、制限から少しでも逸脱する口調であれば、ただちに非難の対象となっただろう。勅語奉読が聖なる発話であるからには、「変奏」は許されず、儀式において間違いなく、特別の口調で反復されなくてはならないのである。

多くの儀式で、祈りや誓いの声が発される。それらは規定された発話によって遂行され、言葉を発することそれ自体が祈りを捧げる、誓うといった行為の遂行となる「発話内行為」にあたる。《勅語奉答》を歌う行為もまた、誓いを遂行する「発話内行為」である。「あやに畏き」「勅語のまゝに勤しみて」「大御心に答へまつらむ」、あるいは「心に刻《え》りて」と歌う本人にはまったくそうした意図がなくとも、そのフレーズを歌った瞬間に効力をもつことになる尊敬や服従や誓いを表現してしまう。このように考えると、教育勅語や《勅語奉答》がどれほど子どものなかに内面化されたのか、といった問いは無用であることが理解できよう。

日本の学校儀式が唱歌を導入したことは、人びとを儀式に組み込むうえで巧みな方法であった。というのも、斉唱

――全員が周囲の者達と同じタイミングで同じ発音を同じ高さで発しメロディという一連の時間を形成する――という、それまでの日本人が経験してこなかった音声行動は、人びとの身体を儀式により深くかかわらせることになったからである。

唱和することが義務付けられている言葉や歌は、あらかじめの記憶によって、意味などまったく考えずに声をそろえて唱え、歌うことができる。唱和・斉唱という共同的な身体行為の結果、みずからの声が全体の声に溶け、その総体がこの場とこの時を、みずからの身体と仲間達の身体を包み込む。「彼らが一致し、また、一致していると感ずるのは、同じ叫びを発し、同じ言葉を発し、同じ対象について同じ所作をすることによって」(Durkheim 1912/邦訳、上、四一四頁)である。後日、個々の歌を覚えていなかったとしても、儀式での斉唱という経験を通して、子どもたちの身体は「爾臣民」と呼ばわる「われわれ」であることを理解し、記憶していたのだ。

さて、改めて《勅語奉答》を音に出してみて、この曲は内容の空虚さこそが重要だという感をもった。具体的な内容を一切含まず、ただただ教育勅語はありがたい教えだから天皇の心に応えようというのみである。だからこそ、勅語への奉答として相応しい歌詞なのであろう。だが、そうした意味内容だけではなく、《勅語奉答》をはじめとする儀式唱歌はもちろん、斉唱全般もまた、集合的に行為されるまさにその時点において、それらは言語内容としての解釈的な意味をもたない。

これは、子どもには意味がわからなかったということだけをさしているのではない。当然、歌う前後に歌詞の意味を教え理解させることも、「気持ちをこめて」歌うことも可能であろうが、まさに歌いつつある身体において、発音の意味内容を考えることは歌う行為にとっての余剰であり、かえって歌う行為を阻害しかねない。とりわけ、斉唱(唱和、合唱)する行為の根幹は声を発する身体を集団に合致させることにあり、それは意味の不在に支えられているのではないだろうか。意味よりも表現、さらに明確にいうならば、表現こそが意味なのである。

言われている言葉の意味ではなく、タブーを遵守する身体であること、低頭して服従を示す身体であること、発話内行為を遂行する身体であること――これが戦前期学校儀式の本体であったと断言してよい。

そして、祝日大祭日には宮中でも祭祀・祝賀が行われ、全国のどの学校でも同じ形式と所作、唱歌による儀式が挙行されたことはすでに述べたとおりである。全国、すなわち「やしまのうち」のいたるところでそれが行われていることを、子どもたちを含め誰もが知っていた。ここで思い出すのは、国歌の斉唱についてアンダーソンが述べた「我々すべてを結びつけているのは、想像の音だけなのだ」(Anderson 1991／邦訳、一三九頁)というフレーズである。祝日大祭日儀式において垂れた頭の上に注がれた教育勅語、歌われた唱歌は、物理的に鼓膜を振動させる音として聞かれただけでなく、「やしまのうち」にこだまする想像の音としても聴かれた。もはや、儀式に参加する者がそこで発し、発される言葉や音の意味を理解するかどうかはまったく問題ではない。その身体行為の反復遂行によって儀式が効力をもち、儀式を通して教育勅語が不可侵の聖性を獲得したのである。

●註

(1) これにあたる研究として、雨宮(一九九七・一九九八・一九九九)、入江(一九九四)があげられる。
(2) 一九二八(昭和三)年に《明治節》の唱歌が追加された。
(3) 五人への聞き取りは、二〇一七年六月に行った。
(4) 第三節および第四節の内容は、有本(二〇一三)を基にしている。出典等の詳細については、同書を参照されたい。
(5) 一八九〇年ごろまでの卒業式では、唱歌科への理解が進まない状況にあって新しい教育内容と教育成果を披露し、教育関係者や地域住民に唱歌のデモンストレーションを行うことが唱歌を歌う目的であり、別れを演出する意図はうかがえない。
(6)「小学校祝日大祭日儀式規程」は、一九〇〇年の「小学校令施行規則」(明治三三年文部省令第一四号)により廃された。この「小学校令施行規則」では、第二八条において紀元節、天長節及一月一日の式に「一　職員及児童『君カ代』ヲ合唱ス」「五　職員及児童ハ其ノ祝日ニ相当スル唱歌ヲ合唱ス」と定められたが、「唱歌ヲ課セサル学校ニ於テハ第一号及第五号ノ式ヲ闕クコトヲ得」と、「小学校祝日大祭日儀式規程」より後退した記載となっている。

（7）一九〇七年の小学校令改正（明治四〇年勅令第五二号）において、唱歌は必修科目となったものの（第一九条）、附則で「当分ノ内之ヲ欠クコトヲ得」とされた。この附則が削除されたのは、一九二六（大正一五）年のことである。

●引用・参考文献

雨宮久美（一九九七）「明治期の倫理教育と唱歌——教育勅語関係唱歌について」『日本大学教育制度研究所紀要』第二八集、五一〜一一〇頁。

雨宮久美（一九九八）「明治期の倫理教育と唱歌二——曲のつかない教育勅語関係唱歌について」『日本大学教育制度研究所紀要』第二九集、四九〜九七頁。

雨宮久美（一九九九）「明治期の倫理教育と唱歌三——教育勅語関係唱歌・教育童歌」『日本大学教育制度研究所紀要』第三〇集、七三〜一三六頁。

有本真紀（二〇一三）『卒業式の歴史学』講談社。

入江直樹（一九九四）「儀式用唱歌の法制化過程——一八九四年『訓令第七号』が学校内唱歌に残したもの」『教育學雑誌』28、二〇八〜二一九頁。

Anderson, B. (1991) *Imagined Communities: Reflections on the Origin and Spread of Nationalism*, Rev. ed., London : Verso.（白石さや・白石隆訳『増補・想像の共同体——ナショナリズムの起源と流行』ＮＴＴ出版、一九九七年）

Connerton, P. (1989) *How Societies Remember*, Cambridge : Press of the University of Cambridge.（芦刈美紀子訳『社会はいかに記憶するか——個人と社会の関係』新曜社、二〇一一年）

Durkheim, E. (1912) *Les formes élémentaires de la vie religieuse : Le système totémique en Australie*, Paris : F. Alcan.（古野清人訳『宗教生活の原初形態』（改訳）岩波書店、一九七五年）

Kertzer, D. I. (1988) *Ritual, Politics, and Power*, New Haven : Yale University Press.（小池和子訳『儀式・政治・権力』勁草書

房、一九八九年）
Lévi-Strauss C.（1965）*Le totémisme aujourd'hui*, Paris : P.U.F.（仲沢紀雄訳『今日のトーテミスム』みすず書房、一九六五年）
Merton, R. K.（1957）*Social Theory and Social Structure*, Rev. ed., Illinois : Free Press.（森東吾他訳『社会理論と機能分析』青木書店、一九六九年）

第三章

戦後における教育勅語の原理的排除

三羽光彦（芦屋大学）

はじめに

七〇年前の一九四八年六月一九日、衆参両院で教育勅語排除・失効確認の決議がなされた。衆議院では「教育勅語等排除に関する決議」として、参議院では「教育勅語等の失効確認に関する決議」として採択された。衆議院の決議では、民主化の途上にある戦後日本の現状において、「教育基本法に則り、教育の革新と振興とをはかる」ことが最も緊要であることにかんがみ、「教育勅語」、「陸海軍軍人に賜りたる勅諭」、「教育に関する諸詔勅」はすでに過去の文書になってはいるが、「国民道徳の指導原理」として持続しているかのように「誤解される」ことのないようにするため、これらの詔勅が「主権在君」「神話的国体観」に基づくもので、「基本的人権を損ない」、「国際信義」に対し疑念を残すもととなることを明示するとともに、憲法九八条（この憲法は、国の最高法規であつて、その条規に反する法律、命令、詔勅及び国務に関するその他の行為の全部又は一部は、その効力を有しない）の本旨に従い、これらを排除しただちに謄本を回収することとしている。

参議院の決議では、「憲法の人類普遍の原理に則り、教育基本法を制定」し、それまでの「わが国家及びわが民族を中心とする教育の誤り」を払拭し、「民主主義的教育理念」を宣言したこと、それにより「教育勅語」「軍人勅諭」「戊申詔書」「青少年学徒に賜りたる勅語」等は「既に廃止せられ」「効力を失っている」ことを明確にするとともに、教育勅語等が「効力を今日なお保有する」かのごとき疑いをなくすために、その失効の事実を明らかにし、それらを「もれなく回収する」としている。また、「教育の真の権威の確立と国民道徳の振興のために、全国民が一致して教育基本法の明示する新教育理念の普及徹底に努力を致すべき事を期する。」と付言している。

衆参両院とも、教育勅語等は教育基本法によって排除・失効していることを前提として、その再確認をしたこと、そのため謄本をもれなくただちに回収することを決議している。その根拠を、衆議院では憲法九八条の憲法の最高法規性に置き、参議院は、憲法の人類普遍の原理に置いている。国会決議は、通常、内閣不信任決議以外は法的拘束力を有しないが、国権の最高機関の内外への意思表明として、広く政策決定などに影響をもつものであり、国会が日本国憲法の原理に従って教育勅語等の排除・失効を決議したことの歴史的意義は大きい。

このように教育勅語（「教育ニ関スル勅語」）は、戦後、排除・失効が確認され、明確に否定されたのであるが、この明確な否定に至るまで戦後三年の月日がかかった。新たな教育理念を明示した教育基本法制定からでさえ一年三ケ月も経っていた。どうしてこうなったのであろうか。それはなぜであったのか。事実に即して詳しく見ると、教育勅語処理の過程は紆余曲折をたどりかなり複雑であった。その評価は論者によって様々ではあるが（章末掲載注記「先行研究」を参照）、今ふたたび、その経緯をたどることによって、教育勅語の否定が歴史上いかなる意味をもっていたのか、それをより深く知ることができると思われる。以下、戦後改革における教育勅語処理の過程を見ておきたい。

第一節　戦後改革における教育勅語処理の過程

一　敗戦直後の国体護持の強調

敗戦時に政府や天皇周辺の支配層が最も懸念したのは、天皇制の存続であった。それゆえたとえば、近衛文麿のいわゆる「上表文」に見られるように、共産党勢力や軍部内部の戦争続行派による革命的混乱が現実性をもって懸念されていた。そうしたなかで、まず、昭和天皇は「終戦詔書」（一九四五年八月一四日作成）において、「朕ハ茲ニ国体ヲ護持シ得テ忠良ナル爾臣民ノ赤誠ニ信倚シ」と述べ、「情ノ激スル所」によって「大道ヲ誤」らず、「挙国一家子孫相伝ヘ」「神州ノ不滅」を信じるよう訴えた。

実際、敗戦直後には、いくつかのクーデター未遂事件や暴動が起こっている。一九四五年八月一四日の深夜から一五日にかけて、一部の陸軍将校と近衛師団参謀が中心となって起こした宮城事件がよく知られている。そのほか、東京都港区の愛宕山で右翼団体員が終戦に反対してたてこもった愛宕山事件（同年八月一五日）や、島根県松江市で青年グループ「皇国義勇軍」数十人が武装蜂起した松江騒擾事件（同年八月二四日）などがあった。

太田耕造文部大臣は、この終戦の詔勅にともなって早速、訓令第五号（一九四五年八月一五日）を発し、「国体護持ノ一念ニ徹シ教育ニ従事スルモノヲシテ克ク学徒ヲ薫化啓導シ其ノ本分ヲ謬ナク恪守」することを、全国の教育者に命じた。敗戦の動揺や不安、社会的混乱が教育者に与える影響を危惧してのことであった。そして文部省は、早くも敗戦後一ケ月で「新日本建設ノ教育方針」（一九四五年九月一五日）を定めた。軍国主義教育を改め、科学教育、社会教育、体育を振興することなどが盛り込まれているが、基本方針は国体護持（「益々国体ノ護持ニ努ムル」こと）であった。

国民統合のイデオロギー装置としての天皇制を国民教育の柱とする政策、すなわち国体護持の教育政策は、敗戦とともに過去のものになったのではなく、戦後の治安維持、社会的危機に備えるため、むしろ強化されたといえる。そのため、教育勅語は以前にも増して重視され、戦後改革に関係した自由主義的知識人の多くでさえ、教育勅語の必要性を積極的に認めていた。そうしたなか、前田多門、安倍能成、田中耕太郎と続く戦後初期の文部大臣は、ともに教育勅語を公然と肯定していた。

二　ＧＨＱの新勅語構想

（一）神道指令

一九四五年の一〇月から一二月にかけて、連合国軍最高司令官総司令部（ＧＨＱ）は、矢継ぎ早にいわゆる四大教育指令を発した。この指令はどれも教育勅語については言及していない。一二月一五日のいわゆる神道指令でも、教育勅語についてはまったくふれていない。草稿では、神道指令の最終原案に「国体」の文言を使用することを禁止する一文があったが、ＧＨＱ民間情報教育局（ＣＩ＆Ｅ）宗教課の顧問であった宗教学者の岸本英夫は、それが教育勅語の廃止につながるとして、その一節の削除を申し入れたといわれている（鈴木、一九八三）。

この結果、この神道指令は、教育勅語を処理するきっかけとならなかった。いわば勅語処理の時機を逸したのであった。しかし、そうした動きは日本側の意向によるものだけではなかった。占領軍側においても、神道指令に影響を与えた宗教学者Ｄ・Ｃ・ホルトムはＣＩ＆Ｅへの勧告（四五年九月二二日書簡）で、「教育勅語の奉読を巡る手の込んだ儀式は廃止されなければならない」と主張したが、勅語そのものについては、「通常の儒教倫理はもちろん、民主主義と国際主義の諸原理に関する見解で補足」するという立場にあったのである。

こうした占領軍内部の教育勅語温存への指向性は、ＧＨＱの天皇制存続の方針と連動していたようである。マッカーサーは、占領政策の円滑な実施のために天皇制を存置して利用することを企図しており、それは占領政策の大前提であったからである。ＧＨＱは天皇の戦争責任については不問に付し、他方、天皇と天皇制に批判的な国際世論に対しては、天皇制の「近代化」によって対処する方針であった。ＧＨＱとりわけＣＩ＆Ｅ内部には、教育勅語を批判しつつもその否定にはきわめて慎重な意見が多かったが、その背景にはこうした事情があったと考えられる。

（二）京都勅語

そんな状況のなかで浮上したのが新勅語構想であった。教育勅語の影響力をなくすとともに戦後の教育方針を明示するために、天皇が新たな勅語を出すという構想であった。その構想はかなり具体的なものであった。一九四五年一二月五日付で「大東亜戦後ノ教育ニ関シ下シ給ヘル勅語」（京都勅語・昭和教育勅語）と称する勅語案（邦文）が占領文書のなかに存在するからである。

これはGHQの一部の支持を得て、当時同志社大学教授（一九四八年に京都大学文学部教授）であった有賀鐵太郎によって作成されたものであった。この勅語案には有賀の署名はないが、当時有賀が作成した「日本の教育改革に関する私見」（四五年一〇月八日）の内容と酷似しており、有賀の日記や夫人の談話などから有賀の作成したものと判断された（最終的には科学警察研究所による文書所収の文字と有賀の学位申請履歴書の文字の筆跡鑑定で判明。佐藤・鈴木、一九八二）。

有賀鐵太郎は、教会史・教理史を研究するプロテスタントの神学者で、同志社大学卒業後、米国ユニオン神学校に学び、帰国して一九三〇年に同志社大学教授に就任、戦後初代の神学部長となった。思想的には天皇制を近代的な立憲君主制とみなすとともに、宗教的には「日本的キリスト教」を標榜していた。敗戦直後、京都に本部を置いた米国第六軍政部から意見聴取などを受けるうちに、J・J・シーフェリン海軍中佐と懇意になった。

シーフェリンは上京して、CI&E・ダイク局長と懇談（四五年一一月一八日）した際、このいわゆる京都勅語案が具体化したといわれている。シーフェリンは、その新勅語案を紹介する部内文書のなかで、教育勅語を南北戦争時のリンカーン大統領のゲティスバーグの演説に比している。占領軍の人々の教育勅語観がどのようなものであったかをうかがい知ることができる文書である。しかしながら、最終的には、新勅語案はCI&Eの部内資料にとどまることになった。

その勅語案は、形式としては従来の教育勅語と同じく、大臣副署をともなわない天皇の臣下への個人的な声明とされている。その内容は、「人類ノ平和ト福祉トニ寄与シ」や「道義心ヲ昂メ、以テ人格ノ完成ヲ遂ケシムヘシ」など、後の憲法や教育基本法に盛り込まれる諸価値をすでに掲げている点は注目されるが、「民主主義」という文言はまったく使用されていない。そして「朕惟フニ」から始まり「汝臣民夫レ克ク朕カ意ヲ体セヨ」で終わり、「君民一体ノ実ヲ挙ケテ国体ノ清華ヲ発揮スヘキ」ことを重視しており、原理的には教育勅語と同じであった。こうした新勅語の構想は、一九四六年にはいってからも、CI&Eダイク局長が成人教育・政治教育を重点に新勅語作成を日本側に要望するなど、その後も、すぐに立ち消えになったわけではなかった。

(三) 教育勅語補完論

この京都勅語案は、一九八〇年、スタンフォード大学のフーバー研究所においてCI&E教育課長補佐であったJ・F・トレイナーの文書(章末掲載「資料」を参照)を調査していた佐藤秀夫(当時国立教育研究所)と鈴木英一が発見したものであった。佐藤はその時の衝撃的な気持ちを次のように記述している。

私たちが息を呑みこんで凝視せざるをえなかったのは、上述のように、敗戦直後に「新しい勅語」奏請の動きがあったことは知っていたものの、国内で未だその草案らしきものは発見されておらず、いわば案文にすら至らずに沙汰止みになったものとばかり思い込んでいたからである。とにかく一つの案文が、現にここにある、しかも教育勅語そのものを否定していたと考えていたGHQ側の文書の中に、である――これは、少なくとも私にとっては「衝撃」そのものであった(佐藤、一九八一)。

しかし、近代日本教育史の研究者であった佐藤は、この新勅語も大きく見れば「教育勅語補完」論の系譜に位置づくものと判断している。天皇による国民統合をめざした「国民国家」日本の教育理念であった教育勅語も、その後の日本の帝国主義的変貌との間で齟齬をきたすようになった。記紀神話の伝説と国家神道とを背景にもつ教育勅語は、他民族の包摂をめざす帝国主義日本の方向とは単純には相容れないものであった。一時は、新たな教育勅語を作ることや、台湾や朝鮮に向けては独自の教育勅語を定める試みもあったが、結局、教育勅語そのものは不動のものとされた。その代わり、「戊申詔書」や「国民精神作興詔書」、「青少年学徒ニ賜リタル勅語」などによって、その都度、教育勅語が補完され再解釈されてきた。

佐藤は、戦後直後の新勅語構想も、こうした教育勅語補完論の延長にあるものと見ているのである。佐藤は、盤石であったかのように見える教育勅語も、その制定は「試行錯誤」の一環として「たまたま」実現したもので、「立案起草関係者の間に、当初からその効果について自信や確信のあった訳ではなかった」とし、「教育勅語と教育現実課題との必然的なギャップは、時々の天皇の新たな詔勅の公布によって『埋めよう』という発想であった」と論じている。そして、むしろそうした柔軟なありかたこそが、教育勅語の「近現代天皇制の状況変動に対応してきた柔構造性」を生み出し、逆に強靱さを担保したというのである（佐藤『続・現代史資料』の「解説」）。教育勅語の見方として注目すべき視点であると思われる。

三　日本側の新勅語構想

（一）「日本建設ニ関スル詔書」

新勅語構想の企図は、ある意味、「日本建設ニ関スル詔書」（いわゆる天皇の人間宣言、四六年一月一日）に担わされたといえる。この詔書は、「天皇の人間宣言」あるいは「日本建設ニ関スル詔書」と通称されているが、それはマスコミなどがつけた名称で、官報に載せられた詔書件名には「新年ニ当リ誓ヲ新ニシテ国運ヲ開カント欲ス国民ハ朕ト心ヲ一ニシテ此ノ大業ヲ成就センコトヲ庶幾フ」と記されている。

この詔書の内容を見ると、人間宣言に該当する個所はきわめて少なく、「天皇の人間宣言」という呼称は少々的外れではないかと思われる。むしろ「五箇条ノ御誓文」を冒頭に掲げるなど明治天皇以来の天皇制国家の方向性に揺るぎのないことを明示するとともに、「朕ハ爾等国民ト共ニ在リ、常ニ利害ヲ同ジウシ休戚ヲ分タント欲ス。朕ト爾等国民トノ間ノ紐帯ハ、終始相互ノ信頼ト敬愛トニ依リテ結バレ」と、天皇と天皇制への国民のより一層の支持・賛同を求めているることが注目される。天皇制の「近代化」のワンステップである同時に、天皇の国民統合的役割を最大限生かそうとするものであったといえよう。

（二）田中学校教育局長の教育勅語擁護論

この時期には天皇制の可否をめぐる議論も盛んになり、この新年の詔書によって教育勅語も実質的に廃止されたとみる考え方も出てきた。そうしたなか一九四六年二月二日の地方教学課長会議で、文部省の田中耕太郎学校教育局長は、天皇制の可否について教育者が「教壇から学生生徒に説く」ことは許されないとし、「教育勅語は我が国の醇風美俗と世界人類の道義的な核心に合致」する「自然法とも云ふべき」もので、「決して無視されてはならない」と訓示した。国民の間から天皇制への批判的な意見が出されるようになるなかで、教育界への思想対策として、教育勅語の権威に今一度期待しようとしたのであった。

しかしこの教育勅語擁護論はジャーナリズムの厳しい批判にさらされることとなった。読売報知の社説「教育再建を阻むもの」（四六年二月二四日付）は、「問題は個々の言葉の断片ではなく、全体としての教育勅語の性格である。君臣の義、父子の情といふやうなものを最高の原則として、他をこれに従属させる道徳体系は単なる自然法とみるべきでなく、封建的なじゆ教の立場であり、民主主義の立場から歴史的に審判されるべき立場である」（傍点は原文）と批判した。また、一般の読者からも「教育勅語はわが国の教育文化の面における欽定憲法である」とか、「万死を期してただ一君を擁護せよといふことに民主主義とは遠い距離があり、封建思想が躍如としてゐる。」（四六年三月四日朝日新聞「声」

欄）といった意見が寄せられた。国民のなかには、教育勅語を悲惨な戦争と結びつけて、その非民主的問題性を深刻に認識する者もいたのである。

（三）日本側教育委員会の新勅語構想

来日予定の米国教育使節団に協力するため、一九四六年一月九日に日本側教育委員会（正式名「日本教育家ノ委員会」、委員長・南原繁東京帝国大学総長）が設置された。ダイク局長は、二月になっても安倍能成文相に新勅語の作成を求めるなど、CI&Eは新勅語構想に積極的であった（鈴木、一九八三）。また、日本側教育委員会も、新勅語案を議論し、「近い将来、公布される新憲法に沿って、新勅語の渙発を頂くことに全員合意した」（三月二〇日）と報告している。

また、同年四月上旬に安倍能成文相に提出されたとされる同委員会の『報告書』では、「従来の教育勅語は天地の公道を示されしものとして決して謬りにはあらざる」としつつも、「新日本の建設の根幹となるべき国民教育の新方針を示す新たな詔書を出すことを提案している。内容の骨子として、人間性、自主的精神、合理的精神、社会的生活、家族及隣保生活、国家生活、日本民族共同体、国際精神、平和と文化などをあげ、「如何なる順序にせよ徳目の列挙を避け度くまたこれを陛下より御命令になる如き御言葉は切に避けることにしていただき度く」と付言している。教育勅語については、「家の道徳より出立し、社会、国家の徳にいたる順序明白なるも、かかる徳目よりも更に根本に、人間そのものの本質を構成する普遍的道徳がある」、「これが従来の教育勅語に欠けていた」と批判している。新勅語は従来の教育勅語を補完するものから、それにとって代わるものへと、構想は実質的に変化しているといえる。

こうした新勅語構想については、文部省の意向が昭和天皇にも報告されていた。『昭和天皇実録』（一九四六年三月一五日の記録）には「午後、御文庫において、約一時間にわたり文部大臣安倍能成に謁を賜い、教育勅語改正の骨子につき奏上を受けられ、その原案を提出するようお命じになる。」（宮内庁、二〇一七）とある。天皇も新勅語を出すことに積極的であったようである。

（四）新勅語構想へのジャーナリズム・世論の批判

新勅語構想が国民に知れわたるようになると、ジャーナリズムから批判的な意見が出されるようになる。まず、朝日新聞は四六年三月二〇日の社説「勅語渙発説を斥く」で、当時公表されていた憲法草案に照らして、「教育に関する、人民の基本的権利として、思想及び良心の自由、研学の自由と能力に応じ均しく、教育を受くるの権利を認めてゐる。この三つの権利を規定したところの思想は、教育の内容は与へられるものではなく、人民の間から盛りあがるもの、人民自らが自主的に行ふもの」と論じ、「国民道徳の規準乃至は文教の指導原理を天降り的に」、「勅語の形式」で行うのは間違いであると断じた。

「今後の日本の道徳基準乃至は文教の指導原理を必要とするならば、これは国民自らの理念と実践とによって、自らの手で完成したい」、そして「その内容に権威あらしめるために形式が必要ならば、人民の名による決議なり、宣言の形式がとられるべき」であると、新勅語に対する原理的な批判を展開している。新憲法の内容として予定されていた国民主権と思想・良心・学問の自由、および教育を受ける権利を根拠に、新勅語構想を明快に否定しているのである。

日本共産党も一九四六年四月二日付『アカハタ』で「『勅語』というような天下りの方式によって、方針を決めることはまったく民主々主義に反するものである」と新勅語論を批判し、従来の教育勅語についても、その「撤廃を要求」している。北海道新聞も、四月七日の論説「教育委員会の二重性格」で、朝日新聞の社説に賛同したうえで、新勅語は「民主主義への逆行」だと批判している。他方では、中国新聞の社説「新しき道徳と教育勅語」（三月二〇日）のように新勅語構想に賛成するものもあった。しかしながら新勅語構想に対する原理的な批判が、政府やＧＨＱではなく、まずは国民世論を代表するジャーナリズムから出されたことは注目されよう。

第二節　新勅語構想の衰退と勅語奉読の禁止

一　対日米国教育使節団の教育勅語批判

（一）使節団内部の議論

米国教育使節団報告書（第一次、四六年三月三〇日）では、教育勅語等について、「勅語・詔書（Imperial Rescripts）の儀式での使用および御真影の前での拝礼の慣行は、過去において生徒の思想と感情を統制する有力な手段であった。それは軍国主義の目的に役立てられていた。そうしたことはやめるべきである。そのような手段の使用と結び付いた儀式は、人格の発達に望ましくなく、民主主義日本の公教育には相容れないものと、われわれは考える。」と勧告している。ここでは教育勅語に関して儀式での使用については禁止している。ただ教育勅語そのものの否定、あるいは原理的批判は行っていない。

しかし、使節団内部では、教育勅語について団員の意見が激しく対立したといわれている。使節団員の記録によると、教育使節団報告書の「初等・中等段階における日本の教育行政」の部分の草案作成を分担した第三委員会で、教育勅語の廃止について激論が交わされ、勅語の廃止派と擁護派が真っ向から対立して、その草案は投票（一三対八）で決着がつけられたといわれている。教育使節団においても教育勅語の処理は大きな対立点となったのであった。

ところで、投票で決着をつけたという第三委員会草案の教育勅語に関する部分には、「いかなる方法でも、これらの慣行を禁止することが、おそらく勅語・詔書と御真影の恒久的廃止を保証することになると、われわれは、強く勧告する。」という一文があった。しかしなぜか最終的にマッカーサーに提出された報告書ではこの「恒久的廃止」を含む一文が欠落している。最後の段階で何らかの配慮が働いて表現が大きく緩和されてしまったと推測される。

（二）イービーの証言

ところでこの経緯をうかがい知ることのできるものとして、使節団員のK・イービー（全米産業別労働組合教育・調査部長）の次のような証言（四六年六月一二日）がある。

われわれは、こういう意見に左右された。「天皇制」を廃止しなければならない。もし、廃止しなければ、他の改革はすべて無意味であるという意見である。これにたいし、他の人たちは、天皇が日本を統合させていると主張した。国の象徴としての天皇なしには、マッカーサーは、民主改革を遂行できなかった。我々はこの難題を妥協によって切り抜けた。必要な場合、勅語・詔書は黙認されるが、儀式での使用は排除されることになった。

教育勅語の処理は、あくまで天皇制の存続という占領政策の前提的枠組のなかでのみ行いうるものであったのである。軍国主義の有力な手段となった天皇制を民主化のために利用するという矛盾に満ちた政策のなかで、新勅語が有効とみなされ、教育勅語の処理は翻弄されたのであった。

二　教育勅語擁護への批判

（一）民間諜報局（CIS）の特別レポート

文相となっていた田中耕太郎が、四六年七月一五日の憲法改正議会の衆議院で「我我ハ教育勅語ニ付テモ今日マデヤハリ之ヲ廃止スルト云フヤウナ態度ニ出ズ、依然トシテ其ノ道義的ノ権威ヲ尊重スルト云フ建前デ参ツテ居リマス」と答弁したことが、占領軍内部で大きな問題となった。この発言は、翌日の『ニッポン・タイムズ』で報じられ、それを見た米国太平洋陸軍総司令部軍事諜報局（CIS）がそれを問題視し、その記事の文面と教育勅語の文章を資料に付して特別レポートを提出した。

そのレポートでは、ウイリアム・C・ジョンストンの『日本の将来（*The Future of Japan*）』（一九四五年）とウイリス・ラモットの『ニッポン・日本の罪と罰（*Nippon, The Crime and Punishment of Japan*）』（一九四四年）を引用して、「勅語の大部分が無害に思えるのは、事実であるけれども、この文書が反動的目的のために使用されてきたことが強調されなければならない」とし、教育勅語は「日本国国民ヲ欺瞞シ之ヲシテ世界征ノ挙ニ出ヅルノ過誤ヲ犯サシメタル」者達の主たる装置の一つであり、「占領の長期目的を達成しようとするならば、廃止されなければならない」と断言している。

(二) 日本教育制度改革に関する政策

このレポートは課報部門の特別報告だけにその反響が大きく、GHQ内部では民政部（GS）やCI&E宗教課などで教育勅語廃止の意向が強まった。また、本国の米国政府もこの問題を重く見て、極東委員会に提案するために作成した「日本教育制度改革に関する政策」（国務・陸・海三省調整委員会、SWNCC108/1）に、四六年一〇月五日付で教育勅語の使用禁止を盛り込む修正を行った。

この修正の覚書には、田中文相の教育勅語擁護がそのきっかけになったことが明記され、教育勅語はポツダム宣言にいうところの「民主主義的傾向ノ復活強化」に対する障害であって、「日本の教育の民主化に対する政策の一部として、学校の儀式において教育勅語の公式の奉読や国民道徳の基礎として勅語を受け入れることは、完全に廃止しなければならない。」と記している。

(三) CI&E内の論調

さらに、CI&Eの宗教課長W・K・バンスは、田中文相の国会答弁に関連して、M・T・オア教育課長に対して、「教育勅語は、学校では、断じて許可されてはならない。」（七月一八日）との自己の立場を明らかにした。それに対して、

ＣＩ＆Ｅ教育課内では、新勅語によって教育勅語を内容的に否定し、その後従来の教育勅語を廃止しようとする構想（Ｅ・ドノバン）などもあり、教育勅語処理の対応が定まらなかった。

一九四六年夏頃、Ｊ・Ｆ・トレイナー教育課長補佐は教育勅語の処理が曖昧であったことの原因が、「われわれは故意であろうとなかろうと、どちらにしても、この問題について、自分の意見を主張することをおろそかにしてきた」ことにあると述べ、新勅語が適切であるとすれば、「旧勅語に関してはなんらの措置も採らず、新勅語が取って代わるようにさせる」ことが、おそらく最善であろうとしながら、新勅語が無理な場合、従来の教育勅語を排除するにはどうするかの論点を整理している。

その結果、結論的に、「どうしたらよいか。あまり鳴り物入りでない、おだやかで巧妙な方法を提案したい。まず勅語の朗読は必要でないこと、儀式なしでなされるべきこと、を指示することにより、文部省にそうさせよう。後ほど勅語を完全に放棄させよう。」と述べている。ＣＩ＆Ｅ教育課のなかでは依然として、新勅語によって旧勅語を事実上否定するという「おだやか」な方策が影響力をもっていたのであった。

三　新勅語論の決着

（一）教育刷新審議会の結論

新勅語構想に最終的に決着をつけたのは日本側であった。教育刷新委員会の第三回総会（四六年九月二〇日）で、田中耕太郎文相は、文部省が新勅語の構想をもっていないことを言明した。当時、田中は教育勅語擁護の立場にあり、新勅語で実質的に教育勅語を排除することには反対であったからであった。そして田中は教育勅語には手をつけず、「教育根本法」を定めて教育理念を明示する構想をもっていたのであった。そうしたなか同委員会第一特別委員会の第二回会議（九月二五日）では、「教育勅語に類する新勅語の奏請は之を行はないこと」などを決議した。そこにはどのような経緯があったのであろうか。教育刷新審議会は、日本側教育委員会から刷新委員会・刷新審議会に至る審議の経過を

『教育改革の現状と問題』と題する書物にまとめ、その第一章「日本教育改革の根本方針」の冒頭で「教育勅語について」と題した一節を設け、戦後の教育勅語処理の経緯を記している。

その記述は、「ある人は、新しい教育勅語を奏請すべきであるとも主張した」、「ある人はまた、直ちに、従来の教育勅語の廃止令を公布すべしと唱えた」と、委員の間で意見が対立したことを伝え、結論的に、教育勅語は「全体として道徳的なかおりの高いものであり、その文中の一節に宣言されているとおり『これを中外に施して悖らず』とも言える内容を含むもので」否定すべきものでないということになったと述べている。一方、新勅語を求めなかった理由としては、「国民全体に対して新道徳ともなり得るものを、一片の『勅語』の形式にまとめあげることは、決して容易なことではない」と説明している。第一特別委員会では、「日本人の道徳の規範として実に立派なもの」（天野貞祐）という見方から、「今の民主国家の建設に於いては、根本精神が全くそぐわんものである」（森戸辰男）という意見まで、様々な教育勅語観があり、結局、教育勅語の処理には行き着かなかったのであった。

（二）勅語方式への批判の弱さ

道徳律を勅語という形式で国家によって定式化すること自体の問題を指摘するのではなく、勅語としてまとめ上げることの技術的困難さが問題となったのである。道徳規準を国家的に定め、しかもそれを君主の言葉で示すという、教育勅語の本質的な問題については、議論の対象とならなかったようである。

この経緯は、教育刷新委員会第一特別委員会の第一回会合（一九四六年九月二三日）で務台理作委員からやや詳しく説明されている。それによると、日本教育家委員会で、新勅語奏請論に賛意を示した者は一五、六名（多数意見）、勅語の形で示すことに反対は四、五名、「大体そういうものは避けることがいい」とする者は四名であったとされる。誰が反対したかは明示されてはいないが、主権在民の原理からみて教育憲章ないしは道徳憲章といったものは国会でつくるべきとして反対した者、新勅語自体が従来の教育勅語のように画一的・硬直的に捉えられることになる危惧を示した者、国民的批判に耐える新勅語の作成が困難なことを反対の理由とする者、などがあったと報告されている（佐藤・寺崎・橋口・渡部、一九九五）。いずれにせよ自由的知識人といわれた教育刷新委員会委員においても、教育目的や道徳規範を国家が定式化すること自体への批判は弱かったといわざるを得ない（三羽、二〇〇九）。

四　文部次官通牒「勅語及詔書等の取り扱いについて」

（一）勅語奉読をめぐる疑義

御真影については、すでに一九四五年一二月二〇日に天皇の服制改正を理由として回収され、四五年末から四六年にかけて各県庁所在地などで焼却がなされ、一月一日の新年の式には御真影を使わないことが通達されていた。その結果、奉安殿は勅語謄本のみを保管する状態であったが、四五年一二月の神道指令に基づき、神社様式のものの撤去がなされた。しかし、その後地方からの疑義を受けて、四六年六月二九日の文部次官通牒「御真影奉安殿の撤去について」（発学二五〇号）によって、すべての奉安殿を撤去することになった。奉安殿の撤去は四六年夏から秋に各地で行われた。

ところが、CI&Eへは残された教育勅語の取り扱いについて、特に、式日等の勅語奉読の可否などがしきりに問い合わされるようになった。そうしたなか、新勅語構想に影響されていたCI&Eも、教育勅語そのものの否定に反対していた文部省も、ともに教育勅語の理念を絶対視することと式日等に勅語を奉読することを禁止することで合意した（鈴木、一九八三）。

（二）文部次官通牒の特徴

四六年一〇月八日、文部省は以下のような次官通牒「勅語及詔書等の取り扱いについて」（発秘三号）を、直轄学校、公私立大学・高等学校・専門学校の校長および地方長官あてに発した。

一、教育勅語を以て我が国教育の唯一の淵源となす従来の考へ方を去つて、これと共に教育の淵源を広く古今東西の倫理、哲学、宗教等にも求むる態度を採るべきこと。
一、式日等に於て従来教育勅語を奉読することを慣例としたが、今後は之を読まないことにすること。
一、勅語及詔書の謄本等は今後も引続き学校に於て保管すべきものであるが、その保管及奉読に当つては之を神格化するやうな取扱をしないこと。

この次官通牒は、文部省が原案を作り、教育刷新委員会第一特別委員会の了承を経て、CI&Eと協議のうえ出されたものである。CI&Eによって修正されたのは、「式日等に於て従来教育勅語を奉読することを慣例としたが、今後は之を読まないことにすること」の「今後は之を読まないこと」という個所であった。当初案では「今後は之を要しない」とあったものを、奉読禁止の趣旨をより明確にするため修正されたのであった（鈴木、一九八三）。

しかし、「教育の唯一の淵源となす従来の考へ方を去つて」と、教育勅語を古今東西の思想と併存させ得るかのようになっており、教育勅語批判は明確ではない。また、他方、国民学校令や中等学校令の「皇国ノ道に則リテ」など、教育勅語に基づく教育目的については依然として改正されないままとなっており、教育勅語と学校教育の目的・目標との関係は不透明であった。当時、教育課程改革は進行していたが、学校教育の目的・理念の転換については、学校教育法の成立をまたねばならなかったのであった。

この通牒に従って、政府は、翌日の一〇月九日に、四大節の儀式内容を定めた国民学校令施行規則等の条項を廃止した。ただし、教育勅語謄本について廃棄や回収は指示しておらず、「神格化するやうな取扱をしないこと」にとどまり、引き続き学校で「保管」することとなっている。このように教育勅語処理としては不徹底で、しかもその措置は学校教育に限局されたものであった。社会全体にわたって国民道徳の絶対的規範として位置付いていた教育勅語の否定にまでには至っていない。ただし、教育勅語の学校教育への現実的な影響力は、ここに至ってほぼ排除されることになったといってよいであろう。その点で、この通牒は教育勅語否定への大きな一里塚であった。

第三節　勅語排除・失効確認決議の背景

一　憲法・教育基本法と教育勅語

（一）教育勅語排除の不徹底

一九四六年一一月三日、日本国憲法が制定されたが、当時の政府見解によれば、教育勅語はこの憲法で「排除」され、効力を失ったのではなかった。日本国憲法は前文で、この憲法は「人類普遍の原理」に基づいており、「これに反する一切の憲法、法令及び詔勅を排除する」とあり、憲法九八条でも同旨の規定（憲法の最高法規性）がなされている。憲法制定時に、教育勅語はこれによって効力を失うとみなすのが常識であった。

しかし、政府は、教育勅語は、内容的に政治ではなく道徳・教育に関するものであり、形式からも「国務大臣の副署」がなく、単なる「天皇の御言葉」であるから、憲法の排除する詔勅に当たらないとの公式的な見解（たとえば文部省調査局『第九二帝国議会における予想質問答弁書』四七年三月一二日）を貫いた。教育勅語が通常の詔勅、すなわち法令の一形式を採らなかったのは偶然ではない。これまでの研究で明らかにされているように、教育勅語のこの形式は、一八九〇年の成立時にすでに巧妙に企図されたものであった。そのことが教育勅語廃止の最終段階で大きな障害となったのであった。

こうした背景もあって、教育基本法の成立過程においても、政府は依然として、教育勅語と教育基本法は矛盾しないという立場をとることができた。第九二帝国議会衆議院の審議において、「教育勅語とこの教育基本法との間には、矛盾と称すべきものはない」と述べ、教育勅語に「盛られておる思想が全然誤つており、これに代わる新しいものをもつてするという考えはもつておりません」（衆議院教育基本法案委員会第一回、三月一四日）と述べている。また、貴族院でも教育基本法のなかに「教育勅語の良き精神が引き継がれておりますし、又不十分な点、表現の不適当な点も改めて表現せられて居ると考へるのであります。教育勅語を敢えて廃止すると言ふ考はない」（貴族院第一読会、三月一九日）と断言している。

（二）文相答弁の事実上の矛盾

高橋誠一郎文相は、教育基本法案の提案理由において、憲法に明示された「民主的で文化的な国家の建設」のため「新しい教育の根本理念を確立明示」したこと、また「上から与えられたもの」ではなく「国民みずからのものとして定める」ため、法律をもってしたことを説明している。そこには直接的ではないが、教育勅語の内容と形式に対する否定を内在させている。にもかかわらずあえて教育勅語を擁護し続けているのはなぜであろうか。

この高橋文相の答弁内容は、文部省の予想質問答弁書とほとんど同じである。この予想質問答弁書を見ると、教育基本法の各条文についてのもののほか、教育基本法と教育勅語との関係、憲法と教育勅語との関係、教育勅語廃止の有無、天皇制あるいは国体と教育基本法のもとでの教育の関係などが、予想される質問としてあげられている。教育基本法制定に際して、教育勅語や天皇制などの政治的なことがらが問題化するのではないかと、政府・文部省が、強く懸念していたからではないかと思われる。

たとえば、新憲法制定時の議会で、「国体」が変更されるのか否かが問題になったとき、金森徳次郎国務大臣は二枚舌といわれるほど矛盾に満ちた答弁をして、「国体」の変更はないと強弁し続けた。その背景には、「議会の多数を占める与党の議員は、国体護持を旗じるしとして選挙を戦ってきた人たちであり、この憲法によって国体が変更されるなどと答えるわけにはいかない」（佐藤達夫、一九五七）という事情があったとされる。教育基本法制定時の教育勅語処理においても同じ問題があったと思われる。教育基本法と教育勅語が矛盾しないとする政府の見解の背景には、帝国憲法下最後の議会で、勅語擁護に固執しその温存を図ろうとする保守層への配慮があったように思われるのである。

四七年六月、文部省は調査局審議課長名で教育基本法の解説を公表したが、そこで、教育勅語について、新憲法に抵触する部分については効力を失うとの文部大臣の答弁を引用して、「と答えて教育勅語の問題に一応の終止符を打ったのであった」（西村　一九四七）と結んでいる。議会での文相の答弁は周囲に配慮した「一応の」落としどころであったことを、文部省自身が示唆しているのである。

（三）教育基本法案と民政局

これまでの研究によって、教育基本法案の内容は、文部省や教育刷新委員会など日本側の主導性が顕著なことがわかっている。ＣＩ＆Ｅも基本的に文部省と方向をともにしていた。しかし、最終段階でＧＨＱ内部の民政局（ＧＳ）から教育基本法案に注文が入ったことが知られている。教育勅語廃棄の条文を教育基本法に明記する提案であった。これは四七年二月一四日付で民政局のＣ・Ｈ・ピークからＣＩ＆Ｅに提案されているが、ＣＩ＆Ｅはこれに対して、「寝た子を起こすな」（letting sleeping dogs lie）といういい方で拒否している（鈴木、一九八三）。

ＣＩ＆Ｅは教育勅語処理という難題に取り組むことを忌避したのであった。この後、ＧＳはＣＩ＆Ｅへの越権行為とみなされかねないので、これ以上の要請を自粛することにしている。ここでもまたＧＨＱは自ら教育勅語を明確に否定する契機を逃すこととなった。

二　教育基本法の公布と世論

（一）教育基本法の解説書

文部省は、一九四七年五月三日、「教育基本法制定の要旨」（訓令第四号）を出したが、ここでは教育勅語についてまったくふれられていない。しかし、教育基本法制定直後の解説書は、教育勅語と教育基本法の関係について、基本法が勅語に代わるものであると明快に説いている。たとえば、基本法案の立案にたずさわった田中二郎は、次のように述べている。

教育基本法は、教育勅語に代るべき教育宣言的な意味と、教育法の中における基本法即ち教育憲法的な意味を兼ね有するものといえよう。（略）他の法律には異例ともいふべき道徳的、倫理的な規定の色彩を濃厚にもっているのは、本法が、教育勅語に代る役割を果たすべき教育宣言的な意味をもたしめられているからであらう（田中、一九四七）。

さらに、文部省調査局審議課内の教育法令研究会が『教育基本法の解説』（一九四七年一二月）を著すが、そこでも、敗戦後の教育勅語処理の経緯を詳細に示し、勅語が実質的に影響力を失ってきたことを明らかにしたうえで、基本法が勅語に代わるものであることを指摘している。同書は、辻田力調査局長と田中二郎参事を監修者とし、安達健二事務官が執筆したものである。序文に「文部省としての公的解釈ではない」と記されているが、実際は文部省の教育基本法の立案作業に基づいて叙述されており、教育基本法の立法意思を示すものである。

（二）新聞論調

教育基本法が教育勅語にとって代わったという見方は新聞論調でも一般的であった。一九四七年三月五日の朝日新聞の社説「教育基本法の重大性」は、議会で審議中の教育基本法案について、「従来の教育勅語にかわって、人民みずからが教育の指導理念を定めるということが、どんなに大きな革命であるか」と述べている。また三月二八日付の時事新報の社説「教育基本法と個人の尊厳」は、「此程の議会を通過した教育基本法は、多年の教育勅語に代わるべき我国徳教の大原則を定めたものであつて、新憲法が政治上の大憲章であるに対して、此基本法は実に日本国に於ける新教育の大憲章として宣言せらるべきものである」と論じている。

三　情勢の変化と内外世論

（一）内外情勢の変化

一九四七年には内外情勢が大きく変化し、もはや国民統合のために「国体」や教育勅語を持ち出す状況ではなくなった。とりわけ、一九四六年一一月三日に日本国憲法が制定されると国民意識は大きく変化し、翌年三月に教育基本法・学校教育法が公布され、それによって国民学校令など教育関係勅令が廃止され、学校の目的・目標も大きく変化し、四月から新学制が発足した。

同年四月には衆参両院の選挙が行われ、社会党が多数を占め片山内閣を組織し、文部大臣には教育勅語に批判的な森戸辰男が就任した。そして新憲法が施行されるなか民主化の諸施策が実現されていった。たとえば枢密院および宮内省が廃止され、地方自治制度や警察制度が改革された。いわば旧支配層が依拠する制度的基盤が解体されたのであった。また不敬罪の廃止など、戦前の天皇制に由来する特権や権威が認められなくなった。こうしたなかで教育勅語はその存在感を急速に喪失するほかなかった。

それに加えて、諸外国も従来の天皇制の払拭を注視していた。たとえば、ワシントンＤ・Ｃの極東委員会は日本側の教育基本法の審議と並行して「日本教育制度改革に関する政策」（四七年三月二七日）を決定している。冒頭に「指導原則および目標」が掲げられ、「真理の探究、民主国家における生活準備および自由に伴う社会的政治的責任への訓練」を教育目標とし、「個人の尊厳と価値、自主的思考、率先性、および探求心の啓発」を重点にすべきことが記されている。それは教育基本法の教育観と軌を一にするものであった。さらにその「政策」には、「超国家主義、国家神道、天皇崇拝、個人より国家を賛美することおよび民族的優越感について教授すること」の排除と、「教授、研究あるいは学校における儀式のよりどころとして、勅語・詔書を使用すること」の禁止が明示されていた。

ところでこの政策が審議された同委員会第四特別委員会（四七年四月九日）で、ソビエト連邦の代表が、この政策決定に照らして教育基本法が不十分であるとの指摘をしていることは注目される。戦前・戦中の日本の教育を完全に払拭し転換することができるかは国際的にも注目されていたのであった。

こうしたなか、CI&E宗教課は、改めて「宮城遙拝」が神道指令に違反することを注視し、文部省と協議して、六月三日に学校教育局長通牒「学校における宮城遙拝等について」（発学二三九号）を出させた。この通牒は、天皇に対する自発的尊敬については認めつつも、学校儀式における「宮城遙拝」「天皇陛下万歳」および校長・教員が「天皇神格化の表現を強制したり、又は指導」することを禁止し、祝日の学校儀式も学芸会・運動会等に代えることを指示している（鈴木、一九八三）。従来の祝祭日の学校行事も完全に一掃されたのであった。

（二）巡幸批判と天皇退位論

この時期には天皇に対する批判も高まっていた。この頃、精力的に実施されていた昭和天皇の地方「巡幸」は、政治的キャンペーンであるという内外の批判にさらされることになった。天皇の意向をもとに宮内省主導で進められた巡幸は、マッカーサーは賛成したものの、総司令部のGS内部では反対論が強く、極東委員会でも批判的意見が見られた。

国内では、国民の一部から「天皇は選挙運動をやっている」（東京民報社説「真の天皇の地位」四八年二月二八日）との非難の声も聞こえ、外務省も対外関係を配慮して天皇の巡幸には批判的であった。こうしたなか、天皇への進講を許されていた「文化委員」という学者グループ（和辻哲郎・安倍能成・谷川徹三・田中耕太郎等）までも、巡幸の停止を進言したといわれている（泰、一九八四）。こうして一九四八年から四九年五月まで巡幸はいったん中止されたることになった（坂本、一九八九）。

この経緯について、『昭和天皇実録』は「この度の地方巡幸中、昨一一日に岡山・兵庫県境において、連合国最高司令官の指令により特別の許可ある場合以外は禁止されていた日章旗掲揚による送迎が鉄道沿線等にて行われ、指令違反であると民政局の不興を買う事態が生じた。また巡幸に際し多大な経費を要すること、極東国際軍事裁判の進展に伴い天皇の御退位問題が浮上していることなども関係」（宮内庁、二〇一七）して、巡幸が中止となったと説明している。

こうしたなか一九四七年一二月には、英国アトリー首相が日本に天皇崇拝の復活の徴候が見られると指摘し、天皇と天皇制をめぐる国外の世論も一層厳しさを増した。四八年一月、参議院副議長・松本治一郎が国会開会式で昭和天皇への拝謁を拒否したいわゆる「カニの横ばい拒否事件」は、松本の天皇制廃止論とともに社会に衝撃を与えた。また、一九四八年三月に成立した芦田均内閣（森戸文相留任）は総司令部のGSの支持を受けて、宮内府長官・同次官、侍従長ら旧支配層の更迭を図り、宮廷改革を進めた（高橋・鈴木、一九八一）。

一方、極東裁判（東京裁判）が休会に入った五月末頃、内外からしきりに天皇退位論が聞こえるようになってきた。天皇の戦争犯罪が問題となったのであった。そんななか『ニューヨーク・タイムズ』が天皇制廃止を主張した記事は内外に衝撃を与えた。こうした天皇と天皇制の危機に対処するため、日本の支配層のなかにも、皇太子への譲位によって天皇の道義的責任をとるとともに、民主化を内外に印象づけることが、日本の国際復帰を早めることになるという考え方が示されるようになった。南原繁（教育刷新委員会委員長・東京帝国大学総長）や三淵忠彦（最高裁判所長官）は、天皇の退位が望ましいとの意見を表明した。

それは急速に米ソ対立を深め始めた国際情勢ともからみ、時の芦田内閣の死活の問題となった（芦田日記、一九八六）。結局、天皇の意向などもあり、退位は実現しなかったが、戦前の天皇制のあり方を根本的に払拭することは曖昧にできない情勢となっていた。こうした緊迫した内外情勢のなかで実施されたのが教育勅語排除・失効の国会決議であった。衆議院決議に「国際信義に対して疑念を残すものとなる」という一節があるのもそうした背景からであった。明確な廃止を明言しないと、教育勅語は戦前の天皇制の残滓として見られかねなかったのであった。教育勅語問題は教育問題であるばかりでなく、政治問題・外交問題として捉えられていたのであった。

第四節　勅語排除・失効確認決議

一　決議の提案

（一）民政局からの指示

ＧＨＱ民政局の国会・政治課長であったＪ・ウイリアムズによると、一九四八年五月、ＧＳ次長のＣ・Ｌ・ケーディスから「国会の決議によって教育勅語を廃止できないものか」（Williams, 1979）という提案があったという。前述したように、ＧＨＱ内では教育勅語処理についてＧＳとＣＩ＆Ｅの間で、その管轄をめぐる問題がくすぶっていたが、国会決議ならば、そうした問題を回避しながら教育勅語の廃止を明確にすることができるというのがケーディスの考えであった。

この方針に従って、ウイリアムズは、松本淳造（衆議院）、田中耕太郎（参議院）の両院文教委員長を呼び、この決議を検討するよう求めた。当時、参議院文教委員会委員長であった田中耕太郎は「政治部（ＧＨＱ民政局のこと―引用者）から突如教育勅語の無効宣言の議決をするよう要求してきた」（田中、一九六一）と回想している。四八年五月のことであった。この当時、ウイリアムズも、「私は、当時参議院文教委員会委員長であった田中博士と、その問題（教育勅語廃止問題―引用者）を議論した」（Williams, 1979）と証言している。教育勅語排除・失効確認決議は、民政局（ＧＳ）の指示が契機となってなされたものであったことが知られる。

ところで田中耕太郎は、その時、いったんその指示を拒否し激論したが、ＧＳの強硬な態度に最終的に譲歩したと回想している（田中「戦後教育改革について」インタビュー記録テープ）。しかし他方、ウイリアムズはその回想録で、この議論の末には田中は「少なからず喜んでいたようだ」（Williams, 1979）と述べている。さらにウイリアムズは、田中が決議に反対でなかったことを、入江俊郎が彼に宛てた書簡のなかで、「最高裁判所長官田中博士は（略）教育勅語の失効を宣言する国会決議について貴殿から有益な示唆を得た、と私に語った。」（Williams, 1979）と記されていることも傍証にあげている。この国会決議の主要な史料として残されているのはこのような回想のほか、国会記録とJ・ウイリアムズ文書である。その経緯についていまだ不明瞭な部分もあるが、ここで勅語排除・失効確認決議の成立経緯について考察しておきたい。

（二）田中耕太郎の考え方

勅語排除決議の提案に対して、田中耕太郎はなぜ当初反対し、ウイリアムズと激論を交わしたのであろうか、田中の回想によると、GSの指示を当初拒否した理由は次の二点からであった。一つは、すでに勅語は教育基本法の制定によって法的効力を失っていたので、今さら無効決議をする必要がないということであった。第二は、法規の無効宣言は最高裁判所の管轄で、国会になじまないということであった。しかし最終的に、ウイリアムズと田中は「すでに失効していることの『確認』」とすることで合意したというのである（田中、一九六一）。決議は田中の論理に引きつける形でその大枠が決定されたのであった。

なお、この議論のなかで重要なことは、すでに教育基本法の成立によって教育勅語は効力を失っていたと田中が考えていたことである。このことは、教育基本法を構想しその成立に最も力のあった田中耕太郎の立法者意思として重要である。そこにはかつての強硬な勅語擁護論者としての面影はない。学校教育局長や文相といった文部省幹部としての立場と、一議員としての立場の違いを反映したものかも知れない。なお、田中は法学者として、この年『新憲法と文化』を著し「教育基本法は従来の誤った教育目的を廃止し、これに代わる正しいものを以てしたことにおいて意義を有する」（田中、一九四八）と述べている。情勢が変わり立場が変わるなかで田中耕太郎の考えもまた変化していったといえるのではなかろうか。

二　決議の成立

（一）決議案の検討

ウイリアムズ文書には、衆参両院の勅語排除・失効決議案が英訳されていくつか記録されている。衆議院のものは、六月三日、同八日、同九日、同一二日、同一四日の日付のある五種が、参議院については、日付不明（内容上六月八日案以前のものと推定）、六月八日、同一〇日の三種がある。これらの諸案を見て最も特徴的なことは、日付不明と六月八日の参議院の案では、その決議の名称が「新教育理念の普及徹底に関する決議案（Draft Resolution Concerning Through-going Popularization of New Education Ideal）」となっていることである。六月一〇日の草案では、「教育勅語等の失効確認に関する決議〔案〕（Resolution Concerning Confirmation of the Invalidity of the Imperial Rescript on Education, etc.〔Draft〕）と変えられている。田中耕太郎委員長は、五月二七日の参議委員文教委員会の会議で、決議内容を「一層包括的な教育振興に関する決議」にして、教育基本法の理念の普及に重点を置くことを主張している。おそらく、六月八日案までは、田中の意向を反映した決議名になっていたのであろうと思われる。

またこの案では、それ以前にあった「六・三・三・四制学校制度の完成に向けて努力を倍加し、新憲法と教育基本法の正しい理解とその誠実な実行によって、新制度に生命と内実を付与しなければならない」という一文が削除されている。決議内容を教育勅語を対象とするものへと明確化するとともに、内容的にも教育勅語失効確認に焦点づけようとしたものといえよう。教育勅語の排除を目的としようとするGSと、新教育の普及・徹底を目的としようとする田中との綱引きがあったことを垣間見せているようである。

次に衆議院の決議案について見てみると、第一に、六月三日案で決議の主体は「国会」となっているが、六月八日案以降は「衆議院」となっていることが目に付く。すなわち六月八日案以前は、国会として衆参両院が同じ決議をすることが想定されていたのではないかと思われる。次に、六月八日案で「もとよりこれらの勅語の内容は部分的にはその真理性を認められるのである」という一節が削除されていることが注目される。タイプ印刷された六月八日案の上に手書きで削除・修正がなされているので、六月八日案を検討した上で削除したものと推定される。このことから衆議院文教委員会の一部に、教育勅語の部分的肯定論があったことがうかがえる。

また、六月八日の衆参両案を見ると、衆議院では勅語の排除と謄本の回収、参議院では謄本の回収が、それぞれ結論部分に明記されている。なお、六月八日案は翌日、国会・政治課からケーディスによる報告がなされているが、その文書には「残念ながら、衆議院の草案はもう一方のものより良くない。ＪＷ」という注記がなされている。これはウイリアムズの個人的感想と思われるが興味深い。

（二）国会審議

両院の文教委員会では、衆議院で一〇回、参議院で三回（五月二〇日、同二五日、同二六日）ほど打合会を開いたとされている。ただしその内容は不明である。委員会については、五月二七日と六月一五日の参議院、六月一一日の衆議院の各文教委員会について記録が残されている。五月二七日の参議院文教委員会で、田中耕太郎委員長の「記録に残して将来の参考に供する」という意向によって記録をとったと記されている。

さて、その五月二七日の参議院文教委員会の審議記録によると、教育勅語は憲法九八条に違反することを明確にせよという意見や、法的拘束力をすでに失っているのでその必要がないといった法論理的な意見が出された。こうしたなかで、田中耕太郎は、「一層包括的な教育振興に関する決議」として、教育基本法の理念の普及を目指す内容にしようとする意見を述べ、これを支持するものも多かった。

それに対して、羽仁五郎議員（歴史学者・全国区革新系無所属、四七年～五六年まで参議院議員）は、「たとえ完全なる真理をのべておろうとも、それが君主の命令によって強制された所に大きな間違いがある」、「国民に先ず第一に教育勅語というのは如何に有害であったかということをはっきり示すことが必要」であると明快に論じた。教育勅語に対する原理的な否定を行うことが最も必要なことであると主張したのである。これは本質的できわめて重要な指摘であった。

衆参両院の決議を比較すると、田中耕太郎の意見は参議院の決議内容に大きく影響したようである。それに対して、主権在君の原理に基づき君主の命令として強制された教育勅語を民主主義の原理から否定する羽仁五郎に代表される意見は、結果的に見るとむしろ衆議院の決議案に色濃く出ている。

いずれにせよ教育勅語排除の国会決議の審議過程をみると、教育勅語の可否をめぐる議論は見られない、問題があったとすれば、法的効力をすでに喪失していた教育勅語を再度国会が審判することの適否についてであった。正面切っての教育勅語擁護論はまったく見られないのである。新憲法下、民主化が進む時代の流れとともに、教育勅語擁護は急速にアナクロニズムとみなされるようになっていたのであった。田中耕太郎文教委員会委員長は参議院本会議で決議案提案理由説明をしたが、そこで次のように述べている。

　教育勅語等の、教育の最高指導原理としての性格を明瞭に否定いたしましたのは、申すまでもなく新憲法及びその精神に則りましたところの（略）教育基本法であります。特にこの教育基本法は、従来の我が国家、我が民族中心の教育理念に代わりますのに、真理と平和とを希求する人間の育成という理念を以ていたしたのであります。

ここには教育理念の変革、教育勅語から教育基本法への転換が端的に述べられている。また、森戸辰男文相は、四八年六月一九日、第二回国会の衆議院で勅語排除決議が可決された直後、発言を求め以下のように述べている。

　敗戦後の日本は、国民教育の指導理念として民主主義と平和主義とを高く掲げましたが、同時に、これと矛盾せる教育勅語その他の詔勅に対しましては、教育上の指導原理たる性格を否定してきたのであります。このことは、新憲法の制定、それに基づく教育基本法並びに学校教育法の制定によって、法制上明確にされました。（略）さらに思想的に見まして、教育勅語は明治憲法を思想的背景といたしておるのでありますから、その基調において新憲法の精神に合致しがたいものであることは明らかであります。教育勅語は明治憲法と運命をともにいたすべきものであります。

森戸文部大臣は、教育勅語が法的には憲法・教育基本法に反し、思想面では憲法精神に背馳することを明快に述べているのである。

まとめ

文部省は、戦後教育改革を総括した文書のなかで、教育勅語から教育基本法への転換について次のように記している。

教育基本法は、こうして全く新しい形式と手続きとにおいて、教育勅語に代わって日本教育の根元を明示する地位を持つに至った。そして、この事実を国家的に確認し、疑いの余地を残させないために（略）『教育勅語等の効力排除（失効確認）に関する決議』が決定された（略）この教育勅語に関する問題は、教育上、こうして完全に終結するに至ったのである（文部省、一九五一）。

本論で見てきたようにこの過程は、教育勅語擁護論の退潮、新教育勅語構想の敗退、教育基本法構想の発展、そして教育基本法の成立から教育勅語の排除・失効決議まで、様々な背景のもと、進歩と反動が絡み合って複雑な様相を呈している。しかしその過程を全体としてみれば、教育勅語から教育基本法への教育理念の転換の過程であった。

そうはいっても教育勅語の否定に至るまではいささか長い道のりであった。それは、教育勅語が明治天皇の個人的な声明という形式であったという特殊な問題もさることながら、本質的には、日本の支配層と占領軍GHQの側のそれぞれの思惑に左右されたからであった。日本の政府や支配層は、まず戦後の治安維持や思想対策のために国体護持に固執した。教育勅語はそのための有力な手段とみなされたからであった。学校教育の指針であるより国民道徳の規範として重視されたのであった。

他方、GHQは、天皇制の温存と利用が占領政策の前提となっていた。そうしたなかでCI&Eは、教育勅語を廃止・断罪するのではなく、新勅語を出すことによってその影響力をなくしていくことを考えていた。その二つの方向は時に対立し時に妥協しながら、結局、教育勅語の明確な否定を曖昧にすることになった。

教育勅語の否定を打ち出すことができた最初の機会は、神道指令から一九四六年新年にかけてであった。歴史的に見ると、教育勅語は国家神道と不可分の関係にあった文書だからである。しかもこの時期、トルーマン米国大統領の「天皇制の存廃は日本人民の民意による」との発言をきっかけとして、内外の天皇制に関する議論が高まっていた。一九四六年新年の詔書が出されると天皇制の可否に関する国内の議論が一層高揚した。

田中耕太郎学校教育局長が教育勅語擁護を論じたのはこの時期にあたる。南原繁（日本教育委員会委員長・東京帝国大学総長）も、四月の「天長節」の大学行事で「大権として天皇に帰属せられてゐた多くのものが消し去られても――またさうすることが必要でありますが――日本国家権威の最高の表現、日本国民統合の象徴としての天皇制は永久に維持されるでありませうし、また維持しなければなりませぬ。これはわが国の永き歴史に於て民族の結合を根源に於て支え来つたものであつて、（中略）君民一体の日本民族共同体そのものの不変の本質であります。」（南原、一九四七）と訓示している。天皇制のもとでの国民統合の必要性を戦前と同じ調子で強調しているのである。

ところが一方、この当時、『新潮』（一九四六年四月号）に掲載された坂口安吾の「堕落論」は日本中に衝撃的な反響をもたらし、単行本として刊行されるとすぐにベスト・セラーになった。安吾がそこでいった「堕落」は一種の反語ではあったが、権威にすがる従来の日本人の傾向を根本的に批判し、精神的・思想的な個々人の自立を深刻な問題として提起した書であった。この短い評論の最後の段落は以下のように結ばれている。

人間は結局（略）天皇を担ぎ出さずにはいられなくなるだろう。だが自分自身の天皇をあみだすためには、人は正しく堕ちる道を堕ちきることが必要なのだ。そして人の如くに日本も亦堕ちることが必要であろう。堕ちる道を堕ちきることによつて、自分自身を発見し、救わなければならない。政治による救いなどは上皮だけの愚にもつかないものである。

当時、この思想に共感した教育者や知識人は決して少なくはなかった。しかし、教育勅語廃止過程において、こうした日本人の思想的自立に関する深刻な議論は等閑に付され続けた。改革議論が支配層内部にとどまったことがその大きな要因であったとみられるが、それにしても日本国民の中から教育勅語否定・廃止への強い動きが出てこなかったことは残念なことであった。今日、教育勅語の復活の動きが一部であり、家庭教育支援法等の制定も予定されている。そうしたなかで、歴史の教訓として教育勅語廃止過程をもう一度再確認する必要があろう。

●注記

〈先行研究〉

教育勅語の廃止過程に関する最初のまとまった研究としては、高橋史郎「教育勅語の廃止過程」明星大学占領教育センター編『占領教育史研究』第一号（一九八四年）がある。この論文は、教育勅語排除・失効確認決議を「教育勅語廃止を最終目標とした米政府及び占領軍の国体破壊政策」であると評価し、ＧＨＱの「巧妙な戦術」によって「国会による『自主的』決議を演出」したものであったと論じている。またそれまでは教育勅語と教育基本法の併存が意図されていたと主張している。

これに対して、三羽光彦「教育勅語の廃止決議」教育科学研究会編『教育』四六八号（一九八六年七月号）は、この論への批判を試みたものである。また、小野雅章は「戦後教育改革における教育勅語の処理問題」日本大学教育学会編『教育学雑誌』第二二号（一九八八年）で、形式的にしろ教育勅語と教育基本法が一年あまりも共存したことについて、GHQと日本側の思惑とともに「日本国内にあった教育理念それ自体に対する曖昧な態度」がそれを許すことになったと分析している。本論文は、そうした議論を踏まえて、改めて戦後改革における教育勅語廃止過程を考察したものである。

そのほか、先行研究としては、GHQの教育勅語観を分析した、鈴木英一「敗戦直後の教育勅語批判――占領文書からみた戦後教育改革（一）」『教育』三九六号（一九八一年四月号）、新教育勅語構想を明らかにしたものとして、佐藤秀夫「幻の新・教育勅語案――戦後教育改革のかくれた一齣」教育問題研究会『文教』（一九八一年夏号）、佐藤秀夫・鈴木英一「敗戦直後の京都・新教育勅語構想――有賀鐵太郎とシーフェリン」『季刊教育法』第四三号（一九八二年春号）などがある。

また、米国教育使節団の教育勅語処理問題をあつかった論文として、鈴木英一・佐藤秀夫ほか「米国対日教育使節団報告書の成立事情に関する総合的研究」『名古屋大学教育学部紀要――教育学科』第三一巻（一九八五年三月）がある。なお、鈴木英一『日本占領と教育改革』（勁草書房、一九八三年）、久保義三『対日占領政策と戦後教育改革』（三省堂、一九八四年）は占領初期の教育改革を対象としており、教育勅語廃止過程も考察されている。

〈資料〉

史料の出典に関しては、紙数の関係からいちいち注記しなかったが、教育勅語廃止過程に関するものとしては、鈴木英一・平原春好編『資料　教育基本法50年史』（勁草書房、一九九八年）が最もまとまっており、引用した史料のうち典拠を明記しなかったものは、この資料集所収のものである。なお、この資料集の解題と解説（鈴木執筆）は参考になる。

『続・現代史資料』（みすず書房）の教育（八・九・一〇巻）のうちの第一〇巻（一九九四年）は御真影と教育勅語の排除過程に関する史料からなっている。この史料集には佐藤秀夫の「解説」があり参考になる。教育刷新委員会の議事録としては、佐藤秀夫・寺崎昌男・橋口菊・渡部宗助編『教育刷新委員会　教育刷新審議会　会議録』（第一巻、岩波書店、一九九五年）がある。

占領文書としてはGHQ文書、米国政府関係文書のほか、J・C・トレイナー文書（スタンフォード大学フーバー研究所文書館所蔵。トレイナーはＣＩ＆Ｅ教育課課長補佐）、Ｊ・ウイリアムズ文書（メリーランド大学図書館プランゲ文庫所蔵。ウイリアムズはＧＳ国会・政治課長）などがあり、これらの文書は国会図書館憲政資料室で閲覧可である。

〈引用・参考文献〉 前記先行研究・資料のほか引用した文献を記しておく。

佐藤達夫（一九五七）「憲法と吉田総理大臣」吉田茂『回想十年』第二巻、新潮社。

宮内庁（二〇一七）『昭和天皇実録』東京書籍。

教育刷新審議会（一九五〇）『教育改革の現状と問題——教育刷新審議会報告書』日本放送出版。

三羽光彦（二〇〇九）「近代日本思想史における教育刷新委員会——いわゆる自由主義的知識人の国家観・社会観に関連して」『岐阜経済大学論集』第四二巻第三号。

西村巖（文部省調査局審議課長）（一九四七）「教育基本法について（一）」『文部時報』第八四〇号。

田中二郎（一九四七）「教育改革立法の動向（二・完）」『法律時報』第一九巻第六号、日本評論社。

文部省調査局審議課内教育法令研究会（一九四七）『教育基本法の解説』国立書院。

秦郁彦（一九八四）『裕仁天皇五つの決断』講談社。

坂本孝治郎（一九八九）『象徴天皇制へのパフォーマンス——昭和期の天皇行幸の変遷』山川出版社。

高橋紘・鈴木邦彦（一九八一）『天皇家の密使たち——秘録・占領と皇室』徳間書店。

新藤栄一・下川辺元春編（一九八六）『芦田均日記』第二巻、岩波書店。

Williams, J. (1979) *Japan's political revolution under MacArthur : a participant's account*, the University of Georgia Press.（市雄貴・星健一訳『マッカーサーの政治改革』朝日新聞社、一九八九年）

田中耕太郎（一九六一）『私の履歴書』春秋社。

田中耕太郎（一九四八）『新憲法と文化』国立書院。

羽仁五郎（一九四九）『国民に訴う：国会からの報告』潮流社。

羽仁五郎（一九七六）『自伝的戦後史』講談社。

南原繁（一九四七）『祖国を興すもの』帝国大学新聞社出版部。

坂口安吾（一九四六）「堕落論」『新潮』第四三巻第四号、のちに銀座出版社より刊行（一九四七年）。

第四章

教育勅語は学習指導要領・教科書でどのように扱われているか

◆本田伊克（宮城教育大学）

改訂学習指導要領の告示日と同日の二〇一七年三月三一日に、教育勅語に関する政府答弁書が閣議決定された。「憲法や教育基本法等に反しないような形で教材として用いることまでは否定されることではない」とされ、教育勅語が教材として肯定的に扱われかねない懸念を広げている。

だが、すでにこれまでの章でみたように、日本国憲法および旧教育基本法の制定は、教育勅語の完全な否定を意味するものであった。皇国史観に基づいて神格化された天皇を頂点とする国家体制下で天皇のために命をささげることを国民の最高のつとめとした教育勅語は、日本国憲法と相容れないとされ、一九四八年六月一九日に衆議院で「排除」、参議院で「失効確認」が決議されたのである。

なお、二〇〇六年に教育基本法が改正されたが、当時の政府見解において、改正教育基本法と教育勅語の関係には変化がないことが示されている。

本章ではこれまでの各章の議論を受け、学習指導要領と、これに基づく検定教科書で教育勅語がどのように扱われているかを検討していく。結論を先に示せば、学習指導要領からは教育勅語を憲法や教育基本法に反しないかたちで教材化することを可能にする根拠は見出せない。また、検定教科書における教育勅語の扱いは、憲法と旧教育基本法の制定によって勅語が否定されたことを基本的に認めるものである。

第一節　学習指導要領に教育勅語教材化の根拠を読み取れるか

一　現行版・改訂版学習指導要領の総則から

学習指導要領は、あくまで国家による大綱的基準であり、学校において設置されるべき教科目および標準授業時数（高等学校の場合は標準単位数）のみが法令によって定められる。教育の内容に関して国家は指導・助言を行う権限のみを有するのであり、したがって、学習指導要領は指導助言的基準としてのみ適法であるとする学説が有力である（山崎編、二〇〇九、四三頁）。

だが、一九五八年に改訂された学習指導要領改訂が官報告示となって法的拘束力を強めてから、二〇〇七年の改正学校教育法では「教育課程の基準」とされるなど、法律に準ずる位置づけが強められている（本図・末冨編著、二〇一七、一四六頁）。また、二〇一八年度に教職課程をもつ全国すべての大学の再課程認定（適格審査）が実施されるが、その基準となる「教職課程コアカリキュラム」では、学習指導要領が教育課程編成の基準であり、教職課程においてその全体構造、目標、内容を理解させるべきであるとしている。このように、学習指導要領は法的拘束力を強めつつあるが、そこに教育勅語を正当な教材として用いることを可能にする根拠を見出せるだろうか。

二〇〇八年三月および二〇〇九年三月に告示された現行版の小学校・中学校・高等学校学習指導要領では、その「総則」で道徳教育に言及している（文部科学省、二〇〇八a、二〇〇八b、二〇〇九）。総則のうち「教育課程編成の一般方針」では、小学校、中学校、高校いずれにおいても「民主的な社会及び国家の発展」や「他国を尊重し、国際社会の平和と発展や環境の保全に貢献」することを目標として掲げている。総則のこの部分の記述は、日本国憲法と教育基本法に則ったものである。そこに掲げられた教育の目標は、戦前の教育における主権在君の原理に基づく国体に忠実な臣民の育成という目標とは相容れない。したがって、教育勅語の正当な教材化の根拠にはなりえない。

二〇一七年三月に改訂された小学校・中学校学習指導要領では、「総則」がより構造化され、その分量も大幅に増量した。道徳教育の目標については、道徳に関する部分のみ先行的に行われた二〇一五年の部分改訂の記述を基本的にはそのまま継承している。新たに「特別な教科　道徳」とされた道徳教育については、その内容や指導法が大きく変わり、記述式の評価も導入されることになる。道徳教育の内容については、四分類二二項目の道徳的価値が示されているが、これらのなかには教育勅語に謳《うた》う徳目に一見共通するものもある。

しかし、改訂版学習指導要領の総則には、「道徳教育は、教育基本法及び学校教育法に定められた教育の根本方針に基づき」行われるものであり、「平和で民主的な国家及び社会の形成者として、公共の精神を尊び、社会及び国家の発展に努め、他国を尊重し、国際社会の平和と発展や環境の保全に貢献し未来を拓く主体性のある日本人の育成」という点に留意すべき（日本教材システム編、二〇一七、一一頁）とする記述がある。個人の自由や権利よりも国家、社会への貢献が強調されているように読める点は気がかりである。だが、さすがに国体＝天皇への絶対的忠誠を求めたり、国家主義的道徳観を普遍的なものとして他国にも押しつけたりすることを要請するものではない。したがって、改訂版学習指導要領にも、教育勅語の正当な教材としての扱いを認めるように読める記述はやはりない。

なお、文部科学省が道徳教科書のモデルとして編さんした『私たちの道徳』においては、軍国主義や、戦前の植民地支配、侵略戦争を美化するような記述は見られず、教育勅語が直接に取り上げられることもない。これは、二〇一八年度からの「特別な教科　道徳」の完全実施に際して作成・採用された道徳の小学校用検定教科書についても同様である。

ただし、二〇一七年三月二四日に実施された小学校道徳教科書の検定結果では、個を抑圧する国家主義思想を前面に出し、「修身」ばりの規範を形式的に教え込もうとする意図の感じられる教育出版の教科書が採択される（鈴木、二〇一七）など、教育勅語の徳目を事実上ふたたび教室に持ち込む動きが進むことも懸念される。

二　中学校の「社会（歴史的分野）」の記述から

中学校の検定教科書では、社会の「歴史的分野」で教育勅語が取り上げられている。ただし、現行指導要領（二〇〇八年三月改訂、二〇一二年四月から完全実施）では、指導すべき事項として教育勅語をあげているわけではない。「（五）近代の日本と世界」で、「イ　開国とその影響、富国強兵・殖産興業政策、文明開化などを通して、明治維新によって近代国家の基礎が整えられて、人々の生活が大きく変化したこと」、「ウ　自由民権運動、大日本帝国憲法の制定、日清・日露戦争、条約改正などを通して、立憲制の国家が樹立して議会政治が始まるとともに、我が国の国際的地位が向上したこと」、「エ　我が国の産業革命、この時期の国民生活の変化、学問・教育・科学・芸術の発展などを通して、我が国で近代産業が発展し、近代文化が形成されたことを理解させる」（日本教材システム編、七四頁）とあり、日本の近代化の過程を肯定的に捉えさせるような記述がある。他方で、「大戦が人類全体に惨禍を及ぼした」（同前、七四頁）という、日本が起こした戦争による加害性を曖昧にするような記述や、「国民が苦難を乗り越えて新しい日本の建設に努力した」（八二頁）ことのみが強調されている点などが気にかかる。

しかし、こうした記述を根拠にして、教育勅語を「よい」ものとして、授業で積極的に取扱うことを推奨しているとは読めないだろう。特に、「新しい日本の建設」には当然、日本国憲法と旧教育基本法の制定とこれらに基づく戦後日本の歩みが含まれているのである。

改訂版指導要領にも、やはり教育勅語への言及はない。大きな記述の変化としては、「一　目標」において、「歴史に関わる事象の意味や意義、伝統と文化の特色など」を「多面的・多角的に考察」したり、「歴史に見られる課題を把握し複数の立場や意見を踏まえて公正に選択・判断」したりする力（六九頁）の育成が新たに強調されている。また、「三　内容の取扱い」で「イ　調査や諸資料から歴史に関わる事象についての様々な情報を効果的に収集し、読み取り、まとめる技能を身につける学習を重視すること」（七七頁）とある。

教育勅語を歴史的資料として検討することはあっても、これを基本的に正しいものとして教え込むことまで容認されているとは読めない。ただし、領土問題に関しては「北方領土に触れるとともに、竹島・尖閣編入についても触れること」（八一頁）という指示がある。これは、「複数の立場や意見」というかたちで、学問的通説を押しのけて政府見解を教え込むことを可能にし得る余地がある。教育勅語についても同様に、いわば「一つの教え」として正当化される懸念がないとは言えず、この点は警戒する必要がある。

しかしながら、『我が国の民主化と再建の過程』については、国民が苦難を乗り越えて新しい日本の建設に努力したことに気付かせるようにすること。その際、（中略）日本国憲法の制定などを取り扱うこと」（八三頁）とされており、現行憲法の歴史的意義を認める記述になっている。したがって、改訂版指導要領の記述からも、教育勅語を正当な教材として肯定的に扱う根拠は読み取れない。

三　高等学校社会科に関わる記述から

高等学校の検定教科書で教育勅語が指導事項として取り上げられているのは「地理歴史」のうち「日本史A」と「日本史B」、および「公民」のうち「倫理」である。現行の学習指導要領（二〇〇九年三月改訂、二〇一三年四月から完全実施）をみると、日本史Aについては、「(二) 近代の日本と世界」で、「開国前後から第二次世界大戦終結までの政治や経済、国際環境、国民生活や文化の動向」について考察させるとあり、そのなかで、「学問・文化の進展と教育の普及」についても扱うものとされている（文部科学省、二〇〇九、三八〜三九頁）。日本史Bでは、「(四) 近代日本の形成と世界」で「近代国家の形成と社会や文化の特色について、国際環境と関連付けて考察させる」とあり、そのなかで「学問の発展や教育の拡充」に着目させるとある（同前、四〇〜四一頁）。

「内容の取扱い」では、日本史Aで「この科目の指導に当たっては、客観的かつ公正な資料に基づいて、事実の正確な理解に導くようにするとともに、多面的・多角的に考察し公正に判断する能力を育成するようにする」とある。すぐ後に、「その際、核兵器などの脅威に着目させ、戦争を防止し、平和で民主的な国際社会を実現することが重要な課題であることを認識させる」（三九頁）と続く。ここから、よもや教育勅語を「客観的かつ公正な資料」として用いる余地はあるまい。日本史Bについても同様の記述があるうえ、「様々な資料の特性に着目させ複数の資料の活用を図って、資料に対する批判的な見方を養うとともに、因果関係を考察させたり解釈の多様性に気付かせたりすること」（四二頁）とある。

「複数の資料」、「解釈の多様性」という文言からは、政府の歴史的見解を学問的に正当とされている説と同じレベルで扱わせたり、「多様性」ということばで国家の支配層にとって都合の良い解釈を押しつけたりすることにつながりかねない危険も確かに感じられる。だが、国民主権、平和主義、民主主義社会の実現が強調されており、教育勅語とそこに表現された思想と徳目を正当化することまで認められているとは読めないだろう。

「倫理」では、「内容」として「イ　国際社会に生きる日本人としての自覚」があげられており、「日本人にみられる人間観、自然観、宗教観などの特質について、我が国の風土や伝統、外来思想の受容に触れながら、自己とのかかわりにおいて理解させ、国際社会に生きる主体性のある日本人としての在り方生き方について自覚を深めさせる」（四九頁）とある。日本人の「観」や「我が国の風土や伝統」のなかには、国家主義（あるいは超国家主義）や国体思想、教育勅語なども含まれるとする見解もあるかもしれないが、あくまでそれらは「自己とのかかわりにおいて」主体的かつ客観的に理解されるべきものであり、かつそれは「国際社会」を見据えた理解である。したがって、教育勅語を正しいものとして受け入れさせることが容認されているとは言えない。

なお、現行の高等学校学習指導要領は、二〇一八年三月に、二〇一七年に改訂された幼稚園教育要領、小学校・中学校学習指導要領と同様の総則、目標枠組みで改訂される見込みである。少なくとも、ここに教育勅語の正当な教材化の根拠となるような記述が加わることはないだろう。もちろん、教育勅語の徳目の事実上の復活だけでなく、教育勅語それ自体を扱い得るような記述が、この先の学習指導要領改訂で加えられる危険性がないわけではない。この点に関わって、学習指導要領は教科書検定を左右するなど事実上の法的拘束力を有してはいるが、あくまでも「指導助言的基準」であること、したがって、法律とは異なるものであることも改めて認識しておく必要がある。

第二節　検定教科書は教育勅語をどのように扱っているか

次に、教育勅語を取り上げている検定教科書において、勅語がどのように扱われているかを検討していく。検討するのは、中学校社会科の歴史的分野、高等学校「地理歴史」の日本史と「公民」の倫理で現在使用されている教科書のうち、主なものである。

一　中学校の社会科・歴史的分野の教科書では

中学校の社会科の歴史的分野を扱った教科書には、教育勅語が記載されている。では、果たしてその扱いは、教育勅語を現在の道徳規範の柱として肯定し、生徒に押しつけることを正当化するようなものであろうか。結論を先に述べれば、否ということになる。

教科書によってその位置づけや取扱い方には違いが認められるものの、日本国憲法と旧教育基本法の制定によって、教育勅語がその法的効力を完全に失っていることを認めている点は共通している。

（一）多くの教科書で、教育勅語の悪しき側面とその排除について言及

中学校社会科の歴史的分野の教科書はどれも、教育基本法に掲げられた「平和で民主的な国家及び社会の形成者として必要な資質を備えた心身ともに健康な国民の育成」という教育の目的を達成するために、学習指導要領で定められた

社会科の目標や内容に基づいて作成されている。

東京書籍の『新編　新しい社会　歴史』（二〇一五年三月三一日検定済、二〇一六年二月一〇日発行）には、「憲法発布の翌年には教育勅語も出されて、忠君愛国の道徳が示され、教育の柱とされるとともに、国民の精神的なよりどころとされました」（一七三頁）という説明があり、その横に教育勅語の部分要約が記載されている。要約に際して参考にした訳例などは書かれていないが、「一旦緩急アレハ義勇公ニ奉シ以テ天壌無窮ノ皇運ヲ扶翼スヘシ」の箇所については、「いったん国家に危険がせまれば、忠義と勇気をもって公に奉仕し、天地とともにきわまりない皇室の運命を助けなければならない」としている。教育勅語が国民に、天皇のために命を投げ出せと命じていることが読み取れる現代語訳になっている。

戦後については、日本国憲法の公布・施行により「天皇は統治権を失い、国と国民統合の象徴になり」、議院内閣制が導入され、「民主主義の基本を示す教育基本法などが作られ」たという記述がある。

教育出版『中学社会　歴史　未来をひらく』（二〇一五年三月三一日検定済、二〇一六年一月二〇日発行）では、「憲法発布の翌年には、教育勅語が発布されました。これにより、忠君愛国の思想や父母への孝行などの道徳が、学校教育を通じて国民に広められました」と説明されている。本文の横には教育勅語の部分要約が添えられているが、何かの訳例を参照したかどうかはやはりわからない。「一旦緩急アレハ義勇公ニ奉シ以テ天壌無窮ノ皇運ヲ扶翼スヘシ」の箇所については、「いったん国家に危険がせまれば、忠義と勇気をもって国のために働き、天地とともにきわまりない皇室の運命を助けなければならない」としており（一六九頁）、やはり天皇のために国民は命を投げ出すべきだという意味合いが伝わるような現代語訳となっている。

「教育の民主化」では、「連合国軍総司令部によって、教育についても民主化が進められ、軍国主義や天皇中心の考え方が改められました。一九四七年には、民主主義教育の基本を示した教育基本法が制定され、教育勅語は廃止されました」と明言されている（二三九頁）。

清水書院『中学　歴史　日本の歴史と世界』（二〇一五年三月三一日検定済、二〇一六年二月一五日発行）では、国民教育の制度は、「国の理想とする『国民』を教育によってつくり出そうとするもの」であったとし、「天皇の教育勅語をこれらの学校に下し、儀式のたびにこれを朗読させて、生徒たちのあいだに忠君愛国（天皇に対して忠義をつくし、国を愛すること）の精神を植えつけようとした」（一八五頁）とし、本文の横に明治時代終わりごろの小学校での教育勅語の奉読式の絵を示している。

戦後については、「教育の民主化」という小見出しで、「教育勅語を背景とした国家主義・軍国主義教育は廃止され、一人ひとりを大切に、平和で民主的な社会をつくりあげる人間を育てることを目標にして、新しい日本の教育の基本を確立するために、一九四七年に教育基本法が制定された」と明記している（二五一頁）。

日本文教出版『中学社会歴史的分野』（二〇一五年三月三一日検定済、二〇一六年二月一〇日発行）では、「一八九〇年には教育勅語が出され、天皇に対して忠義を尽くし、国を愛する忠君愛国や、父母への孝行などを国民道徳の基本にすえ、教育のよりどころとするという政府の方針が示されました」（一八七頁）とある。そして、戦後の「民主化の進展」で、「教育制度では、一九四六年一〇月に教育勅語を教育の基本方針とすることをやめ、翌年には教育基本法を制定しました」と明記されている。

安井俊夫ら「子どもと学ぶ歴史教科書の会」の執筆・編修による学び舎『ともに学ぶ人間の歴史』（二〇一五年四月六日検定済、二〇一六年一月二三日発行）では、歴史的な資料を根拠として示しながら、教育勅語を軸にした教育統制が引き起こした悲惨な事態を伝えている。

【教育勅語と「御真影」】というコラムで、一八九〇年に明治天皇の名で出された教育勅語を出し、全国の学校で「君が代」斉唱、校長による教育勅語奉読のときの子ども達の様子が書かれている。最後に「御名御璽」と読み終えると、子ども達はほっとして、鼻をすすりながら頭を下げる様子が書かれている。さらに、内村鑑三が深くおじぎをしなかったと非難され、教師をやめさせられたことや、一八九六年の三陸海岸大津波で、岩手県の小学校教師が天皇の写真を運び出すために学校にかけつけ、大波にさらわれて死亡し、火事や災害に備えて、学校では教師が宿直するようになったことも紹介されている（一八七頁）。

戦後については、一九四七年に、日本国憲法に基づいて個人の尊厳を重んじ、真理と平和を希求する人間」を育てるとする教育基本法が制定されたことが明記され、本文の横に旧教育基本法の第一条（教育の目的）の一部が掲載されている。そして、「戦前の教育の中心であった、教育勅語と修身は廃止されました」と言明されている（二六三頁）。

このように、多くの中学校歴史教科書では、教育勅語について否定的に評価し、戦後に勅語が廃止された事実を明らかにしている。

（二）教育勅語に一定の意義を認めるニュアンスの教科書も

いっぽう、教育勅語に一定の歴史的意義を認める記述がなされている教科書もある。

自由社の『中学社会　新しい歴史教科書』（二〇一五年四月六日検定済、二〇一六年二月八日発行）は、一八九〇年に「天皇の名によって「教育ニ関スル勅語」（教育勅語）が発布された。これは、父母への孝行、学問や公共心の大切さ、そして非常時には国のために尽くす姿勢など、国民としての心得を説いた教えで、一九四五（昭和二〇）年の終戦にいたるまで、各学校で用いられ、近代日本人の生き方に大きな影響を与えた。」（一八七頁）と説明されている。

本文の横には、教育勅語の現代文要約が示されている。やはり何かの訳例を参照したか否かは書かれていないが、「一旦緩急アレハ義勇公ニ奉シ以テ天壌無窮ノ皇運ヲ扶翼スヘシ」は、「もし国家や社会の非常事態がおきれば、義勇の心を発揮して、国の命運を助けなければならない」と訳されている。この訳は、教育勅語が国民に対して、国体＝天皇のために惜しむことなく命を捨てよと命じているニュアンスを、「国家や社会」という言葉を当てることによって薄めようとしているように読める。

さらに、「明治になって、旧来の道徳と新たな道徳が入り交じり、道徳のあり方が混乱した。そこで、国民の指針となるよう、一四の徳目を天皇の言葉として短くまとめたものである。学校の儀式で読み上げられた。また、多くの言語に翻訳され、海外にも知られた」という解説が添えられていて、教育勅語の示す価値が普遍的であったことを仄めかしている。

日本国憲法の制定に関しては、日本側は「明治憲法に多少の修正をほどこすだけで求められる民主化は可能だと考えていた」が、GHQから憲法の根本的な改正を強く迫られ、「拒否した場合、天皇の地位が存続できなくなることを恐れた。そこで政府はやむを得ずこれを受け入れ、帝国議会の審議を経て」、日本国憲法が公布されたとしている（二五三頁）。教育勅語が排除・失効したことにはまったく言及がない。

ただし、本文の横には、日本国憲法は象徴としての天皇の地位、主権在民、議院内閣制、基本的人権を規定したうえ、交戦権を否認したことは、「他国に例をみない平和的なものとなった」という注釈が添えられている。したがって、この教科書は注釈というかたちでしぶしぶではあるが、教育勅語とは決して相容れない、主権在民や基本的人権、議院内閣制、平和主義をやはり認めているのである。

育鵬社『［新編］新しい日本の歴史』（二〇一五年三月三一日検定済、二〇一六年二月一五日発行）にも、教育勅語の意義を評価する記述がみられる。

この教科書では、教育勅語の発布について、「急激な欧米文化の流入にともない、教育界では日本の伝統的な考え方を軽視する動きも生まれ、教育の現場に混乱が生じていました。これに危機感をもった地方長官らの提案をもとに、一八九〇（明治二三）年、明治天皇によって教育の指針を示した教育勅語（教育ニ関スル勅語）が出されました。教育勅語は、親への孝行や友人どうしの信義、法を重んじることの大切さなどを説きました。また、国民の務めとして、それぞれの立場で国や社会のためにつくすべきことなどを示し、その後の国民教育の基盤となりました。」（一八五頁）とあって、教育勅語が今もなおその意義を失っていないことを読み取らせる記述になっている。

そして、本文の横にやはり教育勅語の一部要約（現代語訳）が掲載されている。同じく何か訳例を参照したか否かは不明だが、「一旦緩急アレハ義勇公ニ奉シ以テ天壌無窮ノ皇運ヲ扶翼スヘシ」は、「もし、国や社会に危急のことがおきたならば、正義と勇気をもって公のために働き、永久に続く祖国を助けなさい」という訳になっている。これはやはり、国体＝天皇のために惜しげなく命を捨てろというニュアンスを弱める表現になっている。

日本国憲法の制定については、「日本側は、大日本帝国憲法は近代立憲主義に基づいたものであり、部分的な修正で十分と考えたが」、GHQは日本側の改正案を拒否し、自ら全面的な改正案を作成して、これを受け入れるよう日本側に強く迫った。「天皇の地位に影響が及ぶことをおそれた政府は、これを受け入れ、日本語に翻訳された改正案を、政府提案として帝国議会で審議しました。議会審議では、細かな点までGHQとの協議が必要であり、議員はGHQの意向に反対の声をあげることができず、ほとんど無修正のまま採択されました」（二五五頁）と説明されている。

日本国憲法については、交戦権の否認、戦力の不保持などを定めた戦争放棄（平和主義）の考えが最大の特色であるが、現在は憲法改正や再軍備の議論がなお多く行われているとあり、国民主権、基本的人権の尊重については、注釈で平和主義とともに「日本国憲法の基本原則とされた（三大原則）」というわずかな説明があるのみである。教育基本法については、「新憲法の制定にともない、（中略）教育基本法などが制定されました」とあり、同法について「教育の機会均等、九年間の義務教育、男女共学などを定めた」という注記がある（二五五頁）。

教育勅語の排除・失効については言及がなく、戦後の日本国憲法、旧教育基本法をなるべく軽く位置づけたいという意図が見える。だが、この教科書においてもやはり国民主権、基本的人権、平和主義が基本原則であることは認めざるを得ないのである。

教育勅語の意義を積極的に評価する記述がみられる教科書も、これらの三大原則を全面否定して教育勅語を擁護しているわけではない。

二　高等学校の社会科教科書は

高校では、教育勅語は、地歴公民の日本史A、日本史B、公民の倫理の教科書で扱われている。

（一）「倫理」教科書における教育勅語の扱い

東京書籍『倫理』（二〇一三年三月二六日検定済、二〇一四年二月一〇日発行）では、「忠君愛国を説いた教育勅語を発布して、国民道徳の基本にする」ことが取り上げられ、教育勅語の全文が文語体で掲載されている（一〇〇頁）。

実教出版『高校倫理』（二〇一二年三月二七日検定済、二〇一三年一月二五日発行）では、教育勅語を大日本帝国憲法の「思想的・教育的な表現」として位置づけ、「立憲主義の政治と儒教道徳とを、天皇中心の国家主義の立場から統一したもの」（一一一頁）としている。

この二冊と比べて、数研出版『倫理』（二〇一二年三月二七日検定済、二〇一三年一月一〇日発行）は、大日本帝国憲法の発布によって天皇の神聖性が規定されたことを受け、国家の基本を近代的な制度や科学技術よりも「特定の道徳に置こうとする気運のなかで、憲法発布の翌年、教育勅語が発布された。教育勅語は、忠と孝を中心とする国民道徳を天皇の名において定めており、敗戦後の一九四六（昭和二一）年まで、道徳と教育に関わる指導原理となった」としており（一六六頁）、教育勅語は戦前までのものであったことを明確にしている。

清水出版『高等学校　新倫理　新訂版』（二〇一六年三月一八日検定済、二〇一七年二月一〇日発行）では、明治末期から排外的な国家主義の動きが生じ、やがて昭和初期に超国家主義とよばれる極端な国家主義へと変質していく流れを念頭に置いたうえで、一八八九年の大日本帝国憲法で、天皇は「神聖ニシテ侵スヘカラス」と規定されたこと、そして「翌一八九〇年には、儒教的な忠孝にもとづき、天皇への忠誠を求める教育勅語が発布され、国民道徳の支柱とされた。この勅語は、太平洋戦争後の一九四八年に国会決議により失効するまで、国民と道徳の基本的方針となった」とある（一八一頁）。こちらは、よりはっきりと、教育勅語が失効したことに言及している。

山川出版社『現代の倫理』（二〇一二年三月二七日検定済、二〇一三年三月五日発行）では、教育勅語では「伝統的な儒教の忠孝の徳が重んじられ、天皇と国家への忠誠心が求められた。天皇を中心とする国民道徳は、国民を一つにまとめるためには役立ったが、やがて排他的な国家意識を助長し、国家に最高の価値を置く国家主義的傾向を強めていった」とされる（一〇二頁）。さらに、昭和に入ると、いきすぎた国家主義は、他国を侵略して自国の繁栄をはかろうとする軍国主義と結びついて超国家主義となり、国民を戦争へと駆り立てる要因の一つになっていったとし、教育勅語とそこに反映されたイデオロギーをはっきりと批判している。

（二）日本史教科書は

最後に日本史の教科書を検討する。それぞれに濃淡の差はあるが、教育勅語を批判的に捉えていること、戦後の教育改革のなかで、その役割を終えたことを伝えようとしている点ではおよそ共通の傾向がみられる。

山川出版社については三冊を取り上げる。まず、『詳説　日本史B』（二〇一六年三月一八日検定済、二〇一七年三月五日発行）では、明治後期に教育政策において国家主義重視が進み、「一八九〇（明治二三）年に発布された教育に関する勅語（教育勅語）によって、忠君愛国が学校教育の基本であることが強調」され、注記で内村鑑三不敬事件にも言及されている（三一一頁）。戦後の教育に関しては、修身科など軍国主義的な教科指導の禁止と教員追放があり、教育の機会均等や男女共学の教育基本法が制定されたとのみ記述されている（三七四頁）。

『現代の日本史』（二〇一二年三月二七日検定済、二〇一三年三月五日発行）では、明治初期に自由主義的傾向であった教育方針が、しだいに国家による統制強化の方向性にかかわり、「一八九〇（昭和二三）年、教育に関する勅語（教育勅語）が発布され、教育の基本として忠君愛国の精神と家族道徳が強調され」るなど、国家主義的な教育方針が広められていったとある（七二頁）。戦後は、戦前の軍国主義教育を一掃して、アメリカ流の民主主義教育を導入することを重視するGHQの占領政策のなかで、アメリカ使節団の勧告により、「一九四七（昭和二二）年三月、教育の機会均等をうたった教育基本法が制定され」たという説明にとどまっている（一四二頁）。

『日本史A』（二〇一三年三月二六日検定済、二〇一四年三月五日発行）では、「一八九〇（明治二三）年に発布された教育に関する勅語（教育勅語）によって、忠君愛国の思想を国民に根づかせ、国家有事の際に進んで国家の命令に服する心構えをやしなうことが教育の基本であると強調された」（七一〜七二頁）として、内村鑑三が教育勅語奉戴式で勅語に拝礼することを拒んだため、教壇を追われる（内村鑑三不敬事件）など、教育に対する国家の統制がさらに強まっていったとある。戦後の民主化によって教育制度の自由主義的改革が進められ、アメリカ教育使節団の勧告によって一九四七（昭和二二）年、教育基本法が制定されたという記述がある（一七九頁）。

次に、東京書籍『新選日本史B』（二〇一三年三月二六日検定済、二〇一四年二月一〇日発行）では、明治後期に教育政策がしだいに国家主義を重視する方向を強めていき、「一八九〇年には「教育ニ関スル勅語」（教育勅語）が出されて、忠君愛国、忠孝一致が教育の目的として強調され、こののち長く教育の基本理念とされた」とある（一八三頁）。戦後の「教育の民主化」では、国家主義・軍国主義的な教科の授業禁止や教職追放があり、「一九四七（昭和二二）年初めには、アメリカ教育使節団の勧告にもとづいて、民主教育の理念を示す教育基本法が制定され」たという記述がある（二三二頁）。

以上の四冊は、教育基本法の制定によって、これと矛盾する教育勅語が完全に失効したことがややみえにくい記述になっているが、全体の記述から、少なくとも教育勅語が現在においても正当化され得ないことを読み取るには十分であろう。

これに対して、次に示す五冊の教科書では、戦後における教育勅語の排除・失効の事実も明確に示されている。

実教出版『高校日本史A（新訂版）』（二〇一六年三月一八日検定済、二〇一七年一月二五日発行）では、「一八九〇年には天皇の言葉として教育勅語を発布し、忠君愛国を教育の基本とするように命令した」（五七頁）とある。そして、「ズームイン」として「教育勅語と御真影」が取り上げられ、「大日本帝国憲法発布の翌年（一八九〇年）、教育勅語が制定された。儒教的な徳目を基本に忠君愛国を強調した勅語は、御真影とともに全国の学校に配布され、祝祭日ごとに読み上げることが義務づけられた。卒業式などの学校行事でも同じような儀式が行われ、生徒には教育勅語を暗唱することが求められた」とし、神格化された天皇のイメージが浸透し天皇に対する絶対服従の意識が植えつけられていったとしている（七四頁）。

戦後の「教育の民主化」では、敗戦後の教育においてはGHQによって、軍国主義的・天皇主義的な内容の排除がすすめられ、一九四六年三月に来日したアメリカ使節団の勧告に基づき、一九四七年に個人の尊厳、機会均等、義務教育九年制（六・三制）と無償制、男女共学、教育の政治からの独立などを求めた教育基本法が公布され、「一九四八年には、衆議院・参議院で教育勅語の排除・失効が決議され」たとある（一五五頁）。

同じく実教出版『日本史B』（二〇一三年三月二六日検定済、二〇一四年一月二五日発行）では、一八九〇年に忠君愛国思想を説く教育勅語が出され、「国民教育の大原則となったのみでなく、思想や宗教の自由を制約するものとなった」とされ、制約の例として注記に内村鑑三不敬事件をあげている（二六九頁）。戦後の記述では、軍国主義者・超国家主義者の教職からの追放、軍国主義的・超国家主義的教材の削除について記述があり、教育基本法が「教育勅語にかわり、日本国憲法の精神に立脚して『個人の尊厳を重んじ、真理と平和を希求する人間の育成』をめざす教育の理念を示し、他の教育法令の根拠法となった」とし、注記で、「衆参両院は、一九四八年六月、教育勅語の排除・失効を決議した」としている（三二八頁）。

第一学習社『高等学校改訂版　日本史A　人・くらし・未来』（二〇一六年三月一八日検定済、二〇一七年二月一日発行）では、明治政府が国家主義的な方針による学校制度を整備し、「一八九〇（明治二三）年、『教育に関する勅語』（教育勅語）を出し、忠君愛国の精神を国民に浸透させた」（九〇頁）と記述している。戦後の民主化では、「教育勅語を基本理念とした道徳教育」である修身などがGHQによって禁止されたこと、そして、「一九四八年（昭和二三）年には、明治以来の教育理念をささえてきた教育勅語や戊申詔書などの失効が国会で決議された」（一五三頁）とある。

東京書籍『日本史A　現代からの歴史』（二〇一六年三月一八日検定済、二〇一七年二月一〇日発行）では、「（明治―引用者）憲法制定の翌年の一八九〇（昭和二三）年一〇月、天皇を元首とした国家への国民の忠誠をつくりあげるために、教育勅語（「教育ニ関スル勅語」）が発布される一方、全国の学校には天皇・皇后の写真（ご真影）が下付され、拝礼を強制していった」（六四頁）とする。また、教育勅語には「憲法と法律に基づく法治主義、人の守るべき多くの徳目などが盛り込まれていたが、戦争の際には命を投げだして天皇と国家のためにつくすという忠君愛国の思想が中心にあった。こうしたなか、ご真影や教育勅語への拝礼をこばむ不敬事件もたびたび起きた」とする（六四〜六五頁）。さらに、明治後期には、「教育勅語の奉読をはじめとした修身教育によって、天皇への忠誠心が強調され」るなど、教育内容の画一化と統制が進んだことが明記されている（七七頁）。

戦後の教育制度改革では、「一九四七年、民主主義の教育理念をしめす教育基本法がつくられた」とあり、注記として、「教育勅語は一九四八年に、衆議院・参議院両院の議決で法制上失効した」とある（一五三頁）。

清水書院『高等学校日本史B　最新版』（二〇一三年三月二六日検定済、二〇一五年二月一〇日発行）では、「一八九〇年には教育勅語が発布され、忠君愛国を強調する国民教育の基本方針が示され」、国家による統制がより強まった（一九三頁）。そして、戦後の新教育の開始にともない、「国会では教育勅語の失効・排除が確認された」（二四四頁）とされる。

一方、明成社『最新日本史』（二〇一二年三月二七日検定済、二〇一三年三月三日発行）はいささか基調を異にする。つまり、教育勅語について一定の意義を認めようとしている。

この教科書では、教育に関する勅語（教育勅語）を「伝統的な国家観と人倫道徳とを融合した国民道徳の表明であって、忠孝・博愛・修学・遵法・義勇奉公などの教えを、天皇みずから国民とともに実践しようとする念願が示されて」おり、「その後の国民精神の形成に寄与し、また英・独・仏・中の各国語に翻訳され、海外に広く紹介された」（二二六〜二二七頁）としている。戦後の教育改革に関しては、「敗戦による虚脱と新しい事態への転換のため、従来の価値観がくつがえり、日本の伝統的文化や国民道徳を否定するような社会風潮が生じた」としている。

しかし、この教科書でも、「日本国憲法の精神に則って教育基本法が制定され」たこと、「GHQの命令によって教育勅語の失効および排除が国会で決議され、全国の学校から勅語の謄本が回収された」ことを事実として認めているのである（二七二頁）。

おわりに

本章では、学習指導要領、検定教科書における教育勅語の扱いについて検討してきた。学習指導要領については、現行版、改訂版を通じて、教育勅語が憲法と教育基本法に反することのないかたちで教材化される余地を示すような記述はみられない。さらに、教育勅語について記載のある中学校社会科、高等学校倫理・歴史教科書においても、勅語が戦後排除されたことについては基本的に認めているのである。

もし教育勅語を「憲法にも教育基本法にも反しない」教材として用いることが可能だとすれば、それは日本が辿った愚かな歴史に学び、二度と戦争を起こさないための批判的検討のため以外にはありえない。

ただし、教育勅語を教材として肯定的に扱うことを容認する政府見解や発言を許すならば、教科書においても、勅語の歴史的・現在的意義をより強調し、これを正当なものとして押しつけようとする動きが今後生じる恐れはある。前述したように、一部の教科書にはすでにそうした動きの予兆を見出すことができる。教育勅語を正当化する方向で、いま以上に踏み込んだ記述が加えられていく危険性に無自覚ではいけない。

●引用・参考文献

海後宗臣（一九六五）『教育勅語成立史の研究』東京書籍。

木村元（二〇一五）『学校の戦後史』岩波書店。

鈴木敏夫（二〇一七）「教科書からみえる教科『道徳』の問題点」教育科学研究会編『教育』八六一号、かもがわ出版。

中嶋哲彦（二〇一七）「思考のハイジャックと人格の支配――新学習指導要領への学習当事者からの異議申立を期して」民主教育研究所編集・発行『新学習指導要領を読み解く（民主教育研究所年報二〇一六（第一七号）』。

日本教材システム編（二〇一七）『平成27年×平成29年　中学校学習指導要領新旧比較対照表』教育出版。

半沢英一（二〇一七）『徹底批判!!「私たちの道徳」――こんな道徳教育では国際社会から孤立するだけ』合同出版。

本図愛美・末冨芳編著（二〇一七）『新・教育の制度と経営〔新訂版〕』学事出版。

本田由紀（二〇一七）「『資質・能力』のディストピア――全域化する徳育」民主教育研究所編『季刊　人間と教育』九三号、旬報社。

松下良平（二〇一一）『道徳教育はホントに道徳的か?――「生きづらさ」の背景を探る』日本図書センター。

文部科学省（二〇〇八a）『小学校学習指導要領』東京書籍。

文部科学省（二〇〇八b）『中学校学習指導要領』東山書房。

文部科学省（二〇〇九）『高等学校学習指導要領』東山書房。

山﨑準二編（二〇〇九）『教育課程（教師教育テキストシリーズ９）』学文社。

第五章

第一九三国会における教育勅語使用容認論とその問題点

◆中嶋哲彦（名古屋大学）

第一節　第一九三国会の特異性と本章の課題

第一九三国会（二〇一七年一月二〇日～二〇一七年六月一八日）において、政府は、教育勅語は日本国憲法および教育基本法の制定によって法令ではなくなったから、教育勅語を唯一の指導原理とする教育を行ってはならないが、教育勅語は現代にも通じる普遍的な価値を含む文書だから、日本国憲法および教育基本法に反しないかぎり、学校において教材として使用することも含め、その内容を児童生徒に肯定的に教えることは可能であり、児童生徒に暗唱させたり唱和させたりすることも一概には否定されない、という趣旨の政府見解を表明した。以下、本章ではこれを教育勅語使用容認論と呼ぶ。これは一九四八年の衆参両院の教育勅語排除・失効確認決議（後述）が樹立した原則に反するだけでなく、教育勅語の意味内容やその歴史に対する本質的無理解に基づくもので、学校における教育勅語の扱い方を不法不当に変更しかねないものとして憂慮される。

一連の答弁の口火を切ったのは、二〇一七年二月二三日開催の衆議院予算委員会第一分科会における藤江洋子文部科学省大臣官房審議官の次の答弁だった。

藤江審議官「教育勅語につきましては、明治二十三年以来およそ半世紀にわたって我が国の教育の基本理念とされてきたものでございますけれども、戦後の諸改革の中で、教育勅語を我が国の教育の唯一の根本理念として扱うことなどが禁止され、これにかわって教育基本法が制定されたところでございます。こうしたことも踏まえまして、教育勅語を我が国の教育の唯一の根本理念として、戦前のような形で学校教育に取り入れ、指導するということであれば適当ではないというふうに考えますが、一方で、教育勅語の内容の中には、先ほど御指摘もありましたけれども、夫婦相和し、あるいは、朋友相信じなど、今日でも通用するような普遍的な内容も含まれているところでございまして、こうした内容に着目して適切な配慮のもとに活用していくことは差し支えないものと考えております。」

（二〇一七年二月二三日、衆議院予算委員会第一分科会）

この答弁は次のように分節化して理解してよいだろう。

- 教育勅語を我が国の教育の唯一の指導原理（根本理念）とすることはできないが、
- 教育勅語には普遍的価値が含まれているから、
- 憲法や教育基本法等に反しないような適切な配慮の下で、
- 教育勅語を学校教育において使用することは可能だ。

この答弁は藤江審議官が政府参考人として発言したもので、少なくとも文部科学省内で検討したものであり、藤江審議官個人の考えを開陳したものではないことは言うまでもない。第一九三国会における政府の教育勅語使用容認論はすべて、この答弁を基調に展開している。

この答弁は、辻元清美議員が「教育勅語を小学校で丸暗記させて、素読して、そして朝から唱えるというようなことは、現在の教育基本法や教育《ママ》指導要領でいえば、これは問題がある教育だということになるんでしょうか。」と質問したことに対する答弁だった。したがって、藤江審議官の答弁は、教育勅語を肯定的価値を含む教材として使用することを「差し支えない」と是認するものだった。

この質疑応答の直前には、私立塚本幼稚園で幼児に教育勅語を暗唱させていたことをめぐって、辻元清美議員と稲田朋美防衛大臣との間で次のようなやりとりがあった。

辻元議員「教育勅語を今現在、子供に暗記させて、そして、唱和させているというのは、現代の、安倍政権の教育の基準からいって、これは問題であると思われるか、いや、いいんじゃないのと思われるか、どっちですか。」

稲田防衛大臣「教育勅語の中の、例えば親孝行とか、そういうことは、私は非常にいい面だと思います。（後略）」

この直後に答弁を求められた藤江審議官は、稲田防衛大臣の意向にそって、塚本幼稚園における教育勅語暗唱を正当化しようとしたのであろう。また、これは、安倍晋三総理大臣や昭恵夫人が塚本幼稚園の活動を賞賛したことを擁護する答弁でもあった。これを皮切りに、政府は、たとえば「普遍的な内容」、「普遍的な事柄」、「普遍的な価値」というように表現には揺れがあるものの、藤江審議官の答弁を基調に、教育勅語には普遍的価値があるとして教育勅語の学校教育での活用を是認し、のちに事実上撤回しているものの一時は朝礼での唱和まで容認するとまで答弁した。つまり、第一九三国会における一連の教育勅語使用容認論は、直接的には塚本幼稚園が幼児に教育勅語を唱和させていたことを容認する論拠を導くことを目的とし、しかし同時に、より一般的な文脈で学校教育において教育勅語を肯定的に扱うことを是認する意図をもつものだった。しかも、野党の質疑に答弁不能な状況に陥ったのちも、従来の政府答弁の枠を超えて、教育勅語の内容を教材として肯定的に使用することだけでなく、国語や道徳の教材として使用できるほか、児童生徒に暗唱させることも一概には否定されないというように、教育勅語の使用範囲を拡大していった。

国会ではこれまでにも、閣僚らが院内外で行った教育勅語に関する発言が問題となったり、別の主題の発言中に教育勅語に言及したりしたことがある。表1に、「教育勅語」または「教育ニ関スル勅語」について発言のあった国会の回次と、その回次において「教育勅語」または「教育ニ関スル勅語」に関する発言のあった会議の回数を示す(1)。これを見るかぎり、教育勅語はこの七〇年間ほぼ全期間にわたって政治的テーマの一つだったことがわかる。しかし、第一九三国会では、一五〇日の会期中、延べ四三の会議で教育勅語問題が審議の対象になった。これほど多くの会議で教育勅語問題が取り上げられ、多大な時間が費やされたことはこれまでにはなかった。教育勅語がこれほど集中的に審議されたのは、国会開設以来七〇年の歴史に照らしてもきわめて異例な事態である。

異例なのは費やされた時間の長さだけではない。これまでに教育勅語が国会で大きな問題として取り上げられたときの、当事者となった閣僚の答弁をいくつか見てみよう。

内藤誉三郎国務大臣「教育勅語は、昭和二十三年に衆参両院で廃棄の決議がされましたことを私もよく存じております。ただ、教育勅語の中にも、道徳の基本に関するものが残っているわけです。たとえば『父母ニ孝ニ兄弟ニ友ニ夫婦相和シ朋友相信シ恭倹己レヲ持シ博愛衆ニ及ホシ』、こういうようなことは、いずれの時代にも必要ではなかろうか、(中略)教育勅語が廃棄されたことはよく存じておりますが、しかし、道徳の基本というものは、昔もいまも変わらないのじゃなかろうか(後略)」

(一九七九年四月一九日、衆議院内閣委員会)

中曽根康弘国務大臣「(前略)この教育勅語の中には、兄弟が仲よくし、父母に孝行を尽くし、夫婦互いにむつみ合い、朋友互いに信義をもって交わりとか、人間の生きていく上での基本的な、非常に大切なことが書いてあるわけでありまして、こういう精神というものを児童たちに養っていくということはやはり大切なことだろう、これは普遍的なものだろう、（中略）今日にも通ずる道徳の基本を示したものである（後略）」

（二〇〇〇年四月一一日、衆議院文教委員会）

森喜朗内閣総理大臣「（前略）皇国史観のような国家権力的なそういうものは私は是としておりませんが、ただし、父母に孝行するとか夫婦相和するとか、私はそういう、いかなる時代を超えて、普遍の哲学があると思うので、そういうものは私は捨て去る必要はないのではなかったかなという思いはある（中略）一番大事な、永久に伝わる大事な、普遍的なそういうことは今後も参考にしていくべきではないだろうか（中略）教育勅語がいいとか、教育勅語を復活しろとか、それを参考にしろとか、そんなことは私は一度も言ったことはございません（後略）」

（二〇〇〇年五月二二日、衆議院決算行政監視委員会）

これまでの国会審議では、一部の閣僚は、教育基本法制定による教育勅語否定の結果、国民の道徳心が低下したという認識に立って徳育の強化を主張しつつも、教育勅語を「復活」させるための教育基本法の明文改正や、教育勅語の教材としての使用を主張することはなかった。天野貞祐の「国民実践要領」や田中角栄の「五つの大切と十の反省」のように、教育勅語の徳目を盛り込んだ文書を何らかの方法で権威づけようとする試みもあったが、国会審議を通じて頓挫させられた。

つまり、これまでの事例を見ると、国会での質疑応答には次のような特徴があった。①閣僚が主として院外で教育勅語を肯定する趣旨の発言をしたこと、またはその内容について、野党が当該閣僚らを国会で追及する形で国会審議が展開した。②当該閣僚が教育勅語には普遍的な道徳的価値が含まれており、徳育に生かすべきだという考えを撤回することはなかったが、教育勅語を「復活」させる意図はないと答弁することで収拾がはかられた。閣僚のなかには、教育勅語の徳目を柱に徳育を強化しようとする考えをもつ者がこれまでにも少なからず存在したが、その考えを院外で主張す

国会回次	会　期	該当会議数
87	1978.12.22 ～ 1979.6.14	31
90	1979.11.26 ～ 1979.12.11	2
91	1979.12.21 ～ 1980.5.19	2
93	1980.9.29 ～ 1980.11.29	3
94	1980.12.22 ～ 1981.6.6	4
96	1981.12.21 ～ 1982.8.21	3
98	1982.12.28 ～ 1983.5.26	13
101	1983.12.26 ～ 1984.8.8	17
102	1984.12.1 ～ 1985.6.25	8
103	1985.10.14 ～ 1985.12.21	2
104	1985.12.24 ～ 1986.5.22	6
107	1986.9.11 ～ 1986.12.20	4
109	1987.7.6 ～ 1987.9.19	2
112	1987.12.28 ～ 1988.5.25	4
113	1988.7.19 ～ 1988.12.28	1
116	1989.9.28 ～ 1989.12.16	7
122	1991.11.5 ～ 1991.12.21	1
126	1993.1.22 ～ 1993.6.18	1
128	1993.9.17 ～ 1994.1.29	2
129	1994.1.31 ～ 1994.6.29	2
132	1995.1.20 ～ 1995.6.18	3
140	1997.1.20 ～ 1997.6.18	1
141	1997.9.29 ～ 1997.12.12	2
142	1998.1.12 ～ 1998.6.18	1
143	1998.7.30 ～ 1998.10.16	1
145	1999.1.19 ～ 1999.8.13	11
146	1999.10.29 ～ 1999.12.15	1
147	2000.1.20 ～ 2000.6.2	21
149	2000.7.28 ～ 2000.8.9	3
150	2000.9.21 ～ 2000.12.1	9
151	2001.1.31 ～ 2001.6.29	8
153	2001.9.27 ～ 2001.12.7	1
154	2002.1.21 ～ 2002.7.31	2
155	2002.10.18 ～ 2002.12.13	6
156	2003.1.20 ～ 2003.7.28	8
159	2004.1.19 ～ 2004.6.16	5
161	2004.10.12 ～ 2004.12.3	2
162	2005.1.21 ～ 2005.8.8	3
163	2005.9.21 ～ 2005.11.1	1
164	2006.1.20 ～ 2006.6.18	12
165	2006.9.26 ～ 2006.12.19	12
166	2007.1.25 ～ 2007.7.5	4
169	2008.1.18 ～ 2008.6.21	1
174	2010.1.18 ～ 2010.6.16	1
180	2012.1.24 ～ 2012.9.8	1
183	2013.1.28 ～ 2013.6.26	2
185	2013.10.15 ～ 2013.12.8	1
186	2014.1.24 ～ 2014.6.22	7
189	2015.1.26 ～ 2015.9.27	2
193	2017.1.20 ～ 2017.6.18	43

国会会議録検索システムで、「教育勅語」及び「教育ニ関スル勅語」が議事録に登場する会議数。

表1　教育勅語について発言のあった会議数（回次ごと）

国会回次	会　期	該当会議数	国会回次	会　期	該当会議数
1	1947.5.20 ～ 1947.12.9	3	40	1961.12.9 ～ 1962.5.7	3
2	1947.12.10 ～ 1948.7.5	12	41	1962.8.4 ～ 1962.9.2	1
4	1948.12.1 ～ 1948.12.23	1	43	1962.12.24 ～ 1963.7.6	7
5	1949.2.11 ～ 1949.5.31	4	46	1963.12.20 ～ 1964.6.26	5
7	1949.12.4 ～ 1950.5.2	4	48	1964.12.21 ～ 1965.6.1	3
8	1950.7.12 ～ 1950.7.31	1	49	1965.7.22 ～ 1965.8.11	1
9	1950.11.21 ～ 1950.12.9	4	50	1965.10.5 ～ 1965.12.13	1
10	1950.12.10 ～ 1951.6.5	2	51	1965.12.20 ～ 1966.6.27	3
12	1951.10.10 ～ 1951.11.30	6	52	1966.7.11 ～ 1966.7.30	1
13	1951.12.10 ～ 1952.7.31	5	55	1967.2.15 ～ 1967.7.21	4
15	1952.10.24 ～ 1953.3.14	11	58	1967.12.27 ～ 1968.6.3	3
16	1953.5.18 ～ 1953.8.10	19	59	1968.8.1 ～ 1968.8.10	1
17	1953.10.29 ～ 1953.11.7	1	61	1968.12.27 ～ 1969.8.5	7
18	1953.11.30 ～ 1953.12.8	1	63	1970.1.14 ～ 1970.5.13	4
19	1953.12.10 ～ 1954.6.15	19	65	1970.12.26 ～ 1971.5.24	9
22	1955.3.18 ～ 1955.7.30	9	67	1971.10.16 ～ 1971.12.27	3
24	1955.12.20 ～ 1956.6.3	29	69	1972.7.6 ～ 1972.7.12	1
25	1956.11.12 ～ 1956.12.13	1	71	1972.12.22 ～ 1973.9.27	14
26	1956.12.20 ～ 1957.5.19	7	72	1973.12.1 ～ 1974.6.3	26
27	1957.11.1 ～ 1957.11.14	4	73	1974.7.24 ～ 1974.7.31	2
28	1957.12.20 ～ 1958.4.25	7	74	1974.12.9 ～ 1974.12.25	1
29	1958.6.10 ～ 1958.7.8	2	75	1974.12.27 ～ 1975.7.4	2
30	1958.9.29 ～ 1958.12.7	2	77	1975.12.27 ～ 1976.5.24	1
31	1958.12.10 ～ 1959.5.2	2	78	1976.9.16 ～ 1976.11.4	3
33	1959.10.26 ～ 1959.12.27	2	80	1976.12.30 ～ 1977.6.9	10
34	1959.12.29 ～ 1960.7.15	3	82	1977.9.29 ～ 1977.11.25	5
38	1960.12.26 ～ 1961.6.8	4	84	1977.12.19 ～ 1978.6.16	8
39	1961.9.25 ～ 1961.10.31	1	85	1978.9.18 ～ 1978.10.21	6

ることはあっても、それを院内で公然と主張し続けることはほぼなかったのである。

ところが、第一九三国会では、①についてはこれまでと同じような経緯が見られるが、②のような経緯をたどることなく、政府は、当初問題となった塚本幼稚園を離れて、一般論として教育勅語を教材として使用することが認められるという趣旨の答弁を展開した。この点で、第一九三国会は教育勅語問題に多大な時間が割かれたということだけでなく、質疑応答の内容を見ても従来とは異なるものだった。

そこで、本章では、第一九三国会における教育勅語使用容認論を構成する本会議および委員会における閣僚および官僚（政府参考人）の答弁ならびに閣議決定された答弁書を対象として、その構成要素とその論理構造を解明し、それらの問題点を明らかにする。この作業を通じて、政府の教育勅語使用容認論がすでに破綻しており、教育勅語の使用を容認する正当な論拠はまったくないことが明らかになるだろう。このことは、教育勅語を肯定的・普遍的な価値が記された教材として使用することは学校や設置者の判断で可能という答弁や、審議過程で飛び出した児童生徒に暗唱させたり朝礼などで唱和させたりすることまで容認されるという答弁には正当な根拠がなく、教育現場および地方教育行政機関はこれらに従うべきでないことを意味する。

教育勅語の使用容認を内容とする政府答弁が、すでに破綻した根拠のない見解であるならば、それを取り上げて学術的に検討するまでもないという意見もありうるだろう。しかし、第一九三国会における教育勅語問題の意味を正確に跡づけておかなければ、教育勅語の地位とその扱いについて、将来新たな誤解を生じさせ、または曲解を許すことになりかねない。二〇一四年一月一七日改正の「義務教育諸学校教科用図書検定基準」および「高等学校教科用図書検定基準」には、教科書検定基準としてそれまでにはなかった「閣議決定その他の方法により示された政府の統一的な見解又は最高裁判所の判例が存在する場合には、それらに基づいた記述がされていること。」が加えられたことを想起すれば、明々白々な客観的事実に反して閣議決定された教育勅語使用容認論が権力的・権威的に押しつけられる危険性への懸念はけっして杞憂ではないだろう。第一九三国会における教育勅語使用容認論の誤りとその破綻を明らかにすることは、教育学研究に従事する者の、現在および将来の世代に対する責任である。

第二節　第一九三国会における政府答弁の構造

第一九三国会で政府が展開した教育勅語使用容認論の基本的な骨格は、二〇一七年二月二三日開催の衆議院予算委員会第一分科会における藤江審議官の答弁に現れていることはすでに述べた。しかし、質疑応答を重ねるなかで、藤江審議官の答弁にはなかった命題が付け加えられたほか、審議過程で意味や文脈が変化した命題もある。

そこで、本章では、政府答弁中の次の要素に着目して、第一九三国会における政府の教育勅語使用容認論の論理構造を分析することにする。

①　教育勅語には普遍的価値が含まれている。
②　教育勅語を唯一の指導原理とする教育は許されないが、教育勅語を指導原理の一つとして教育を行うことは可能である。
③　日本国憲法および教育基本法に反しないかぎり、教育勅語を教材として肯定的に扱うことは可能である。朝礼等で生徒に唱和させることも一概には否定されない。
④　教育勅語を教材とする場合、その判断は学校および教員の創意工夫にゆだねられる。
⑤　教育勅語の不適切な使用には、設置者（公立学校：教育委員会、私立学校：学校法人）や所轄庁（私立学校：都道府県知事）が適切に措置する。
⑥　日本国憲法および教育基本法の制定により教育勅語は法令ではなくなった(2)。

このうち、①と②が政府答弁の柱となる議論である。①は教育勅語には学校教育で用いるに足る肯定的な道徳的価値があることを述べたものであり、②は教育勅語の使用は全面的に禁止されているわけでないことを述べたものである。この二つは、教育勅語使用容認論の主軸となる議論である。以下、必要かつ適切な場合は、①を「普遍的価値」論、②を「唯一の指導原理」論と呼ぶことにする。他方、③〜⑥は、①と②を成り立たせる役割を担って展開された議論である。本章では、①「普遍的価値」論と、②「唯一の指導原理」論を主たる検討の対象とし、政府の教育勅語使用容認論が根拠のないものであり、国会における質疑応答の過程で破綻したことを明らかにする。

結論を先取りした形で①と②が政府答弁の柱であると述べたが、個々の要素について検討するまえに、前記①〜⑥を政府が持ち出さざるをえなかった理由を検討し、それらがどのような展開されたかを確認しておこう。

第一九三国会における政府の獲得目標は、これまで歴史的・批判的考察のために客観的史実を伝えるための資料としてのみ学校教育で使用されてきた教育勅語を、肯定的な道徳的価値を含む文書として扱うことを是認することであり、そのためには野党の批判に耐えうる論拠を構築する必要があった。

しかし、政府はこれまで何度も、教育勅語が日本国憲法および教育基本法の制定により排除されたものであることを確認し、教育勅語の「復活」は考えておらず教育勅語を教材として肯定的に使用することはありえないと答弁してきた。このため、第一九三国会において前記の目標を達成するためには、政府には乗り越えなければならないハードルがいくつもあり、その多くはこれまでに政府自身が表明してきた見解だった。前記①〜⑥はそのハードルを越えるために必要な道具立てである。

以下では、教育勅語使用容認論の論理構成に前記①〜⑥がどのように位置づくかを整理しつつ、それらが内包する破綻をあらかじめ確認しておこう。

第一に、政府は、戦前戦中には至上の価値とされた教育勅語の道徳的価値が、戦後教育改革期に日本国憲法および教育基本法に反するものとして全面的に否定され、教育から完全に排除された事実を打ち消さなければならなかった。このため、政府は一九四八年の衆参両院の教育勅語排除・失効確認決議（後述）を無視し、同決議によって否定された一九四六年の文部次官通牒を持ち出して、「唯一の指導原理」論（教育勅語を唯一の指導原理とすることなく、他の指導原理と併存させれば、教育勅語を教育の指導原理とすることは可能だ、という主張）を展開した（前記②）。これを主張することは、教育勅語使用容認論を成り立たせるためには不可欠の要素だった。しかし、一九四八年の衆参両院決議を意図的に無視せざるをえなかったことで、「唯一の指導原理」論はその基礎部分に最初から破綻を抱え込んでいた。

第二に、政府は、教育勅語には現代においても通用する普遍的な道徳的価値が含まれているという趣旨の「普遍的価値」論を唱え（前記①）、これを児童生徒に伝えることは教育上必要なことだと主張することにより、教育勅語を学校教育で使用することに積極的理由を与えなければならなかった。すでに述べたように、「普遍的価値」論はこれまでにも閣僚や政治家によって繰り返し主張された経緯があり、それ自体は新しい主張ではない。ただ、教育勅語のどの部分が「普遍的価値」と呼ぶにふさわしいか、また逆に教育勅語が日本国憲法・教育基本法の制定にともなって排除された以上、どの部分が「普遍的価値」に該当しないかといった論点が当然浮き上がってくる。しかし、こういった論点に政府が明快に答弁した例はなく、第一九三国会でも事実上の答弁拒否に終始した。つまり、政府は答弁に行き詰まることが最初から予想されたはずの「普遍的価値」論を持ち出すほかには教育勅語を使用する積極的意義を説明することはできなかった。「普遍的価値」論もまた最初から破綻を抱え込んでいたのである。

第三に、前記二つの破綻を内包した立論を成り立たせるためには、その破綻を突く質疑には答弁拒否で対応するほかなく、政府は答弁拒否を正当化する論理を調達しなければならなかった。その役割を担ったのが、教育勅語の教材としての使用は学校ならびに設置者および所轄庁の判断にゆだねるべきことで、文部科学省が判断することでないとする議論（「地方自治・教育の自由」論、前記④⑤）、日本国憲法および教育基本法の制定により「法令」でなくなったため政府は教育勅語について解釈する立場にないとの議論（「法令でなくなった」論、前記⑥）だった。

しかし、「地方自治・教育の自由」論は、教育行政の実態とはかけ離れたものであり、「法令でなくなった」論は「法令でなくなった」という認識自体に誤りがあった。教育勅語は、大日本帝国憲法を最高法規とする形式的立憲体制の外側で、君主たる天皇が臣民に対して発した下命にほかならず、当初より近代的法治国家の法令ではなかった。また、「法令でなくなった」論は、当初は「日本国憲法・教育基本法の制定により法令でなくなったが、道徳的価値がある」という文脈で用いられていたが、途中から「法令でなくなったから、政府は教育勅語を解釈する立場にはない」という文脈で用いられるようになった。また、教育勅語は「法令」ではないから政府は解釈を加える立場にないと述べる一方で、多くの閣僚が教育勅語には普遍的価値があるという解釈を繰り返し答弁し、第一九三国会では文部官僚まで同様の答弁を積極的に展開したことの間には大きな矛盾がある。むしろ、国家権力を担う閣僚や官僚が教育勅語には普遍的価値が含まれると表明することこそ行ってはならないことであり、閣僚や官僚が日本国憲法によって国家権力の行使を規制されていることを踏まえれば、一九四八年の教育勅語排除・失効確認決議を遵守することこそ必要であろう。

第四に、もはや教育勅語を唯一の指導原理とすることはできないことを前提として、教育勅語の肯定的使用に道を開くためには、政府は、日本国憲法および教育基本法に反しない「形」（二〇一七年三月三一日付け答弁書）で教育勅語を教材として使用することまで否定されているわけではないと立論するほかなかったであろう（「憲法・教育基本法に反しないかぎり」論、前記③）。政府の「憲法・教育基本法に反しないかぎり」論は、教育勅語には肯定的に教えてよい内容が含まれていることを前提にして、その教育方法が日本国憲法および教育基本法に反しない「形」でなければならないという意味にすぎず、教育勅語を肯定的に扱うことを容認しようとする議論だった。他方、国会審議の焦点は、政府が何を肯定的に教えてよく、何は教えてはならないと考えているか、を明らかにさせることにあったから、「憲法・教育基本法に反しないかぎり」論はこの論点を曖昧にし、議論に混乱を持ち込む役割を果たしたことになる。

第三節　「普遍的価値」論とその破綻

教育勅語使用容認論を成り立たせるためには、その前提として、教育勅語には学校教育で教材として使用するに足るだけの教育的価値あるいは教材としての価値があると主張しなければならない。ある事柄を教育内容に取り入れたり、教材として使用したりするためには、そのもの自体に教育的・教材的価値が存在しなければならないし、その判断に国民的同意および学習者の納得を取り付けなければならず、少なくとも拒絶されることがあってはならない。また、教育的・教材的価値という場合、一つはそのものが自然界や歴史的・社会的な事象を的確に表象しており、児童生徒が学習事項を理解したり客観的・批判的に考察したりする手がかりとして役立つものであること、もう一つは国民的合意に支えられた肯定的な価値（たとえば、日本国憲法の三原則である国民主権、基本的人権尊重、平和主義）を適切に表現しているものであること、このいずれかに該当するものであることが必要だろう。

教育勅語の場合、前者の意味での教材的価値はすでに承認されており、明治以降敗戦までの社会の在り方や学校教育の特質を客観的に学ぶための史料として教科書や副教材に掲載されている。また、大学教育においては、日本教育史の学習内容として不可欠の要素であると考えられている。このかぎりにおいて、教育勅語に教材的価値があることに疑問の余地はない。

他方、その内容に肯定的な価値が含まれるという意味での教育的・教材的価値についていえば、教育現場だけでなく国会においても、教育勅語にはそういった価値は認められてこなかった。本章冒頭、これまでにも教育勅語の活用を求める閣僚の発言があったことを紹介したが、こういった発言が繰り返しなされてきたことがまさに、教育勅語にこの意味での教育的価値が認められてこなかったことを表している。第一九三国会において教育勅語使用容認論を主張する政府は、後者の意味において教育勅語には教育的・教材的価値が存することを主張しなければならなかったのである。

この役割を担ったのが「普遍的価値」論であり、その議論は、藤江審議官の答弁を再度引用すれば、「教育勅語の内容の中には、（中略）夫婦相和し、あるいは、朋友相信じなど、今日でも通用するような普遍的な内容も含まれているところでございまして、こうした内容に着目して適切な配慮のもとに活用していくことは差し支えない」というように立論することになる。

政府が教育勅語に普遍的価値があると言う場合、その内実として「父母ニ孝ニ」から「朋友相信シ」までを例示し、これらは現代でも通用する普遍的価値であると述べることが多い。藤江審議官の答弁もその一つだが、第一九三国会では稲田朋美防衛大臣、藤原（誠）政府参考人、白間政府参考人も、普遍的価値について次のように答弁した。

藤原誠政府参考人「親孝行とか、あるいは兄弟が仲よくとか、夫婦仲むつまじく、そういったような事柄について、普遍的な事柄というふうに御説明を申し上げた」（二〇一七年三月八日、衆議院文部科学委員会）

稲田朋美防衛大臣「この教育勅語の中の夫婦仲よくするとか、それから兄弟仲よくする、また、日本が尊敬される国を目指しましょうというのは、私は教育勅語の中の普遍的なそういう価値であろう」（二〇一七年三月一〇日、参議院会予算委員会）

稲田朋美防衛大臣「「父母ニ孝ニ、兄弟ニ友ニ、夫婦相和シ、朋友相信シ、」など、今日でも通用する普遍的な内容を含んでいる」（二〇一七年三月一六日、衆議院安全保障委員会）

白間竜一郎政府参考人「現在の学習指導要領の中では、道徳科の内容項目におきまして、例えば小学校一学年、二学年におきまして、友達と仲よくし、助け合うこと、あるいは働くことのよさについて知り、みんなのために働くこと等について扱うこととされているところでございまして、こういった内容については時代を通じた普遍的な内容である、このように考えているところでございます。」　（二〇一七年四月四日、衆議院財務金融委員会）

しかし、政府の答弁は「父母ニ孝ニ、兄弟ニ友ニ、夫婦相和シ、朋友相信シ」を例示するのみで、普遍的価値の内実を曖昧にしつづけた。教育勅語には一二の徳目が記述されているが、政府はその一部だけを切り出して答弁を組み立てている。一般には教育勅語の下記の部分が徳目を示したものと理解されている。

我カ臣民億兆心ヲ一ツニシテ世世厥ノ美ヲ済セルハ此レ我カ国体ノ精華ニシテ教育ノ淵源亦実ニ此ニ存ス爾臣民父母ニ孝ニ兄弟ニ友ニ夫婦相和シ朋友相信シ恭倹己レヲ持シ博愛衆ニ及ホシ学ヲ修メ業ヲ習ヒ以テ智能ヲ啓発シ徳器ヲ成就シ進テ公益ヲ廣メ世務ヲ開キ常ニ国憲ヲ重シ国法ニ遵ヒ一旦緩急アレハ義勇公ニ奉シ以テ天壌無窮ノ皇運ヲ扶翼スヘシ

教育勅語については戦前多くの解釈・解説が作成されているが、ここでは文部省図書局が一九四〇年に作成した「教育に関する勅語の全文通釈」の該当箇所を示す。

我が臣民はよく忠にはげみよく孝をつくし、国中のすべての者が皆心を一にして代々美風をつくりあげて来た。これは我が国柄の精髄であつて、教育の基づくところもまた実にこゝにある。汝臣民は、父母に孝行をつくし、兄弟姉妹仲よくし、夫婦互に睦び合ひ、朋友互に信義を以て交り、へりくだつて気随気儘の振舞をせず、人々に対して慈愛を及すやうにし、学問を修め業務を習つて知識才能を養ひ、善良有為の人物となり、進んで公共の利益を広め世のためになる仕事をおこし、常に皇室典範並びに憲法を始め諸々の法令を尊重遵守し、万一危急の大事が起つたならば、大義に基づいて勇気をふるひ一身を捧げて皇室国家の為につくせ。

これについて、「父母ニ孝ニ、兄弟ニ友ニ、夫婦相和シ、朋友相信シ」を含めて、教育勅語に掲げられた徳目はすべて「一旦緩急アレハ義勇公ニ奉シ以テ天壌無窮ノ皇運ヲ扶翼スヘシ」に収斂するものだから、「父母ニ孝ニ」等にも普遍的価値を認めることはできないという批判がある。また、教育勅語に掲げられた徳目は封建的家族制度、家や国家の利益を個人の価値に優先させる価値観、君臣関係で結ばれた社会・国家構造を基盤とする徳目であって、これらが普遍的な道徳的価値を表現したものであるとはいえないという見方もある。

いずれにしても、政府が考える普遍的価値の内実を明確にすれば、第一に、政府が普遍的価値があると主張する教育勅語の文言には真に普遍的価値があると認められるか、との論争を惹起することになり、政府の「普遍的価値」論はその論争に耐えられない可能性がある。現に、二〇一七年四月一三日開催の参議院内閣委員会において、神本美恵子議員が、井上哲治郎の『釈明教育勅語衍義』（一九四二年）の「夫婦相和シ」の解説から「夫タルモノハ、妻ヲ愛撫シテ、以テ其歓心ヲ得ベク、又妻タルモノハ、夫ニ柔順ニシテ、妄ニ其意志ニ戻ラザランコトヲ務ムベシ、蓋シ妻ハ元ト体質弱ニシテ、多クハ労動ニ堪ヘザルモノナレバ、夫ハ之レヲ憫ミ、力ヲ極メテ之レヲ扶ケ、危難ニ遇ヒテハ、愈之レヲ保護スベク、又妻ハ元ト智識才量多クハ夫ニ及バザルモノナレバ、夫ガ無理非道ヲ言ハザル限リハ、成ルベク之レニ服従シテ能ク貞節ヲ守リ、妄ニ逆フ所ナク、始終苦楽ヲ共ニスル」を朗読して、「今日でも通用する考え方だというふうにお考えでしょうか。」と質すと、加藤勝信内閣府特命大臣（少子化対策、男女共同参画）は「一部違和感があった」と認めている。

第二に、もし政府が「一旦緩急アレハ……」にも普遍的価値があると答弁すれば、天皇主権下での軍国主義に普遍的価値があると公言することとなり、院内の論争に耐えられないだけでなく、国民の政府からの離反を招きかねない。もし政府が日本国憲法および教育基本法に反する教育は行うべきでないとの確信をもっているのであれば、少なくとも

「一旦緩急アレハ」以下は肯定的価値を表現したものであるとはいえず、第二の意味における教育的価値は認められないと言下に宣明することができただろう。このように、「一旦緩急アレハ……」が政府の言う普遍的価値に含まれるか否かは、「普遍的価値」論をめぐる質疑応答の焦点だったが、政府が明快に答弁することはなかった。

また、「父母ニ孝ニ、……朋友相信シ」が「現代にも通じる普遍的価値」に相当するものであるとすれば、児童生徒はこれまでにも他の教材を用いてそれらの普遍的価値について学び考えているはずだから、日本国憲法および教育基本法の制定によって排除された教育勅語を今あえて持ち出さなければならない積極的理由が説得的に提示されなければならないが、政府はこれについても説明していない。

普遍的価値の内実を示すことなく、またそれに対応する教育勅語の文言を指し示すこともなく、教育勅語には普遍的価値が含まれると主張しても、その議論に説得力はない。実際、第一九三国会の答弁において「普遍的価値」論を展開したのは、上に引用したとおり、閣僚級では稲田防衛大臣ただ一人で、それ以外は政府参考人として発言した文部科学官僚だけだった。しかも、政府は当初「普遍的価値」論を基礎に教育勅語使用容認論を立論したものの、野党議員から追及を受けるに及んで、三月中旬を境に、稲田防衛大臣を例外として、教育勅語に関する考えや普遍的価値の内実に関する質疑に対して、教育勅語は法令ではなくなり効力を喪失しているとして（「法令でなくなった」論）、普遍的価値の内実に関する答弁を拒否するようになった。

安倍晋三内閣総理大臣「（前略）教育勅語については、戦後の諸改革の中で、これを教育の唯一の根本とし、神格化して取り扱うことなどが禁止され、憲法や教育基本法の制定等によりその法制上の効力は喪失したものであるということは承知をしているわけでございまして、既に喪失をしているこの教育勅語について内閣総理大臣としてコメントをする立場にはない（後略）」
（二〇一七年三月一三日、参議院予算委員会）

菅内閣官房長官「日本国憲法及び教育基本法の制定等をもって法制上の効力は喪失しているわけでありますから、政府の立場でコメントすることは控えたい」

（二〇一七年四月一三日、参議院内閣委員会）

さらに、五月一六日の参議院文教科学委員会では、松野博一文部科学大臣は、「法制上の効力が喪失をしている文書でございますので、その内容について政府としてコメントすることは差し控えたい」と繰り返し答弁したのち、次に示すように、自分自身は教育勅語に普遍的価値があると述べたことはないとして、教育勅語の活用を促す意図はないと答弁するに至った。この発言は、主務大臣自身が「普遍的価値」論を維持していくことを諦め、教育勅語使用容認論の主要な論拠をみずから放棄してしまったことを意味する。

松野博一文部科学大臣「（前略）私がこの教育勅語の中の文言に関して普遍的な価値があると話をしたという御指摘をいただきましたが、（中略）松野の口から普遍的な価値があると申し上げたことはございません。（中略）教育勅語、（中略）これは法制上の効力が喪失をしている文書でございますので、その内容について文部科学大臣としてコメントすることは差し控えたい（中略）文部科学省として、教育現場に教育勅語の活用を促すという考えはございません。」

（二〇一七年五月一六日、参議院文教科学委員会）

この経緯を見るに、政府が唱えた「普遍的価値」論は野党からの質疑に耐えられず、政府は暗黙裏に「普遍的価値」論を維持することを放棄したと言わざるをえない(3)。第一九三国会における「普遍的価値」論は、かつて教育勅語に普遍的価値があると主張した内藤、中曽根、森の各大臣の教育勅語肯定発言と同様、国会審議を通じて無効化されたのだった。

第四節　根拠のない「唯一の指導原理」論

政府は、教育勅語を学校教育に持ち込むために、教育勅語に普遍的価値があることを主張するだけでなく、教育の指導原理性が否定された事実を打ち消さなければならなかった。

国民主権・基本的人権尊重・平和主義を基本原理とする日本国憲法が制定され、さらに戦後の教育制度の基本原理として教育基本法が制定されたことにより、教育勅語の指導原理性は原理的に否定されている。また、日本国憲法は第九八条に、「この憲法は、国の最高法規であつて、その条規に反する法律、命令、詔勅及び国務に関するその他の行為の全部又は一部は、その効力を有しない。」と定め、また前文にも「われらは、これに反する一切の憲法、法令及び詔勅を排除する。」と記し、教育勅語を含む一切の詔勅を「排除」し「効力を有しない」ことを確認した。

さらに、一九四八年六月一九日、衆議院は「教育勅語等排除に関する決議」により、①教育基本法が制定されたにもかかわらず、依然として教育勅語に国民道徳の指導原理性があると誤解が存在していると指摘し、②教育勅語は主権在君・神話的国体観に基づき、基本的人権を損ない、国際信義に疑点を残すとして、③指導原理的性格を認めないとの意思を明確に示した。また、同日、参議院も「教育勅語等の失効確認に関する決議」により、①教育勅語は日本国憲法・教育基本法の制定によりすでに効力を失っていることを明確にするとともに、②教育基本法に定める新教育理念の普及徹底に努力すべきであることを確認した。衆議院の「排除決議」には、教育勅語に関するイデオロギー状況に対する懸念が率直に表明され、この時点で教育勅語を排除する意思を示さなければならなかった事情が説明されている。参議院の「失効確認決議」は、教育勅語はこの決議をもって排除されるものではなく、日本国憲法および教育基本法の制定・施行によりすでに排除され失効していることを確認するものだった。

これら揺るがしようのない事実は、天皇の発した勅語という形式のためだけでなく、それが日本国憲法および教育基本法に原理的に反するものであるが故に、教育勅語が全面的に排除され失効したことを意味している。このため、政府は、この歴史的事実を強引に突き崩すほかなく、戦後改革を通じて教育勅語を唯一の指導原理とすることは否定されたが、他の指導原理と併存する形であれば教育勅語を指導原理とすることは可能とされた、とのフィクションを創作したのである。すなわち、政府は二〇〇六年、教育基本法改正案の国会提出に際して、教育基本法制定および教育勅語の排除・失効確認の経緯に関して、教育勅語を「唯一の指導原理」として教育を行うことが否定されたと説明し、教育勅語を教育の唯一の「淵源」「根本」とすることが禁止されたと強調した。「唯一の指導原理」論が初めて国会に登場したのはこのときだった。

小坂憲次国務大臣「(前略)教育勅語は、(中略)戦後の諸改革の中で、昭和二十一年十月には、教育勅語を教育の唯一の淵源とし、神格化して取り扱うことなどが禁止され、これにかわり、教育の根本理念を定めるものとして、昭和二十二年に現行の教育基本法が制定をされました。」

(二〇〇六年五月一六日、衆議院本会議(二〇〇六年五月二六日、同年六月二日、同年六月五日の衆議院教育基本法に関する特別委員会でも同趣旨は答弁))

安倍国務大臣「戦後の諸改革の中で、教育勅語を我が国教育の唯一の根本とする考え方を改めるとともに、これを神格化して取り扱うことなどが禁止され(後略)」(二〇〇六年六月二日、衆議院教育基本法に関する特別委員会)

さらに、二〇一四年四月八日の参議院文教科学委員会では、和田正宗議員の「私は、教育勅語について、学校、教育現場で活用すればとても良い道徳教育になると思いますが、米国占領下の昭和二十三年に国会で排除決議や失効確認決議がなされていますが、こうした決議は関係なく、副読本や学校現場で活用できると考えますが、その見解でよろしいでしょうか。」との質疑に対して、前川喜平初等中等教育局長は「教育勅語を我が国の教育の唯一の根本理念であるとするような指導を行うことは不適切であるというふうに考えますが、教育勅語の中には今日でも通用するような内容も含まれておりまして、これらの点に着目して学校で活用するということは考えられる（後略）」と答弁し、教育勅語を唯一の指導原理とする教育は不適切だが、教育勅語の普遍的価値に着目して学校で活用することは可能だとの考えを示した。この答弁は、和田議員が求めた教育勅語の教材化に同意するものではなかったが、一九四八年の衆参両院決議に背いて教育勅語を学校教育で活用することに道を開くものであり、第一九三国会の政府答弁の基礎となる答弁だった。なお、和田議員の質疑は、国会決議を無視するよう政府に求めたものであり、議員自ら国会の権威と国民への信義を貶めるものであった。

これらの経緯から、政府は教育基本法改正前後から「唯一の指導原理」論を展開し始め、教育勅語を教育の指導原理の一つとして復活させることに道を開こうとしていたと考えられる。しかし、次に述べるとおり、「唯一の指導原理」論は歴史的事実を歪曲した根拠のない主張である。

一九四五年八月の敗戦後、政府は当初教育勅語の温存や新勅語「渙発」をはかろうとし、一九四六年一〇月八日の文部次官通牒「勅語及詔書の取扱について」で、教育勅語の「奉読」や神格化は明確に禁止しつつも、教育勅語を「教育の唯一の淵源となす従来の考へ方」を捨て「広く古今東西の倫理、哲学、宗教等」にも目を向けるべきだと通知した。この次官通牒は、政府内部でも教育勅語処理問題が決着を見ていない時期に発出されたもので、新しい教育理念と教育勅語との併存を容認するニュアンスが読み取れるものであり、「唯一」でなければ教育勅語を指導原理とすることは可能という解釈を生み出した。

しかし、日本国憲法の公布・施行や教育基本法の制定を経て、一九四八年六月一九日の衆議院決議「教育勅語等排除に関する決議」では、教育勅語に「指導原理性を認めない」ことが明確に宣言された。この決議で、教育勅語等が「今日もなお国民道徳の指導原理としての性格を持続しているかの如く誤解されるのは、従来の行政上の措置が不十分であつたがため」として一九四六年通牒を批判し、教育勅語等の「根本理念が主権在君並びに神話的国体観に基いている事実は、明かに基本的人権を損い、且つ国際信義に対して疑点を残す」と述べた。参議院も同日、「教育勅語等の失効確認に関する決議」において、「教育勅語等が、あるいは従来の如き効力を今日なお保有するかの疑いを懐く者あるをおもんばかり、われらはとくに、それらが既に効力を失つている事実を明確にする」と決議した。これらを受けて、文部省も次官通牒「勅語の取扱について」（一九四八年六月二五日）で、一九四六年通牒を撤回し、国会決議の趣旨を徹底すべく教育勅語の回収を指示した。

衆参両院は、日本国憲法および教育基本法の制定により教育勅語の指導原理性が全面的に否定されたにもかかわらず、一九四六年通牒の影響で教育勅語が温存されていることを憂慮して、一九四八年決議により教育勅語の廃棄を最終的に確認したのだった。このとき、森戸辰男文部大臣は衆議院本会議において、「教育勅語は、教育上の指導原理としては、法制上はもちろん、行政上にも、思想上にも、その効力を喪失いたしておる」が、「その謄本は、今日なお学校に保管されることになつておる」ため、「永年の習慣から誤解を残すおそれもあり、また将来濫用される危険も全然ないとは申されません」との懸念を表明しつつ、「教育勅語の謄本は、全部速やかにこれを文部省に回収いたし」、「真理と平和とを希求する人間を育成する民主主義教育理念を堅くとることによつて、教育の刷新と振興とをはか」るとの考えを表明した。これは、戦前・戦中教育の指導原理とされた教育勅語がすでに効力を失っていることを確認し、今後は日本国憲法および教育基本法に基づく民主主義教育の理念に基づいて教育を刷新・振興させていく考えを述べたものだった。

このような歴史的事実に即して言えば、「唯一」でなければ教育勅語を指導原理とする教育も可能であるという「唯一の指導原理」論は、歴史的事実をねじ曲げる根拠のない主張と言わなければならない。しかし、第一九三国会では、吉川元議員（二〇一七年三月八日、衆議院文部科学委員会）、吉良よし子議員（二〇一七年三月九日、衆議院文部科学委員会）、横路孝弘議員（二〇一七年三月一六日、衆議院安全保障委員会）が、一九四八年の衆参両院決議の意義を述べて「教育勅語を指導原理とした教育が行われることはあってはならないということでよろしいでしょうか」などと質問したが、このとき松野文部科学大臣は次のように答弁し、「唯一の指導原理」論を撤回することはなかった。

松野文部科学大臣「教育勅語については、日本国憲法及び教育基本法の制定等をもって法制上の効力が喪失をしております。御指摘の昭和二十三年の衆議院本会議における教育勅語等排除に関する決議では、憲法第九十八条の本旨に従い、教育勅語等の詔勅を排除し、その指導原理的性格を認めないことを宣言したものと承知をしております。現行の学校教育法上の学校において、教育勅語を我が国の教育の唯一の根本とするような指導を行うことは不適切であります。また、憲法や教育基本法等に反しないような適切な配慮の下で取り扱うことまでは否定するものではないと考えております。」

（二〇一七年三月九日、参議院文教科学委員会）

このように、「唯一の指導原理」論は、二〇〇六年の教育基本法案提出時に創作され、二〇一四年には一九四八年決議を意識しつつもそれを無視して教育勅語を学校教育に「活用」すべきとの質疑に対する肯定的な答弁の基礎となった。そして、第一九三国会においては、野党から一九四八年決議との矛盾が指摘されたにもかかわらず、それには一切答弁することなく、つまり事実上の答弁拒否によって「唯一の指導原理」論が維持された(4)。「唯一の指導原理」論は答弁拒否によってしか維持できなかったのである。

この経緯を表面的になぞれば、「唯一の指導原理」論が国会において承認されたように誤解されるかもしれない。しかし、「唯一の指導原理」論は、それが根拠とする一九四六年の文部次官通牒が一九四八年の衆参両院決議によって全面的に否定されたという歴史的事実を無視したことによって、客観的根拠を欠いたデマゴギーでしかないことが明らかである。そして、政府が「唯一の指導原理」論を強引に維持せざるをえないのは、教育勅語使用容認論を正当化する論拠がこれ以外には見出せないことの証左でもあって、当初から破綻している「唯一の指導原理」論への拘泥は教育勅語使用容認論自体の破綻を意味している。

第五節　教育勅語使用容認論

第一九三国会では、政府は、教育勅語は肯定的な道徳的価値を含むものであるとの理由から、学校・設置者・所轄庁の判断により、学校教育において教育勅語を教材として肯定的に使用することが可能であるとの見解を示した。また、審議の過程では、一時、児童生徒に教育勅語を暗唱させたり、朝礼などで教育勅語を唱和させたりすることも可能であると答弁する閣僚もいた。本章では、これを教育勅語使用容認論と呼んでいる。

しかし、教育勅語の使用容認問題は、第一九三国会で突然登場したわけでなく、第一八六国会（二〇一四年一月二四日〜二〇一四年六月二二日）ではこの前段となる質疑応答が行われた。それは、第四節でも指摘したとおり、二〇一四年四月八日開催の参議院文教科学委員会において、和田政宗議員が「米国占領下の昭和二十三年に国会で排除決議や失効確認決議がなされていますが、こうした決議は関係なく、副読本や学校現場で活用できると考えます」と述べて、政府に答弁を求めたことに始まる。このときの政府答弁は次のとおりである。

前川喜平初等中等教育局長「（前略）教育勅語を我が国の教育の唯一の根本理念であるとするような指導を行うことは不適切であるというふうに考えますが、教育勅語の中には今日でも通用するような内容も含まれておりまして、これらの点に着目して学校で活用するということは考えられる（後略）」

下村博文文部科学大臣「（前略）教育勅語そのものを学校で副教材として使用するということについては、（中略）相当理解を求める必要がある（中略）教育勅語の中身そのものについては今日でも通用する普遍的なものがある（中略）この点に着目して学校で教材として使う、教育勅語そのものではなくて、その中の中身ですね、それは差し支えない（中略）」

（二〇一四年四月八日、参議院文教科学委員会）

すでに述べたとおり、教育勅語に普遍的価値が含まれるとの見解はこれまでにもしばしば表明されていた。しかし、前川初等中等教育局長および下村文部科学大臣の答弁は教育勅語の「中身」を「学校で活用」することを是認した点で、従来の答弁の範囲を超えるものだった。ただし、この答弁では、教育勅語を教材として使用することは否定していた。そして、二〇一四年四月二五日開催の文教科学委員会における宮本岳志議員への質疑応答でも、両氏は教育勅語は教材として使用できないとの考えを表明している。

下村文部科学大臣「（前略）教育勅語をそのまま使っていいと思うとは一言も申し上げていない（中略）例えば孝行とか、友愛とか、夫婦の和とか、朋友の信とか、博愛とか、そういう徳目的なものを教えるということについては問題ないということを申し上げているわけであって、教育勅語をまた復活させるべきだなんということは一言も申し上げていない（後略）」

（二〇一四年四月二五日、参議院文部科学委員会）

前川初等中等教育局長「教育勅語そのものを、その扱いも含めて戦前のような形で学校教育に取り入れることは、否定されるべきものと考えております。（中略）教育勅語そのものを教材として使うということは考えられない（中略）一方で、教育勅語に列挙された徳目の中には今日でも通用するような内容も含まれており、その内容に着目して活用するということについてはあり得るのではないか（後略）」

こうして、教育勅語の徳目的内容を教育に「活用」することを是認しつつも、教育勅語を教材として使用することは許されないとの政府見解が明確に確認されていた。教育勅語の徳目的内容の「活用」の背景にある「普遍的価値」論の問題点は第三節ですでに述べたとおりである。ここでは教材化に関する政府答弁の動向を整理しておこう。

第一九三国会でも、上述の質疑応答の当事者だった宮本岳史議員が、二〇一七年二月二三日開催の衆議院予算委員会第四分科会で、前記の質疑応答を紹介しつつ再度質問すると、藤原誠初等中等教育局長は「文部科学省といたしましては、その立場が変わっているものではない」と答弁し、宮本（岳）議員の「教育勅語をそのまま子供たちに教える、これは適当でない、間違いないですね。」との再確認にも、藤原初等中等教育局長は「一般論として申し上げれば、そのとおりでございます。」と答弁した。これは、従来の政府答弁に沿って答弁したもので、教育勅語を教材として使用しないことを明言するものだった。

ところが、松野文部科学大臣は、二〇一七年三月八日開催の衆議院文部科学委員会で、吉川元議員の質疑に対して、次のように述べて教育勅語の教材としての使用を容認する旨、答弁した(5)。

松野文部科学大臣「教育勅語につきましては、戦後の諸改革の中で、これを教育の唯一の根本として取り扱うことなどが禁止をされ、その後、教育基本法の制定により、その政治的、法的効力を失ったという経緯がございますが、適切な配慮のもと、教材として用いること自体は問題がないと考えております。」

松野文部科学大臣「（前略）幼稚園教育要領の中において、家族仲よくという旨のことが書かれておりまして、（中略）教材として使われることは、これはそれ自体をもって問題とすることはできない（中略）どういった教材を使って、その教材を通して、その題材を通して何を伝えていくかということに関しては一定の裁量、学習、教育方法、手法においてはこれはクラス、教室においての教師の裁量が認められているということもございますので、今、一事をもってこれが、この教材、題材をもってすることが適当かどうかということは判断ができない（後略）。」

（二〇一七年三月八日、衆議院文部科学委員会）

この答弁は二月二三日の衆議院予算委員会第四分科会の藤原政府参考人の答弁とはまったく異なる趣旨だが、吉川議員はこの点を追及することなく質疑を終えてしまった。このあと、教育勅語の教材としての使用問題は、二〇一七年四月三日まで委員会審議ではふれられなくなる。しかし、その間に、初鹿明博議員が「教育勅語の根本理念に関する質問主意書」（二〇一七年三月二一日提出質問第一四四号）を提出し、政府に「衆参の決議を徹底するために、教育勅語本文を学校教育で使用することを禁止すべきだ」と質した。政府はこれに対しても答弁書（二〇一七年三月三一日受領答弁第一四四号内閣衆質一九三第一四四号）で次のように述べて、教育勅語を教材として使用できるとの見解を繰り返した。

（前略）学校において、教育に関する勅語を我が国の教育の唯一の根本とするような指導を行うことは不適切であると考えているが、憲法や教育基本法（平成十八年法律第百二十号）等に反しないような形で教育に関する勅語を教材として用いることまでは否定されることではない（後略）

この答弁書の提出以後、最初に開催された衆議院決算行政監視委員会（二〇一七年四月三日）を皮切りに、複数の委員会で政府の教育勅語教材化容認が追及された。その論点は次のようなものであった(6)。

宮本（徹）議員「（前略）教育勅語の中で憲法に反しない部分というのは一カ所でもあるんでしょうか。（後略）」

（二〇一七年四月三日、衆議院決算行政監視委員会）

宮本（岳）議員「（前略）教育勅語を教材として用いることまで否定されることはないとの政府答弁書を閣議決定した（中略）そもそも教育勅語は憲法と教育基本法に反しているのではないか。（後略）」

（二〇一七年四月四日、衆議院財政金融委員会）

宮本（岳）議員「（前略）教育勅語は、批判的に扱う以外に憲法と教育基本法に反しない使い方は決して存在しない（後略）」

（二〇一七年四月四日、衆議院財政金融委員会）

玉木議員「（前略）両院で決議をして、全会一致で排除、失効してきたものを、あえて復活させるというか使用を認めるということであれば、（中略）すとんと落ちるような明確な基準のもとでやらないと、これまで決議してきたことの趣旨が私はねじ曲げられてしまう（後略）」

（二〇一七年四月五日、衆議院文部科学委員会）

泉議員「唯一根本とするような指導というのはどのような指導か（中略）唯一根本とするような指導でなければ使用できるというふうにやはり解釈してしまう」

（二〇一七年四月七日、衆議院内閣委員会）

これら野党の質疑は、教育勅語が日本国憲法・教育基本法に反するものであり、かつ教育の指導原理性が否定されたとの認識に立って、教育勅語の内容および歴史的意味を肯定的に教えることは許されず、教育勅語の内容と歴史的意味を批判的に取り扱う場合を除き、教材として使用する余地はまったくないという見地に立つものだった。しかし、政府はこれらの質疑に正面から答弁せず、次のことを繰り返す答弁に終始した。

①内容が憲法・教育基本法に反するものであっても、教え方次第で教材として使用することは可能である。
②憲法や教育基本法に反しないような形で教育勅語を教材として用いることまで否定されるものではない。
③文部科学省は教育勅語のどの部分が憲法に反するとか反しないとかについて解釈・判断する立場にない。

④　校長や設置者の判断と責任において使用できる。

しかも、前記①や②を否定すれば、歴史の教科書や副教材に教育勅語を史料として掲載することも許されなくなるとか、史料として掲載された教育勅語を授業中教師が生徒に読み上げるよう指示することもできなくなるというように、議論を混乱させ、教育勅語の教材化問題の本質を覆い隠す答弁が目立った。

そのうえで、「教育に関する勅語を、これが教育における唯一の根本として位置付けられていた戦前の教育において用いられていたような形で、教育に用いることは不適切である」が、教育勅語を「教育において用いることが憲法や教育基本法等に違反するか否かについては、まずは、学校の設置者や所轄庁において、教育を受ける者の心身の発達等の個別具体的な状況に即して、国民主権等の憲法の基本理念や教育基本法の定める教育の目的等に反しないような適切な配慮がなされているか等の様々な事情を総合的に考慮して判断されるべき」だとして、教育勅語の教材化について政府として見解を示すことを拒否した(7)。

教育勅語の内容が日本国憲法・教育基本法に反するものであり、かつ教育の指導原理性が全面的に否定された事実に照らせば、教育勅語の内容および歴史的意味を肯定的に教えることが許される余地はまったくなく、教育勅語はその内容や歴史的意味を批判的に取り扱う場合をのぞいては学校教育で用いる教育的・教材的価値は認められない。政府がこのことを認めることなく、事実上の答弁拒否に終始したことは、政府は教育勅語を肯定的に扱う余地があると考えていると批判されても仕方ない。

政府は結局、教育勅語を教材として使用するか否かは学校・設置者・所轄庁の判断によるとして、それ以上の追及を封じようとした。しかし、文部科学大臣は、教科書検定権を有する以上、少なくとも教科書における教育勅語の取り上げ方には具体的な判断を求められる立場にあり、この問題には当事者として関わらなければならない。教材としての使用の可否は学校・設置者・所轄庁の判断によるという主張はこの点でもやはり矛盾をはらんでいる。

また、政府として教育勅語の使用を促しているわけではないとも答弁しているが、第一九三国会における政府答弁が、歴史学習における批判的考察の史料として用いてきたこれまでの枠組みを超えて、教育勅語を教材として使用することを容認しようとするものである以上、教育勅語の肯定的使用が許容され、奨励されていると受け止める学校・設置者・所轄庁が生まれることを懸念しないわけにはいかない。

なお、第一九三国会の会期中、児童生徒に教育勅語を暗唱させたり、朝礼で唱和させたりすることを是認する発言があったが、その後答弁の修正があり、暗唱・唱和を是認する趣旨ではなかったと説明された。これについてはすでに言及したが、暗唱・唱和を是認する答弁が教育現場に与える影響はきわめて大きいので、あらためてこの答弁の顛末を簡潔に確認しておこう。

二〇一七年四月七日の衆議院内閣委員会では、泉健太議員の「毎朝の朝礼において教育勅語を朗誦するということは、文部科学省の考え方からいって問題のある行為でしょうか、問題のない行為でしょうか。」との質疑に、義家弘介文部科学副大臣が「教育基本法に反しない限りは問題のない行為だろうと思います。」と答弁し、重ねて質問された白間竜一郎審議官や菅義偉官房長官もこれを否定しないという一幕があった。このとき、政府関係者には塚本幼稚園における教育勅語の暗唱・唱和を正当化したいとの考えがあったと思われる。これは従来の政府見解（一九八三年五月一一日、参議院決算委員会、瀬戸山三男文部大臣）と異なるもので、野党は厳しく反発した。このため、二〇一七年四月一一日の参議院文教科学委員会では、吉良よし子議員にこの点を質された義家文部科学副大臣は「御指摘の答弁の趣旨は、例えば、現在、教科書に記載されている教育勅語についての内容を生徒を名指しして読ませるといった教科指導も現実にあることから、児童生徒等に社会科等の教科書で教育勅語を読ませることのみをもって問題がある行為ではないという旨をまずは答弁したものであります。」と述べて、朝礼での朗誦を容認した発言を撤回した。したがって、朝礼における教育勅語の唱和は、政府が今日も是認していないと理解しなければならず、これを是認されたかのように理解することは誤りである。

まとめ

第一九三国会において、政府が教育勅語使用容認論を展開した背景には、塚本幼稚園における教育勅語の暗唱を正当化し、塚本幼稚園の活動を賞賛した安倍首相らをかばう狙いがあったであろう。教育勅語使用容認論を展開するために政府が「普遍的価値」論と「唯一の指導原理」論を基礎にしたが、いずれも元々歴史的事実を意図的にねじ曲げた根拠のない主張だったし、前者は審議が進行するなかで主務大臣自身がこれを主張することを放棄してしまった。このため、表面的なやりとりだけ見れば、政府が教育勅語使用容認論を最後まで守り抜き、野党の追及が及ばなかったように見えるかもしれないが、真相は、政府はもともと論拠がなく、すでにみずから崩壊してしまった主張を繰り返していたにすぎなかった。

したがって、政府が第一九三国会で展開した教育勅語使用容認論は根拠のない政治的発言でしかなく、教育勅語に教育の指導原理としての性質を認めることにも、教育勅語またはその一部に教育的・教材的価値を認めて教材として使用することにも、まったく根拠がないことが確認された。

●注

(1) 教育勅語を主題とする発言だけでなく、他の主題に関連して教育勅語に軽くふれただけの発言もあり、この七〇年間、国会において教育勅語がつねに重要な課題として取り上げられてきたわけではない。

(2) 教育勅語はもともと「法令」ではなく、明治国家の法体系の外側で、天皇自身の言葉という形式で教育の在り方を示し、臣民に押しつけるものだった。教育勅語の徳目は、臣民にとっては君主から一方的に下された他律的な規範にすぎなかった。

国民学校令の文言には教育勅語の趣旨の一部を継承した部分があるとして、これにより教育勅語が法令化されたとの見解もあるが、教育勅語の趣旨が法令に取り入れられたことと教育勅語自体の法令化とは区別すべきであろう。

（3）なお、二〇〇三年四月二日開催の衆議院文部科学委員会において河村建夫文部副大臣は、「一旦緩急アレハ」以下の記述に問題があると認めた。この部分が日本国憲法に照らして問題があることを認めた答弁はおそらくこれが唯一のものだろう。

河村副大臣「私も、教育勅語のもとで育った者ではありませんけれども、これをまた読み返してみますと、確かに、この中に、人間が生きていく上で普遍的な真理といいますか、また、それを修養しなきゃいけない言葉があるわけですね。特に、父母に孝行を尽くして、兄弟姉妹仲よくして、夫婦互いにむつみ合って、友達と信義をもって交われ、こういうようなこと等は普遍の真理だと私は思うんです。これは、勅語といいますか絶対主義者の言葉という形でおりてきた。

そして、この中で最大の問題とあれば、（中略）万一危急の大事が起きたときは、大義に基づいて勇気を奮って一身をささげて皇室、国家のために尽くせ、こういうふうなところですね。（中略）我々にとって、まさにそこのところの間違いといいますか、今の独裁国家を見ていると、最近の戦争の状況等々を見ていると、まだ現実にそういうことが行われている。（中略）そこのところを除けば、委員がおっしゃるように、教育勅語について議論をすることはやぶさかでない（後略）」

（二〇〇三年四月二日、第一五六回国会　文部科学委員会）

（4）二〇一七年四月一四日の衆議院文部委員会において、泉議員が、政府答弁には「唯一の根本」と「指導原理」が混在していることを指摘しつつ、「過去の決議や文科行政からいって、唯一根本でなければいいというものではない」と質したところ、松野文部科学大臣は「これを指導原理として用いることは不適切だというのはもう答弁でも明確にさせていただいております」、有松参考人は「教育上の指導原理として性格を認めないということは引き継いでいる」というように、「唯一」を付けずに答弁した。しかし、政府はこれ以降も必ず「唯一の」付きで答弁しており、このときの答弁は従来のそれを変更したものと理解することはできないだろう。

（5）なお、松野文部科学大臣は、二〇一七年三月八日開催の衆議院文部科学委員会で、宮本（岳）議員の質疑に対して、「教育勅語を教育の源泉として取り扱うということは適当でないということが文科省の中で引き継がれている」と述べるに留まり、教育勅語の教材化を明確には否定しなかった。

(6) 本文にげたものも含め、教育勅語の教材化は次の各委員会の会議で審議された。衆議院決算行政監視委員会（二〇一七年四月三日）、衆議院財政金融委員会（二〇一七年四月四日）、衆議院文部科学委員会（二〇一七年四月五日、四月七日、四月一四日、五月一七日）、参議院外交防衛委員会（二〇一七年四月六日、四月七日）、参議院国土交通委員会（二〇一七年四月六日）、衆議院内閣委員会（二〇一七年四月七日）、衆議院決算行政監視委員会第一分科会（二〇一七年四月一〇日）、参議院文教科学委員会（二〇一七年四月一一日、五月一六日）、衆議院地方創生に関する特別委員会（二〇一七年四月一二日）、参議院内閣委員会（二〇一七年四月一三日、五月一一日）。

(7) 仲里利信議員提出の「教育勅語を道徳教育に用いようとする動きに関する質問主意書」（二〇一七年四月一日提出　質問第二一三号）に対する政府の答弁書（二〇一七年四月二一日受領答弁第二一三号内閣衆質一九三第二一三号二〇一七年四月二一日）。

*本章に登場する人物の職名はすべて当時のものである。

第六章

学校教育における教育勅語の扱いについ て

◆中嶋哲彦（名古屋大学）

政府は第一九三国会で、教育勅語には現代に通ずる普遍的な価値が含まれており、教育勅語を「唯一の根本」とする教育を行うことは不適切だが、日本国憲法および教育基本法等に反しない形で教育勅語を教材として用いることはできる、との見解を表明した。また、国会審議の過程では、閣僚らが、学校における教育勅語を用いた教育の適否は学校・設置者・所轄庁が判断すべきだとか、児童生徒に教育勅語を暗唱させたり朝礼で教育勅語を唱和させたりすることも一概には否定されないといった趣旨の答弁もあった。

第一九三国会における教育勅語に関する政府見解は、従来の政府見解を大きく変更するものであり、学校における教育勅語使用を容認し、またそれを奨励しかねないものだ。その要点は次の二点に要約できる。

1、教育勅語には現代に通ずる普遍的価値が含まれており、それらを教育に生かすことまで禁じられているわけではない。

2、教育勅語を「唯一の根本」として教育を行うことはできないが、日本国憲法・教育基本法に反しないかぎり、学校・設置者・所轄庁の判断で教材として使用できる。

教育勅語は、戦後教育改革の過程で教育から全面的に排除された過去の遺物である。これを正当な根拠なく学校教育に持ち込めば、過去の忌まわしい教育を現代に再現しかねない。これをふたたび学校教育に持ち込むことを容認することには多くの疑問がある。この報告書の各章における考察が示すとおり、第一九三国会で政府が表明した見解は歴史的事実に反し、客観的な論拠を欠くものであり、到底容認できるものではない。

政府見解の根本的誤りは、次の点にある。

1、政府は一九四六年の文部次官通牒に基づいて、戦後は教育勅語を「唯一の根本」として教育を行うことはできないことになったと言うが、一九四八年の衆参両院決議は教育勅語を教育から全面的に排除したものであり、政府が依拠する一九四六年の文部次官通牒もこのとき否定された。国会によって否定された次官通牒を持ち出して教育勅語の復活を正当化することは、国会を軽視し、国民主権原理に反する行為である。

2、教育勅語に書き込まれた徳目に普遍的な道徳的価値があるという見解は、それらを歴史的文脈から切断して解釈することから生じる誤りである。これを無視して、文字面の類似性を理由に教育勅語を今日の教育に用いれば、子ども・若者を現代社会に関する誤った理解に導き、現代にふさわしい道徳観を育むことができなくなる。

3、教育勅語は戦前戦中における忠君愛国教育の「淵源」「唯一の根本」とされた文書であり、日本国憲法および教育基本法に定める国民主権、基本的人権尊重、平和主義を具現する教育の基本理念とはまったく相容れないものであることが、認識されていない。

これらは国会審議でも取り上げられた。前述のとおり政府の主張はもともと客観的事実をねじ曲げて構成されたものであったため、政府は野党の質疑に対して答弁不能に陥り、事実上の答弁拒否に終始した。したがって、政府が第一九三国会で展開した教育勅語使用容認を内容とする政府見解はすでにみずから崩壊した議論であり、廃棄されるべきものである。

ところが、政府は質疑に答える替わりに、①すでに法令ではなくなった教育勅語について政府が日本国憲法に照らして解釈を加えることはできない、②学校における教育勅語の使用が日本国憲法および教育基本法に反していないかは設置者または所轄庁が判断することで政府が判断することではない、などと繰り返した。そのため、教育勅語使用容認の論拠はすでに崩れているにもかかわらず、あたかも設置者または所轄庁の判断で学校に対して教育勅語の使用を要求しまたは強制できるとの誤解が生じる可能性がある。しかし、教育勅語使用容認に正当な裏付けがない以上、設置者および所轄庁が学校に対して教育勅語の使用を要求または強制することはできない。

第一九三国会では教育勅語の教材としての使用容認が主題となったが、一九四八年の衆参両院決議は教材としての使用を禁じただけでなく、教育勅語を教育の世界から完全に排除することであった。そのため、この決議を受けて、文部省は学校に残されていた教育勅語の謄本を回収し、教育勅語がふたたび神格化されないようにした。また、多くの首相らが教育勅語を復活させる意思はないと繰り返し表明している。これを踏まえていれば、今日必要なことは、あらゆる意味において教育勅語やその内容が権威づけられることのないようにすること、あらゆる意味で教育勅語を復活させないことである。

なお、会期中、義家弘介文部科学副大臣が、児童生徒に教育勅語を暗唱させたり、朝礼で唱和させたりすることを是認する発言を行ったが、二〇一七年四月一一日の参議院文教科学委員会では同副大臣がこれを事実上撤回する旨発言した。多くのマスコミが、政府が朝礼での教育勅語唱和を容認する見解を示したことを報じたが、発言が撤回された以上、その報道が一人歩きすることがあってはならない。

ここで、あらためて、学校教育において教育勅語はどのように扱うべきものかを確認する。これらは、日本国憲法および教育基本法に基づいて樹立された戦後教育においてすでに確立された原則ではあるが、第一九三国会において政府が教育勅語の使用を容認する発言をしたことに鑑みて、あらためて確認するものである。

1、教育勅語はすでに教育から排除されたものであり、教育勅語またはその理念を指導原理とする教育を行ってはならない。

2、教育勅語を暗唱させ、学校行事等で唱和・朗読・解説し、学校内で掲示・音声放送などをしてはならない。

3、教科書および副教材などで、教育勅語を道徳的価値が記された文書として取り上げ、肯定的に扱うことはできない。④の場合を例外として、教育勅語には教科教育で取り上げる教育的価値は認められない。

4、教育勅語は、教育勅語が日本国憲法・教育基本法の原理に反するものであることを知り、戦前と戦後の社会、教育、価値観の違いを考察する場面で、批判的に取り上げる場合にかぎり使用できる。

5、国および設置者・所轄庁は、教育勅語を指導原理とする教育を行うよう学校・教員に指導または強制してはならず、教育勅語を肯定的に扱う教材を採用し学校・教員に使用させてはならず、また学校・教員がこれらを行うことを容認してはならない。

第二部　教育勅語の教材使用に関するQ&A

教育勅語の教材使用に関するQ&A◆日本教育学会教育勅語問題ワーキンググループ

（㊜は「第一部　本編」各章及び「第三部　資料編」の該当参照箇所の表示）

Q1　政府は、教育勅語を唯一の指導原理（根本・理念）にして教育を行ってはいけないと言いました。これは、「唯一」でなければ、教育勅語を教育に取り入れてよいという意味ですか。

A1　政府は、教育勅語が「教育における唯一の根本として位置付けられていた戦前の教育において用いられていたような形で、教育に用いることは不適切」と答弁しました。教育勅語を唯一の根本にしてはいけないが、教育勅語を教育の指導原理の一つとして教育を行ってもよい、と政府は考えているのです。

たしかに、一九四六年の文部次官通牒には、唯一の根本でなければ教育勅語に基づく教育を行ってもよいと解釈できる文章があります。しかし、衆参両院は一九四八年に、教育勅語の排除・失効確認を決議し、今後は教育勅語に基づく教育を行ってならないという原則を確立しました。これらの決議の提案にあたっては、一九四六年の文部次官通牒のために、教育勅語に基づく教育を行ってもよいとの誤解と混乱が生まれたと指摘しています。さらに、一九四六年の文部次官通牒は元々、教育勅語に基づいて教育を行うことを否定していたという学説もあります。

歴代首相の中には、教育勅語を教育に生かすべきだという考えをもつ人もいましたが、教育勅語に基づく教育を行ってはならないという原則は守られてきました。今日の政府は、「唯一の根本」でなければ教育勅語を教育に取り入れてもよいと言っていますが、これは歴史的事実を無視した根拠のない主張です。

㊜第五章「第二節　第一九三国会における政府答弁の構

造」（一五七～一六〇頁）

――「第四節　根拠のない「唯一の指導原理」論」（一六七～一七一頁）

――「第五節　教育勅語使用容認論」（一七二～一七八頁）

第六章（一八三～一八六頁）

第三章「第四節　勅語排除・失効確認決議」一一九～一二四頁）

資料1「2　国会決議」（一九九～二〇〇頁）

Q2　政府は、教育勅語には普遍的な価値があると言いました。教育勅語のどの部分に、どういった価値があると言うのですか。

A2　教育勅語には現代でも通用する「普遍的な価値」はまったく存在しません。

政府は、教育勅語の「普遍的な価値」について質問されると、「父母ニ孝ニ兄弟ニ友ニ夫婦相和シ朋友相信シ」をあげて、これらは現代にも通用する道徳的価値だという趣旨の説明をします。しかし、その歴史的意味を無視して、教育勅語の言葉面だけを追うのは適切ではありません。たとえば、井上哲次郎が執筆した『釈明教育勅語衍義』（一九四二年）では、「夫婦相和シ」について、妻は夫より知能が劣るから夫が無理非道を言わないかぎり夫に従うべきだ、という意味の解説をしています。

また、「一旦緩急アレハ義勇公ニ奉シ以テ天壌無窮ノ皇運ヲ扶翼スヘシ」は、「万一危急の大事が起つたならば、大義に基づいて勇気をふるひ一身を捧げて皇室国家の為につくせ」（文部省図書局「教育に関する勅語の全文通釈」一九四〇年）という意味ですから、日本国憲法の三原則（国民主権、基本的人権尊重、平和主義）のいずれにも矛盾します。

政府が教育勅語には「普遍的な価値」が含まれると主張するのは、教育勅語を再び学校教育で使おうと考えているからですが、教育勅語に「普遍的な価値」を見出すことはできません。

㊜第五章「第三節　「普遍的価値」論とその破綻」（一六一～一六六頁）

第一章「第一節三　教育勅語の内容とその解釈」（二四～三一頁）

Q3　文部科学副大臣が、教育勅語を朝礼等で児童生徒に唱和させてもかまわないと発言しました。今後、学校で教育勅語を斉唱させることがあるのでしょうか。

A3　二〇一七年四月七日の衆議院内閣委員会で、義家弘介文部科学副大臣は、泉健太議員の「毎朝の朝礼において教育勅語を朗誦するということは、文部科学省の考え方からいって問題のある行為でしょうか、問題のない行為でしょうか。」との質問に、「教育基本法に反しない限りは問題のない行為だろうと思います。」と答弁しました。

しかし、政府が拠り所とする一九四六年の文部次官通牒でさえ、「式日等に於て従来教育勅語を奉読することを慣例としたが、今後は之を読まないこととすること。」と述べて、全国の学校に対して儀式などで教育勅語を読み上げないよう通知しました。

そのため、四月一一日の参議院文教科学委員会で、義家文部科学副大臣の答弁について「文科省は本当にこのような見解に立っているんですか」と問われた松野博一文部科学大臣は、「児童生徒等に社会科等の教科書の教育勅語を読ませることのみをもって問題がある行為ではないとの旨の答弁をしたもの」だと述べました。これは、朝礼等で教育勅語の唱和は問題ないとした、義家文部科学副大臣の答弁を撤回するものでした。

したがって、学校で教育勅語を斉唱させることがあってはなりません。

㊜第五章「第五節　教育勅語使用容認論」（一七二～一七八頁）
第六章（一八三～一八六頁）
第一章「第二節　教育勅語と学校儀式」（三一～四八頁）
第二章「第四節　唱歌科の浸透と学校儀式・教育勅語」（八五～八八頁）

Q4　第一九三国会での政府答弁をきっかけに、学校で教育勅語が重要な位置を占めたり、教材に教育勅語が登場したりするようになるのでしょうか。

A4　国会は国民代表で構成する国の最高意思決定機関ですから、政府が国会審議で答弁したことや、政府が閣議決定した答弁書の内容は軽々しく扱うべきではありません。しかし、それだけに、政府はしっかりした根拠をもって責任ある見解を述べなければなりません。

第一九三国会で政府は、教育勅語には普遍的価値があり、唯一の指導原理としないかぎり、日本国憲法及び教育基本法に反しない形で教育勅語を教育に生かすことができるとの見解を表明しました。しかし、教育勅語には普遍的価値があるとか、唯一の指導原理でなければ教育で生かしてよいといった主張には正当な論拠がないことが、野党の追及で明らかにされました。日本教育学会教育勅語問題ＷＧも学術的検討を経て、政府答弁が誤った認識に基づく論拠のない主張であることを明らかにしました。

　たとえ政府が国会で述べたことであっても、客観的事実に基づかず論拠のないことには価値がなく、それに準拠して行動することは適切ではありません。今後は、学校で教育勅語が重要な位置を占めたり、教材に教育勅語が登場したりすることがないよう、主権者国民が監視していくことが大切です。

（参）第五章「第二節　第一九三国会における政府答弁の構造」（一五七～一六〇頁）
第六章（一八三～一八六頁）

Q５　教育勅語はいつどのようにできたのですか。

Ａ５　教育勅語は、一八九〇（明治二三）年一〇月三〇日に天皇から下付されました。そもそもの発議は、立憲制に移行するにあたり日本の欧化に批判的な宮中保守派や当時の首相山県有朋に連なる保守的内務官僚から、立憲制への対抗措置として出されたものでした。起草は当時の法制局長官井上毅でした。勅語は道徳の源を神や良心に求めるのではなく、皇祖皇宗（天照大神・神武天皇をはじめ皇室の先祖）以来の歴代天皇の徳治とそれへの臣民の忠誠という国体史観に求めました。また井上は、立憲制下の君主は、国民の良心の自由に干渉しないという原則を守るため、政治上の命令とは区別し、大臣の副署を用いない君主の社会的「著作公告」の形式にしました。しかし、出来上がった勅語は、政令などにより学校儀式・修身科などでの徹底が次第に強められ、国家元首の天皇によって示された教育についての絶対的な綱領的文書となりました。

（参）第一章「第一節一　明治維新期における人間像をめぐる相克」（一六～二四頁）

Q６　教育勅語はどんな内容でしょうか。漢文調でわかりにくいところがありますが、公式の口語訳はあったのでしょうか。

Ａ６　教育勅語の公式の口語訳はありません。民間団体による口語訳は幾つかありますが、そのなかには不正確であったり、問題になりそうな箇所をごまかしていたりするものも少なくありません。

ただ、戦前戦中、文部省は、修身科などで教育勅語を教えるにあたって、二回にわたってその解釈を示しました。以下はその一つ、一九四〇（昭和一五）年「聖訓ノ述義ニ関スル協議会」が示した全文通釈です。

「教育に関する勅語の全文通釈」

朕がおもふに、我が御祖先の方々が国をお肇めになつたことは極めて広遠であり、徳をお立てになったことは極めて深く厚くあらせられ、又、我が臣民はよく忠にはげみよく孝をつくし、国中のすべての者が皆心を一にして代々美風をつくりあげて来た。これは我が国柄の精髄であつて、教育の基づくところもまた実にこゝにある。汝臣民は、父母に孝行をつくし、兄弟姉妹仲よくし、夫婦互に睦び合ひ、朋友互に信義を以て交り、へりくだつて気随気儘の振舞をせず、人々に対して慈愛を及すやうにし、学問を修め業務を習つて知識才能を養ひ、善良有為の人物となり、進んで公共の利益を広め世のためになる仕事をおこし、常に皇室典範並びに憲法を始め諸々の法令を尊重遵守し、万一危急の大事が起つたならば、大義に基づいて勇気をふるひ一身を捧げて皇室国家の為につくせ。かくして神勅のまに、、天地と共に窮りなき宝祚（あまつひつぎ）の御栄をたすけ奉れ。かやうにすることは、たゞに朕に対して忠良な臣民であるばかりでなく、それがとりもなほさず、汝らの祖先ののこした美風をはつきりあらはすことになる。

こゝに示した道は、実に我が御祖先のおのこしになつた御訓であつて、皇祖皇宗の子孫たる者及び臣民たる者が共々にしたがひ守るべきところである。この道は古今を貫ぬいて永久に間違がなく、又我が国はもとより外国でとり用ひても正しい道である。朕は汝臣民と一緒にこの道を大切に守つて、皆この道を体得実践することを切に望む

㊜第一章「第一節三　教育勅語の内容とその解釈」（二四〜三一頁）

Q7　教育勅語は戦前の学校ではどのように教えられたのでしょうか。

A7　教育勅語は戦前の小学校の筆頭教科であった修身科で教えられたほか、学校儀式が重要な役割を果たしました。紀元節（神武天皇が即位したとされる日、二月一一日）・天長節（天皇誕生日）・一月一日の三大節（これらの日は休日ではなく学校で儀式が行われた）では文部省が定めた

規則に従って、「御真影」（天皇皇后の肖像写真）への最敬礼、校長等による教育勅語「奉読」が行われました。また卒業式や始業式、終業式などでも同様のことが行われていました。子どもたちは卒業してもその教えを長らく忘れないようにと勅語の暗唱が求められました。また儀式では音楽が大きな役割を果たしました。教科「唱歌」（音楽）はその創設者らからは、子どもには教科書で教えるよりも歌で教える方が有効として、「徳育に資する教科」という位置づけが与えられていましたが、学校儀式での「君が代」や「勅語奉答」歌などの斉唱は、教育勅語を子どもたちの意識の奥深くに刷り込ませる上で大変効果を発揮しました。

㊫修身科における教育勅語の教育 ↓ 第一章「第三節　修身科（国民科修身）教育における教育勅語」（四八〜六四頁）

学校儀式における扱い ↓ 第一章「第二節　教育勅語と学校儀式」（三一〜四八頁）

学校儀式等で音楽教育の役割 ↓ 第二章（七四〜九四頁）

Q8　戦後の改革で教育勅語はどのように扱われたのでしょうか。

A8　教育勅語は教育から排除され、失効が確認されました。まず一九四六年一〇月八日の文部次官通牒で、教育勅語を教育の「唯一の淵源」とすることが否定され、式日等における勅語の「奉読」が中止されました。その後、日本国憲法（一九四六年一一月三日公布、一九四七年五月三日施行）、教育基本法（旧）（一九四八年三月三一日公布・施行）の成立により、国体史観などこれらと相容れない教育勅語は実質的に失効しました。さらに国会はそのことを明確に確認し、徹底させるために一九四八年六月一九日、衆参両院で「教育勅語等排除に関する決議」（衆議院）「教育勅語等の失効確認に関する決議」（参議院）を決議しました。それらの決議では、教育勅語等が日本国憲法の原理である基本的人権や、教育基本法の真理と平和とを希求する人間を育成する民主主義的教育理念と相容れぬものであることを宣言するとともに、教育勅語その他の諸詔勅の謄本をもれなく回収することを政府に求めました。これを受けて文部省は同年六月二五日の文部次官通牒で各都道府県知事に対し、各学校に保管されている教育勅語等の謄本をすべて回収、返却するよう命じました。

㊫敗戦から国会決議までの経過 ↓ 第三章（九五〜一二九頁）

一九四八年衆参両院決議 ↓ 資料1 「2　国会決議」（一九九〜二〇〇頁）
文部次官通牒 ↓ 資料1 「3　終戦直後の文部省通牒」（二〇〇〜二〇一頁）

Q9　日本国憲法や教育基本法の制定から教育勅語の排除・失効確認の国会決議までに1年あまりのずれがありますが、それはなぜでしょうか。

A9　敗戦後の治安などへの懸念を抱く日本政府と、天皇を利用することで占領政策を円滑に進めようとする占領軍等の思惑から、戦後当初は教育勅語等の扱いについては様々な揺れがありました。そのため日本国憲法や教育基本法の成立後も、教育勅語はいまだに効力を持つと誤解していた教育関係者もいました。しかし、一九四八年六月一九日の国会決議にもあるように、日本国憲法や教育基本法が成立した時点で、それらと根本的に相容れない理念に基づく教育勅語は失効したと判断できます。国会決議にはそのような誤解を解くためという意味もありました。

㊫第三章（九五〜一一九頁）

Q10　教育勅語には親孝行や夫婦仲良くなど今日に通じる価値が書かれているとよく言われます。なぜそういう部分だけ取り出して扱ってはいけないのでしょうか。

A10　教育勅語で語られている徳目は、一部には近代的な徳目が含まれていますが、その多くは、江戸時代からの「通俗道徳」を再編したものです。しかし、その「通俗道徳」が「以テ天壌無窮ノ皇運ヲ扶翼スヘシ」と、天皇制の発展のために奉仕するものと構造づけられています。これは、文部省による教育勅語解釈が、「汝臣民は、父母に孝行をつくし、兄弟姉妹仲よくし、夫婦互睦び合ひ、朋友互に信義を以て交り万一危急の大事が起つたならば、大義に基づいて勇気をふるひ一身を捧げて皇室国家の為につくせ」（一九四〇（昭和一五）年、聖訓ノ述義ニ関スル協議会）としていることからも明らかです。道徳教育実践の観点からみても、第四期国定修身教科書の教師用書（『尋常小学修身書　巻六　教師用』）では、一身を捧げて皇室国家のために尽くすことが、良い「臣民」であり、良い日本人であることを子ども達に徹底して教育するように指示しています。

このような教育勅語の文脈と教育実践の行き着く姿を無

視して、徳目の部分だけを切り離して、言わばつまみ食い的に取り扱うことは、個人の自由意志と主体性を育てる、ほんらいの道徳教育の探究とはまったく相いれないものです。個の生命を軽んじ、皇室・国家に奉仕することを求める勅語の徳目を、道徳教育の名のもとに、未来を拓く可能性に満ちた子どもたちに教え込むことは重大な過ちであり、その認識を主権者である市民一人一人が共有していくべきです。

㊜第一章「第一節三　教育勅語の内容とその解釈」（二四〜三二頁）

第五章「第三節　「普遍的価値論」とその破綻」（一六一〜一六六頁）

Q11　教育勅語を教材として使用できるとすれば、どのような扱いにおいてでしょうか。

A11　社会科等において、あくまで史的事実の一端を示す資料としてのみ用いるか、または、批判的に、戦前の皇国主義体制を支える機能を果たした教材としてのみ扱うかのいずれかに限られるでしょう。この国の公教育が日本国憲法のもとで行われている以上、公教育機関では、公立であれ私立であれ、また、社会科においてであれ、それ以外の教科・科目、領域においてであれ、教育勅語を、何らかの肯定的な価値が表されている教材として扱うことができないことは明白です。したがって、教育勅語を、幼児・児童・生徒に集団で朗唱させるといった戦前の皇国主義教育を彷彿とさせるような方法で用いることも、当然、あってはならないことです。

㊜第六章（一八三〜一八六頁）

学習指導要領や教科書の現状 ↓ 第四章（一三〇〜一四八頁）

第三部 資料編

資料1　教育勅語関係基本資料

◆ 大橋基博（名古屋造形大学）構成

1　教育勅語本文

文部省訓令第八号

○文部省訓令第八号

北海道庁　府県

今般教育ニ関シ
勅語ヲ下タシタマヒタルニ付其謄本ヲ頒チ本大臣ノ訓示ヲ
発ス管内公私立学校ヘ各一通ヲ交付シ能ク
聖意ノ在ル所ヲシテ貫徹セシムヘシ

明治二十三年十月三十一日　文部大臣芳川顕正

○文部省訓令

今般教育ニ関シ
勅語ヲ下タシタマヒタルニ付其謄本及本大臣ノ訓示各一通
ヲ交付ス能ク
聖意ノ在ル所ヲシテ貫徹セシムヘシ

明治二十三年十月三十一日　文部大臣芳川顕正

別紙

勅語

朕惟フニ我カ皇祖皇宗国ヲ肇ムルコト宏遠ニ徳ヲ樹ツルコ
ト深厚ナリ我カ臣民克ク忠ニ克ク孝ニ億兆心ヲ一ニシテ
世々厥ノ美ヲ済セルハ此レ我カ国体ノ精華ニシテ教育ノ淵
源亦実ニ此ニ存ス爾臣民父母ニ孝ニ兄弟ニ友ニ夫婦相和シ
朋友相信シ恭倹己レヲ持シ博愛衆ニ及ホシ学ヲ修メ業ヲ習
ヒ以テ智能ヲ啓発シ徳器ヲ成就シ進テ公益ヲ広メ世務ヲ開

キ常ニ国憲ヲ重シ国法ニ遵ヒ一旦緩急アレハ義勇公ニ奉シ以テ天壌無窮ノ皇運ヲ扶翼スヘシ是ノ如キハ独リ朕カ忠良ノ臣民タルノミナラス又以テ爾祖先ノ遺風ヲ顕彰スルニ足ラン

斯ノ道ハ実ニ我カ皇祖皇宗ノ遺訓ニシテ子孫臣民ノ倶ニ遵守スヘキ所之ヲ古今ニ通シテ謬ラス之ヲ中外ニ施シテ悖ラス朕爾臣民ト倶ニ拳々服膺シテ咸其徳ヲ一ニセンコトヲ庶幾フ

明治二十三年十月三十日

御名御璽

（以下略）

（『法令全書』）

2 国会決議

(1) 衆議院決議

教育勅語等排除に関する決議

（一九四八年六月一九日衆議院本会議可決）

民主平和国家として世界史的建設途上にあるわが国の現実は、その精神内容において未だ決定的な民主化を確認するを得ないのは遺憾である。これが徹底に最も緊要なことは教育基本法に則り、教育の革新と振興とをはかることにある。しかるに既に過去の文書となつている教育勅語並びに陸海軍軍人に賜わりたる勅諭その他の教育に関する諸詔勅が、今日もなお国民道徳の指導原理としての性格を持続しているかの如く誤解されるのは、従来の行政上の措置が不十分であつたがためである。

思うに、これらの詔勅の根本理念が主権在君並びに神話的国体観に基いている事実は、明かに基本的人権を損い、且つ国際信義に対して疑点を残すもととなる。よつて憲法第九十八條の本旨に従い、ここに衆議院は院議を以て、これらの詔勅を排除し、その指導原理的性格を認めないことを宣言する。政府は直ちにこれらの詔勅の謄本を回収し、排除の措置を完了すべきである。

右決議する

（「第二回国会衆議院会議録」第六七号（「官報号外」昭和二三年六月二〇日））

(2) 参議院決議

教育勅語等の失効確認に関する決議

（一九四八年六月一九日参議院本会議可決）

われらは、さきに日本国憲法の人類普遍の原理に則り、教育基本法を制定して、わが国家及びわが民族を中心とする教育の誤りを徹底的に払拭し、真理と平和とを希求する人間を育成する民主主義的教育理念をおごそかに宣明した。その結果として、教育勅語は、軍人に賜はりたる勅諭、戊申詔書、青少年学徒に賜はりたる勅語その他の諸詔勅とともに、既に廃止せられその効力を失つている。

しかし教育勅語等が、あるいは従来の如き効力を今日なお保有するかの疑いを懐く者あるをおもんばかり、われらはとくに、それらが既に効力を失つている事実を明確にするとともに、政府をして教育勅語その他の諸詔勅の謄本をもれなく回収せしめる。

われらはここに、教育の真の権威の確立と国民道徳の振興のために、全国民が一致して教育基本法の明示する新教育理念の普及徹底に努力を致すべきことを期する。

右決議する。

（「第二回国会参議院会議録」第五一号（「官報号外」昭和二三年六月二〇日））

3　終戦直後の文部省通牒

(1)　勅語及詔書等の取扱について

勅語及詔書等の取扱について

（昭和二十一年十月八日発秘三号文部次官より直轄学校長、公私立大学高等専門学校長、地方長官）

標記の件に関して往々疑義をもつ向もあるから左記の通り御了知の上御措置相成り度い。

一、教育勅語を以て我が国教育の唯一の淵源となす従来の考へ方を去つて、これと共に教育の淵源を広く古今東西の倫理、哲学、宗教等にも求むる態度を採るべきこと。

一、式日等に於て従来教育勅語を奉読することを慣例としたが、今後は之を読まないことにすること。

一、勅語及詔書の謄本等は今後も引続き学校に於て保管すべきものであるが、その保管及奉読に当つては之を神格化するやうな取扱をしないこと。

（文部省大臣官房総務課『終戦教育事務処理提要』第四集、一九五〇年三月）

注1・前掲書では「備考」として「昭和二十三年六月二

十五日発秘七号（後出）によつて取扱が変つた。」と記載されている。

注2・前掲書は、第一輯、第二輯、第三集は、「文部大臣官房文書課」が、第四集は、「文部省大臣官房総務課」が編集を行っている。

(2) 教育勅語等の取扱について

教育勅語等の取扱について

（昭和二十三年六月二十五日発秘七号文部次官より都道府県知事）

「教育ニ関スル勅語」その他の勅語、詔書等の取扱に関しては、昭和二十一年十月八日附発秘三号をもつて通ちようしたが、今般衆、参両院において別紙のような決議がなされたから、その趣旨徹底について遺憾のないよう万全を期せられたい。

なお、本省から交付した「教育ニ関スル勅語」等の謄本で貴管下学校等において保管中のものを貴職において取りまとめのうえ、左記様式による返還書を添え、至急本省へ返還方処置されたい。

右以外の勅語、詔書等についても前記決議の趣旨に則り適当な処置を講ぜられたい。

記

（様　式）

都道府県名

勅語等の名称	交付された年月日	学校等名	通数	備考

（前掲書）

注1・別紙「決議」は略。

資料2　教育勅語の教材使用容認に関わる資料

◆大橋基博（名古屋造形大学）構成

1　第一九三回国会　教育勅語等に関する質問答弁

(1)　質問主意書一覧

【衆議院】

1　教育基本法の理念と教育勅語の整合性に関する質問主意書／二〇一七年二月二七日提出　質問第九三号　提出者　逢坂誠二

2　教育基本法第二条第五号に関する質問主意書／二〇一七年二月二七日提出　質問第九四号　提出者　初鹿明博

3　稲田大臣の「教育勅語の精神は取り戻すべき」発言に関する質問主意書／二〇一七年三月九日提出　質問第一一八号　提出者　逢坂誠二

4　教育勅語の根本理念に関する質問主意書／二〇一七年三月二一日提出　質問第一四四号　提出者　初鹿明博

5　「教育ニ関スル勅語」の教育現場における使用に関する質問主意書／二〇一七年四月六日提出　質問第二〇六号　提出者　宮崎岳志

6　アドルフ・ヒトラーの著作「我が闘争」の一部を、学校教育における教材として用いることが否定されるかどうかに関する質問主意書／二〇一七年四月六日提出　質問第二〇七号　提出者　宮崎岳志

7　教育勅語を道徳科の授業で扱うことに関する質問主意書／二〇一七年四月一〇日提出　質問第二一九号　提出者　長妻　昭

8　教育勅語を道徳教育に用いようとする動きに関する質

問主意書／二〇一七年四月一一日提出　質問第二二三号　提出者　仲里利信

9　アドルフ・ヒトラーの著作「我が闘争」の一部を、学校教育における教材として用いることが否定されるかどうかに関する再質問主意書／二〇一七年四月二一日提出　質問第二五四号　提出者　宮崎岳志

10　幼稚園児や小学生等に教育勅語を朗読させる教育に関する質問主意書／二〇一七年四月二四日提出　質問第二五九号　提出者　長妻　昭

11　アドルフ・ヒトラーの著作「我が闘争」の一部を、学校教育における教材として用いることが否定されるかどうかに関する第三回質問主意書／二〇一七年五月一日提出　質問第二七五号　提出者　宮崎岳志

注・1、4、7の「質問主意書」及び「答弁」を本資料編に掲載。

【参議院】

1　幼稚園児に教育勅語を朗唱させる教育及びその教育を行う学校法人への国有地譲渡が適切であるかに関する質問主意書／二〇一七年六月一四日提出　質問第一三八号　提出者　山本太郎

(2)　質問答弁本文

1　平成二十九年二月二十七日提出　質問第九三号

教育基本法の理念と教育勅語の整合性に関する質問主意書

提出者　逢坂誠二

教育基本法の理念と教育勅語の整合性に関する質問主意書

教育基本法では、「日本国民は、たゆまぬ努力によって築いてきた民主的で文化的な国家を更に発展させるとともに、世界の平和と人類の福祉の向上に貢献することを願うもので」、「この理想を実現するため、個人の尊厳を重んじ、真理と正義を希求し、公共の精神を尊び、豊かな人間性と創造性を備えた人間の育成を期するとともに、伝統を継承し、新しい文化の創造を目指す教育を推進する」と謳っており、「日本国憲法の精神にのっとり、我が国の未来を切り拓く教育の基本を確立」することの必要性が示されている。

教育勅語は、明治二十三年、明治天皇が教育に関して与

えた勅語であり、大日本帝国における政府の教育方針を示す文書と位置づけられる。
　これらの整合性に関して疑義があるので、以下質問する。
一　教育勅語は現在法的効力を持たず、衆議院の昭和二十三年六月十九日の「教育勅語等排除に関する決議」（「本決議」という。）で、「これらの詔勅を排除し、その指導原理的性格を認めないことを宣言する。政府は直ちにこれらの詔勅の謄本を回収し、排除の措置を完了すべきである」と確認されているという理解でよいか。
二　教育勅語は、日本国憲法第九十八条でいう「この憲法は、国の最高法規であつて、その条規に反する法律、命令、詔勅及び国務に関するその他の行為の全部又は一部は、その効力を有しない」に該当し、無効であるという理解でよいか。
三　本決議は、「詔勅の根本理念が主権在君並びに神話的国体観に基いている事実は、明かに基本的人権を損い、且つ国際信義に対して疑点を残すもととなる。よつて憲法第九十八条の本旨に従」って、政府に教育勅語の排除を義務付けているという理解でよいか。
四　教育勅語を学校教育法上の学校で、教育のために用いることは、教育基本法でいう「日本国憲法の精神にのっとり、我が国の未来を切り拓く教育の基本を確立」などに反するのではないか。
五　教育勅語を学校教育法上の幼稚園で教材として繰り返し暗唱させ、さらには外来の見学者などにもその様子を見せることは、学校教育法第二十二条でいう「幼稚園は、義務教育及びその後の教育の基礎を培うものとして、幼児を保育し、幼児の健やかな成長のために適当な環境を与えて、その心身の発達を助長することを目的とする」ことに反するのではないか。
六　教育勅語を学校教育法上の幼稚園で教材として繰り返し暗唱させ、さらには外来の見学者などにもその様子を見せることは、教育基本法第二条第五号でいう「伝統と文化を尊重し、それらをはぐくんできた我が国と郷土を愛するとともに、他国を尊重し、国際社会の平和と発展に寄与する態度を養うこと」に反するのではないか。
七　学校教育法上の学校の運動会で、現職の首相の名前を連呼し、「何某首相がんばれ」とその学校側が児童に言わしめる行為は、教育基本法第十四条第二項の「法律に定める学校は、特定の政党を支持し、又はこれに反対するための政治教育その他政治的活動をしてはならない」の規定で禁止されているのではないか。
八　学校教育法上の学校の運動会で、当時の内閣がその成立に命運を賭けていた法案に関して、「安保法制、国会通過、良かったです」とその学校側が児童に言わしめる行為は、教育基本法第十四条第二項の「法律に定める学校は、特定の政党を支持し、又はこれに反対するための政治教育その他政治的活動をしてはならない」の規定で禁止されている行為に該当しないのか。

九　五から八に関連して、学校教育法上の学校で、かかる不適切な教育が行われている場合、政府は何らかの是正のための指導を行うべきではないか。見解を示されたい。

十　学校教育法第二十五条でいう「幼稚園の教育課程その他の保育内容に関する事項は、第二十二条及び第二十三条の規定に従い、文部科学大臣が定める」の中に、教育勅語を教材として用いることの是非は規定されているのか。あるいは日本国憲法で否定され、かつ、本決議で排除が求められるような勅語を教育に活用することの是非は、かかる条文の規定から導き出されないのか。政府の見解を示されたい。

　右質問する。

〈http://www.shugiin.go.jp/internet/itdb_shitsumon.nsf/html/shitsumon/a193093.htm〉

2　平成二十九年三月七日受領
答弁第九三号

内閣衆質一九三第九三号
平成二十九年三月七日

内閣総理大臣　安倍晋三

衆議院議長　大島理森　殿

衆議院議員逢坂誠二君提出教育基本法の理念と教育勅語の整合性に関する質問に対し、別紙答弁書を送付する。

衆議院議員逢坂誠二君提出教育基本法の理念と教育勅語の整合性に関する質問に対する答弁書

一から三までについて

教育に関する勅語については、御指摘の「教育勅語等排除に関する決議」において、「詔勅の根本理念が主権在君並びに神話的国体観に基いている事実は、明かに基本的人権を損い、且つ国際信義に対して疑点を残すもととなる。よつて憲法第九十八条の本旨に従い、ここに衆議院は院議を以て、これらの詔勅を排除し、その指導原理的性格を認めないことを宣言する。政府は直ちにこれらの詔勅の謄本を回収し、排除の措置を完了すべきである」と決議されたと承知している。

また、教育に関する勅語については、日本国憲法及び旧教育基本法（昭和二十二年法律第二十五号）の制定等をもって、法制上の効力が喪失したと考えている。

四から九までについて

お尋ねのような行為が教育基本法（平成十八年法律第百二十号）や学校教育法（昭和二十二年法律第二十六号）に違反するか否かについては、個別具体的な状況に即して判断されるべきものであり、一概にお答えすることは困難である。

その上で、一般論として、仮に、同法第一条の「幼稚園」又は「小学校」（以下これらを合わせて「学校」という。）において不適切な教育が行われている場合は、まずは、当該学校の設置者である市町村又は学校法人等において、必要に応じ、当該学校に対して適切な対応をとり、都道府県においても、必要に応じ、当該学校又は当該学校の設置者である市町村若しくは学校法人等に対して適切な対応をとることになる。また、文部科学省においては、必要に応じ、当該学校の設置者である市町村又は当該都道府県に対して適切な対応をとることになる。

十について

学校教育法第二十五条の規定に基づき文部科学大臣が定める幼稚園教育要領（平成二十年文部科学省告示第二十六号）において、お尋ねの「教育勅語を教材として用いることの是非」について定めた規定は存在しない。

また、御指摘の「かかる条文」の意味するところが必ずしも明らかでないが、お尋ねの「日本国憲法で否定され、かつ、本決議で排除が求められるような勅語を教育に活用すること」が学校教育法等の法令に違反するか否かについては、個別具体的な状況に即して判断されるべきものである。

〈http://www.shugiin.go.jp/internet/itdb_shitsumon.nsf/html/shitsumon/b193093.htm〉

3　平成二十九年三月二十一日提出
質問第一四四号

教育勅語の根本理念に関する質問主意書

提出者　初鹿明博

教育勅語の根本理念に関する質問主意書

教育ニ関スル勅語（以下、教育勅語と言う）は終戦後、昭和二十三年六月十九日に、衆議院で「教育勅語等排除に関する決議」が、参議院で「教育勅語等の失効確認に関する決議」が決議され、国権の最高機関である国会によって、教育の指導原理性が否定されました。

この事実を踏まえて、以下政府に質問します。

一　衆議院の排除決議において、教育勅語の根本理念が「主権在君並びに神話的国体観に基いている事実は、明かに基本的人権を損い、且つ国際信義に対して疑点を残すもととなる」として、この排除と指導原理的性格を認めないことが宣言されています。政府は教育勅語の根本理念が「主権在君」並びに「神話的国体観」に基づいているという決議の考えを現在も踏襲しているのでしょうか。

二　松野博一文部科学大臣は、記者会見において「憲法や教育基本法に反しないように配慮して授業に活用するということは、これは一義的にはその学校の教育方針、教育内容に関するものでありますし、また、教師の皆さんに一定の裁量が認められる」と発言し、その後の国会質疑でも同様の答弁を繰り返しています。

衆議院の決議を踏まえれば、教育勅語は「民《ママ》父母ニ孝ニ兄弟ニ友ニ夫婦相和シ朋友相信シ」などの現在でも守るべき徳目が記載されているとはいえ、根本理念が基本的人権を損ない、国際信義に疑点を残すものであり、教育勅語の本文をそのまま教育に用いることは憲法上認められないと考えますが、政府の見解を伺います。

三　衆参の決議を徹底するために、教育勅語本文を学校教育で使用することを禁止すべきだと考えますが、政府の見解を伺います。

四　教育勅語について、稲田朋美防衛大臣は「教育勅語の核である、例えば道徳、それから日本が道義国家を目指すべきであるという、その核について、私は変えておりません」「私は、その教育勅語の精神であるところの、日本が道義国家を目指すべきである、そして親孝行ですとか友達を大切にするとか、そういう核の部分ですね、そこは今も大切なものとして維持をしている」「教育勅語に流れているところの核の部分、そこは取り戻すべきだというふうに考えております」と教育勅語に共感する答弁を行っています。

閣僚が教育勅語に共感、共鳴、賛意を示す事は、衆議院の排除決議で指摘した国際信義に疑点を残すことに繋がると考えますが、政府の見解を伺います。

五　国際社会において信頼される道義国家であるためにも、国際社会に疑点を残す考えを表明している稲田朋美防衛大臣は罷免すべきだと考えますが、政府の見解を伺います。

右質問する。

〈http://www.shugiin.go.jp/internet/itdb_shitsumon.nsf/html/shitsumon/a193144.htm〉

4　平成二十九年三月三十一日受領

答弁第一四四号

内閣衆質一九三第一四四号

平成二十九年三月三十一日

内閣総理大臣　安倍晋三

衆議院議長　大島理森　殿

衆議院議員初鹿明博君提出教育勅語の根本理念に関する質問に対し、別紙答弁書を送付する。

衆議院議員初鹿明博君提出教育勅語の根本理念に関する質問に対する答弁書

一について

お尋ねの「決議の考えを現在も踏襲している」の意味するところが必ずしも明らかではないが、御指摘の「教育勅語等排除に関する決議」は、「教育勅語・・・その他の教育に関する諸詔勅・・・の根本理念が主権在君並びに神話的国体観に基いている事実は、明かに基本的人権を損い、且つ国際信義に対して疑点を残すもととなる。よつて憲法第九十八条の本旨に従い、ここに衆議院は院議を以て、これらの詔勅を排除し、その指導原理的性格を認めない」ことを宣言したと承知しているが、教育に関する勅語については、昭和二十三年六月十九日の衆議院本会議において、森戸文部大臣（当時）が「教育勅語その他の詔勅に対しましては、教育上の指導原理たる性格を否定してきたのであります。このことは、新憲法の制定、それに基く教育基本法並びに学校教育法の制定によつて、法制上明確にされました」と答弁しているとおりであると考えている。

二について

お尋ねのような行為が憲法に違反するか否かについては、個別具体的な状況に即して判断されるべきものであり、一概にお答えすることは困難である。

三について

お尋ねの「禁止」の具体的に意味するところが必ずしも明らかではないが、学校において、教育に関する勅語を我が国の教育の唯一の根本とするような指導を行うことは不適切であると考えているが、憲法や教育基本法（平成十八年法律第百二十号）等に反しないような形で教育に関する勅語を教材として用いることまでは否定されることではないと考えている。

四及び五について

御指摘の答弁は、稲田防衛大臣が政治家個人としての見解を述べたものであると承知しており、当該答弁に係るお尋ねについては、政府としてお答えする立場にない。

稲田防衛大臣については、本年三月二十七日の参議院予算委員会において、安倍内閣総理大臣が「今後ともしっかりと職責を全うしてもらいたい」と答弁しているところである。

〈http://www.shugiin.go.jp/internet/itdb_shitsumon.nsf/html/shitsumon/b193144.htm〉

5　平成二十九年四月十日提出
質問第二一九号

教育勅語を道徳科の授業で扱うことに関する質問主意書

提出者　長妻　昭

教育勅語を道徳科の授業で扱うことに関する質問主意書

一八九〇年に発布された教育勅語は、「根本理念が主権在君並びに神話的国体観に基いている事実は、明かに基本的人権を損い、且つ国際信義に対して疑点を残すもととなる」として、一九四八年に衆議院において排除の決議がなされた。

安倍内閣は、教育勅語について、根本理念が主権在君並びに神話的国体観に基づいているとお考えか。また、その事実は明らかに基本的人権を損ない、且つ国際信義に対して疑点を残す、とお考えか。お尋ねする。

本年四月四日午後の会見で、菅官房長官は、記者の「教育勅語を道徳の教材として用いる、そういうケースは想定されないか」との質問に、「教育勅語を我が国の教育の唯一の根本とするような指導を行うことは不適切である。一方で、憲法の基本理念である基本的人権の尊重や国民主権、教育基本法に反しないような適切な配慮のもと、取り扱うことまであえて否定するものでない」と答え、教育勅語の道徳の教材としての使用を一定の前提の下に是認した。

また、本年四月七日の衆議院内閣委員会で、義家文部科学副大臣は、幼稚園など教育現場で子どもたちに教育勅語を朗読させることについて「教育基本法に反しない限りは問題のない行為である」と答弁している。

現在、歴史の教科書には、教育勅語全文が掲載されているものもあり、歴史の教訓として教育勅語を教材として使用することは問題ないと考える。しかし、衆参両院で排除・失効決議がなされている教育勅語を道徳教育で使ったり、教育の現場で子どもたちに朗読させたりすることを政府が是認することには問題があると考える。内閣の見解をお尋ねする。

また、来年四月からは小学校で、再来年四月からは中学校で始まる道徳科の授業で、教育勅語を教材として使うことも是認するのか、内閣の見解を問う。

また、道徳科の授業の中で、教育勅語を一つの是認されるべき価値として教えることは内閣として否定するものではないのか、お尋ねする。

安倍内閣の閣僚からは、教育勅語には「夫婦相和シ」との正しい価値観もある、との趣旨の発言がある。しかし、一八九一年出版の教育勅語の事実上の公式教科書（解説書）である勅語衍義（えんぎ）には、「夫婦相和シ」について「妻ハ元ト智識才量多クハ夫ニ及バザルモノナレバ、夫ガ無理非道ヲ言ハザル限リハ、成ルベク之レニ服従シテ」とあり、男尊女卑の発想の上での「夫婦相和シ」である。内閣は、教育勅語における、このような意味での「夫婦相和シ」は現代でも正しい価値であるとお考えか。内閣の見解を問う。

右質問する。

〈http://www.shugiin.go.jp/internet/itdb_shitsumon.nsf/html/shitsumon/a193219.htm〉

6　平成二十九年四月十八日受領
答弁第二一九号

内閣衆質一九三第二一九号
平成二十九年四月十八日

内閣総理大臣　安倍晋三

衆議院議長　大島理森　殿

衆議院議員長妻昭君提出教育勅語を道徳科の授業で扱うことに関する質問に対し、別紙答弁書を送付する。

衆議院議員長妻昭君提出教育勅語を道徳科の授業で扱うことに関する質問に対する答弁書

教育に関する勅語については、御指摘の昭和二十三年六月十九日の衆議院本会議の「教育勅語等排除に関する決議」において、お尋ねにあるとおり「教育勅語（中略）の根本理念が主権在君並びに神話的国体観に基いている事実は、明かに基本的人権を損い、且つ国際信義に対して疑点を残すもととなる」とされた上で、「よつて憲法第九十八条の本旨に従い、ここに衆議院は院議を以て、これらの詔勅を排除し、その指導原理的性格を認めないことを宣言する」と決議され、また、御指摘の同日の参議院本会議の「教育勅語等の失効確認に関する決議」において、「われらは、さきに日本国憲法の人類普遍の原理に則り、教育基本法を制定して、わが国家及びわが民族を中心とする教育の誤りを徹底的に払拭し、真理と平和とを希求する人間を育成する民主主義的教育理念をおごそかに宣明した。その結果として、教育勅語は・・・既に廃止せられその効力を失つている」と決議されたと承知しているところ、政府としては、森戸文部大臣（当時）が、同日の衆議院本会議等において、「敗戦後の日本は、国民教育の指導理念として民主主義と平和主義とを高く掲げましたが、同時に、これと矛盾せる教育勅語・・・に対しましては、教育上の指導原理たる性格を否定してきたのであります。このことは、新憲法の制定、それに基く教育基本法並びに学校教育法の制定によつて、法制上明確にされました」等と答弁しているとおりであると考えている。

その上で、お尋ねの「道徳科の授業の中で、教育勅語を一つの是認されるべき価値として教えること」の意味するところが必ずしも明らかでないが、政府としては、特別の教科である道徳等の教科等の授業を含む教育の場において、憲法や教育基本法（平成十八年法律第百二十号）等に反する形で教育に関する勅語を用いることは許されないと考えているところであるが、教育に関する勅語を教育において用いることが憲法や教育基本法等に違反するか否かについては、まずは、学校の設置者や所轄庁において、教育を受ける者の心身の発達等の個別具体的な状況に即して、国民主権等の憲法の基本理念や教育基本法の定める教育の目的等に反しないような適切な配慮がなされているか等の様々な事情を総合的に考慮して判断されるべきものである。

また、教育において、憲法や教育基本法等に反する形で教育に関する勅語が用いられた場合は、まずは、学校の設置者や所轄庁において適切に対応すべきである。

「このような意味での「夫婦相和シ」は現代でも正しい価値であるとお考えか」とのお尋ねについては、その趣旨が必ずしも明らかでないため、お答えすることは困難であるが、男女の平等の理念に反するようなことがあってはならず、夫婦は同等の権利を有していることは言うまでもない。

〈http://www.shugiin.go.jp/internet/itdb_shitsumon.nsf/html/shitsumon/b193219.htm〉

2　学会・団体・研究会等の声明等

(1)　学会・団体・研究会等の声明等一覧

1　教育学関連諸学会会長共同声明

日本教育学会他：政府の教育勅語使用容認答弁に関する声明（六月一六日）

2　学会等

① 公教育計画学会：「教育勅語」の容認と銃剣道の学校教育への導入に強く反対する（四月三日）

② 教育科学研究会：教育勅語復権策動の暴挙を批判する（四月一四日）

③ 日本生活指導学会：声明　私たちは、教育勅語の教材としての使用を容認する閣議決定を深く憂慮し、教育勅語の実効化・復活に反対します（四月二一日）

④ 歴史教育者協議会：教育勅語の教材使用を認めた政府閣議決定の撤回を求めます（四月二三日）

⑤ 教育研究者有志：教育現場における教育勅語の使用に関する声明（四月二七日）

⑥ 教育史研究者有志：声明「教育勅語」の教材化と、銃剣道の保健体育科への導入に強く反対します。（四月二九日）

⑦ 教育史学会：「教育ニ関スル勅語」（教育勅語）の教材使用に関する声明（五月八日）

⑧ 日本カリキュラム学会・日本教育方法学会：学校教育における教育勅語の取り扱いに関する提言（五月二五日）

⑨ 歴史学研究会：「教育ニ関スル勅語」の教育現場での

無前提な使用に反対する決議（五月二七日）
⑩日本音楽教育学会：政府の教育勅語使用容認答弁に関する要望書・共同声明書について（日付不明）

3　その他

①全日本教職員組合：談話　憲法の精神に反する教育勅語を肯定する答弁書の撤回と稲田防衛大臣の即時辞任を求めます（三月一四日）
②日本教職員組合：稲田朋美防衛大臣の発言に対する書記長談話（三月一四日）
③フォーラム平和・人権・環境：「教育勅語」容認の閣議決定に対する平和フォーラム見解（四月三日）
④日本教職員組合：「教育勅語の教材使用を認める」閣議決定に対する書記長談話（四月四日）
⑤平和・人権・民主主義の教育の危機に立ち上がる会：改めて本質をあらわにした教育勅語容認の閣議決定（四月五日）
⑥子どもと法・21（子どもの育ちと法制度を考える21世紀市民の会：「憲法や教育基本法に反しないような形で教材として用いることまでは否定されることではない」旨の閣議決定等に抗議し、これを撤回するよう求める声明（四月七日）
⑦長野県教職員組合：「教育勅語の教材使用を認める」閣議決定に抗議します（四月一〇日）
⑧憲法会議（憲法改悪阻止各界連絡会議）：教育勅語に関する閣議決定は明確な憲法違反であり、ただちに撤回することを要求する（四月一一日）
⑨日本出版労働組合連合会：出版労連は「教育勅語」を容認する閣議決定に反対します（四月一二日）
⑩宗教法人日本ホーリネス教団：「教育勅語の教育の現場での使用を容認する閣議決定」に対する懸念表明（四月一三日）
⑪全国労働組合総連合：談話　憲法違反の教育勅語を容認・肯定する答弁書の撤回を求める（四月一八日）
⑫大阪教育合同労働組合：安倍政権・松井大阪府政の「教育勅語」容認に、断固として抗議する（四月二〇日）
⑬都教委包囲・首都圏ネット：「教育勅語」容認の閣議決定に抗議し、撤回を求める声明（四月（日付不明））
⑭民主教育研究所：教育勅語の復活は断じて許さない（五月三日）
⑮自由法曹団東京支部：教育勅語の内容を肯定し学校教育の教材として用いることを容認する安倍内閣の閣議決定に抗議し、撤回を求める（五月一五日）
⑯仙台弁護士会：学校教育における教育勅語の使用に強

い懸念を表明する会長声明（五月一八日）

⑰ 自由法曹団：安倍内閣による教育勅語の肯定に抗議する（五月三一日）

⑱ 日本バプテスト連盟靖国神社問題特別委員会　日本バプテスト保育連盟：教育勅語に関する閣僚の発言、幼児教育に係る方針改訂などについての抗議声明（六月二六日）

(2)　声明本文

① 【教育学関連諸学会会長共同声明】

政府の教育勅語使用容認答弁に関する声明

（二〇一七年七月三一日更新）

政府は、第一九三回国会での本会議や委員会での審議や答弁書において、「教育ニ関スル勅語」（教育勅語）には普遍的な価値が含まれており、日本国憲法及び教育基本法等に反しないかぎり教材として使用できる旨の答弁を繰り返しました。そのなかには、朝礼での教育勅語の朗読や暗唱・唱和さえ一概には否定しない旨の答弁もありました。

一連の政府答弁は、戦前・戦中において教育勅語が日本の教育と社会にもたらした負の歴史を無視し、戦後国会が教育勅語を排除・失効確認した事実をも軽んじるものです。私たちは教育学を研究する者として、また大学等で教壇に立つ者として、これを容認することはできません。

教育勅語は、戦前・戦中に君主たる天皇が「臣民」に対して国体史観に基づく道徳を押しつけ、天皇と国家のために命を投げ出すことを命じた文書です。天皇は現人神であり、日本は神国であるという観念の下、教育勅語は、誰もが抱く家族や同胞への愛情や世の中で役立つ人間になりたいという気持ちを絡め取りつつ、国民を排外主義的・軍国主義的愛国心に導くことに使われました。このため、教育勅語は国民主権・基本的人権尊重・平和主義を基本理念とする日本国憲法とはまったく相容れないものであり、今日では歴史的資料としてしか存在することが許されないものです。

日本国憲法公布前の一九四六年一〇月八日、旧文部省が教育勅語を唯一の理念（「淵源」）とする教育を否定する旨の通牒を発したため、一時は唯一の理念としないかぎり教育勅語に基づく教育も可能だとの理解がありました。そこで、日本国憲法施行後の一九四八年六月一九日、衆議院の教育勅語排除決議及び参議院の失効確認決議により、国会は国権の最高機関として学校教育から教育勅語を完全に排除するとの意思を示しました。文部省はこれらを受けて、同年六月二五日、一九四六年通牒による教育勅語の取扱いを変更し、戦前・戦中に学校に配られた教育勅語をすべて返還するよう通知しました。このようにして、教育勅語は七〇年も前に、日本国憲法及び教育基本法に反するものとして学校教育から完全に排除されたのです。

したがって、教育勅語は、戦前・戦中における教育と社会の問題点を考えるための歴史的資料として批判的にしか使用できないものであり、普遍的価値を含むものとして教育勅語を肯定的に扱う余地はまったくありません。

ところが、政府は、教育勅語を教育の唯一の理念とすることは否定されたとしつつも、教育勅語には普遍的な価値が含まれており、日本国憲法及び教育基本法に反しないかぎり肯定的に扱うことも容認される旨の答弁を繰り返しました。その一方、どういう使い方が日本国憲法に反するのかとの質疑には答弁を忌避し、学校・設置者・所轄庁の判断に委ねるとの答弁に終始しました。これは国会軽視であるだけでなく、戦前・戦中のような教育勅語の使用を容認または助長しかねないものです。

私たちは政府に対して、第一九三回国会における教育勅語の使用容認答弁を撤回し、戦前・戦中における教育と社会の問題点を批判的に考えるための歴史的資料として用いる場合を除き、教育勅語の使用禁止をあらためて確認するよう求めます。また、教師、学校、教育委員会には、第一九三回国会における政府の教育勅語使用容認答弁に惑わされることなく、普遍的価値を含むものとして教育勅語を肯定的に扱う余地はまったくないことをご理解いただくよう求めます。

二〇一七年六月一六日

日本教育学会会長　広田照幸
関東教育学会会長　関川悦雄
教育史学会代表理事　米田俊彦
教育目標・評価学会代表理事　木村元・鋒山泰弘
子どもと自然学会会長　生源寺孝浩
大学評価学会代表理事　植田健男・重本直利
中部教育学会会長　吉川卓治
日本音楽教育学会会長　小川容子
日本学習社会学会会長　佐藤晴雄
日本家庭科教育学会会長　伊藤葉子
日本キリスト教教育学会会長　町田健一
日本社会教育学会会長　長澤成次
日本生活指導学会代表理事（教育学）折出健二
日本体育学会会長　深代千之
日本美術教育学会会長　神林恒道

日本福祉教育・ボランティア学習学会会長　原田正樹
幼児教育史学会会長　太田素子
（六月一六日追加分）日本教育制度学会会長　清水一彦
（六月一八日追加分）日本教師教育学会会長（理事長）三石初雄
（六月二三日追加分）日本カリキュラム学会代表理事　長尾彰夫
（七月四日追加分）日本環境教育学会会長　諏訪哲郎
（七月一〇日追加分）日本体育科教育学会会長　岡出美則
（七月一二日追加分）日本地理教育学会会長　竹内裕一
（七月一四日追加分）日本学校保健学会理事長　衛藤隆
（七月二六日追加分）北海道教育学会会長　姉崎洋一
（七月三一日追加分）日本教育方法学会代表理事　深澤広明

付記１：教育史学会は二〇一七年五月八日に別途独自に声明を公表しています。
付記２：日本カリキュラム学会理事有志・日本教育方法学会会員有志により、二〇一七年五月二五日付で別途独自の提言を公表しています。

〈http://www.jera.jp/20170617-1/〉

②【教育史学会理事会】　二〇一七年五月八日

「教育ニ関スル勅語」（教育勅語）の教材使用に関する声明

教育史学会理事会

政府は、二〇一七年三月三一日の閣議決定による答弁書において、憲法・教育基本法に「反しないような形で教育に関する勅語を教材として用いることまでは否定されることではない」、さらに四月一四日と一八日の答弁書において教育勅語の「教育現場における使用」について、「国民主権等の憲法の基本理念や教育基本法の定める教育の目的等に反しないような適切な配慮がなされているか等の様々な事情を総合的に考慮して判断されるべきものである」との見解を表明した。このことにより、一八九〇（明治二三）年一〇月三〇日に明治天皇の名をもって出された「教育ニ関スル勅語」（教育勅語）の暗唱やそこに記される徳目の教材活用が学校で行われるようになるのではないかとの懸念が高まっている。

教育史学会では、多くの会員が教育勅語の内容、儀式及び社会的影響等を長年にわたって研究し、その成果を蓄積してきた。上記の状況に対し、学術研究の成果の要点を明確に提供する責務から、この声明を発するものである。

「父母ニ孝」など教育勅語中の一部の文言を道徳教育に活用することは認められるとの見解が内閣官房長官や閣僚からも提起されているが、教育勅語に記述された徳目が一体性を有して「天壌無窮ノ皇運ヲ扶翼スヘシ」に収斂することは、その文面を読めば明らかである。また、公式的な性格の強い解釈書である井上哲次郎『勅語衍義』（一八九一年）、国定（文部省著作）の小学校（国民学校）修身科教科書、文部省図書局『聖訓ノ述義ニ関スル協議会報告』（一九四〇年）などにおいて、個々の徳目を切り離さずに皇運扶翼を眼目として解釈することが正しい解釈として示されている。教育勅語を歴史的資料として用いることは、歴史の事実を批判的に認識する限りにおいて必要であるが、児童生徒に教育勅語を暗唱させたり、道徳の教材として使用したりすることは、主権在民を理念とする日本国憲法や教育基本法に反する。そのことは、以下の事実からも明らかである。

第一に、教育勅語が戦前日本の教育を天皇による国民（臣民）支配の主たる手段とされた事実である。

教育勅語は、明治維新後に、天皇を中心とする道徳教育と翻訳教科書による近代西洋流の道徳教育が併存するなか、一八七九年の政府内の「教学聖旨論争」、一八八七年以後の「徳育論争」、一八九〇年の地方長官会議の建議などを契機として、井上毅と元田永孚によって起草された文書であった。このため、徳目には中国儒教起源のものと西洋近代思想起源のものが混在している。しかしその目的は、一八八九年公布の大日本帝国憲法施行にあたっての「告文」で「皇祖皇宗ノ遺訓ヲ明徴ニシ典憲ヲ成立シ」と記したことを前提とし、主権者たる天皇から臣民へ教育勅語という形式を通じて「遺訓」の内容を説明することにあった。

教育勅語は、「朕」と自称する明治天皇が「臣民」に道徳の規準を下す形をとっていること自体が、今日の主権在民の日本国憲法と相容れないものである。その内容では、徳目の起源を天皇の神話上の祖先である「皇祖皇宗」の道徳に措定し、「臣民」の祖先も「億兆心ヲ一ニシテ」守ってきたとしており、将来も「子孫臣民」が守っていく、「徳ヲ一ニシテ」いくと宣言しており、過去と現在と未来にわたる天皇と国民の道徳的な一体性を強調している。教育勅語は、この道徳的な一体性という仮想を「国体」という言葉で表現し、そこに教育の淵源を求めた。そしてこの一体的な構造の中に、中国儒教起源の「忠」と「孝」を位置づけて、さらに西洋近代思想起源の「博愛」などに至る多くの徳目を列記し、これらの徳目を、天照大神が天皇の祖先に下したと『日本書紀』に記されている「天壌無窮の神勅」を前提にして、「以テ天壌無窮ノ皇運ヲ扶翼スヘシ」という文言で集約している。

文部省は、この皇運扶翼に集約された道徳をあらわす「斯ノ道」を「皇国ノ道」という言葉に置き換えて一九四一年の国民学校令をはじめ各学校の教育目的として明示し、さらに「皇国民錬成」という理念と結びつけることによって教育勅語の「皇運扶翼」の趣旨を徹底した。教育勅語がこのようにして学校教育をまるごと戦時動員体制に組み込んでいく手立てとなったことは、忘れてはならない事実である。

第二に、学校現場での教育勅語の取り扱われ方に関する事実である。教育勅語は、単に道徳にかかわるテキストであったに止まらず、教育勅語謄本というモノ（道具）が神聖化されることにより、学校現場に不合理や悲劇をもたらした。

教育勅語は、一八九一年の小学校教則大綱で、「修身ハ教育ニ関スル勅語ノ旨趣ニ基キ児童ノ良心ヲ啓培シテ其徳性ヲ涵養シ人道実践ノ方法ヲ授クルヲ以テ要旨トス」（第二条）と規定されて以降、国民学校に至るまで、修身科教育の基本方針とされ、修身科教科書のさまざまな教材を通じての学習に加え、勅語の「奉読」、筆写・暗唱暗写などにより、その趣旨徹底が図られた。

教育勅語は、発布と同時に謄本が全国の学校に一律に下付され、天皇制国家の臣民教育において大きな役割を果たした。とりわけ教育勅語の理念普及に果たした学校儀式の役割を見逃すことはできない。一九〇〇年小学校令施行規則により定型化された、戦前の三大節（紀元節・天長節・一月一日、一九二七年より明治節が加えられて四大節）学校儀式は、教育勅語「奉読」に、御真影（天皇・皇后の写真）への「拝礼」、「君が代」斉唱、教育勅語の趣旨に関する校長訓話、式歌斉唱を加え、全国で一律に挙行された。この儀式内容は、入学式・卒業式など他の学校儀式の式目にも影響を与え、教育勅語「奉読」と「君が代」斉唱は、入学式・卒業式などでの必須の式目になった。

御真影と教育勅語謄本は、一八九一年文部省訓令「両陛下ノ御影及勅語謄本奉置ノ件」により、「校内一定ノ場所ヲ撰ヒ最モ尊重」に「奉護」することが求められた。その結果、火災・震災時には、これらのモノ（御真影・教育勅語謄本）を火災焼失から免れさせるため「殉職」する教職員が後を絶たなかった。さらに確実な「奉護」のため、一九二〇年代頃より、校舎外に奉安殿と称する保管庫を設置させる措置を推進し、児童生徒に対して登下校時に奉安殿に向かって最敬礼させることが日常化した。一九四三年の「学校防空指針」は、防空に際して、最優先事項は、御真影・教育勅語など詔勅の謄本の「奉護」であり、児童生徒の保護はその次と定め、「疎開」も御真影・教育勅語が児童よりも先に実施された。

このように、各学校に一律下付された教育勅語は、①修身科教育、②学校儀式、そして③日常の「奉護」という学校生活の全体で、「国体」の理解徹底の道具立てとなった。道徳にかかわる批判的な思考の深まりは軽んぜられ、条件反射のように教育勅語を暗誦するという次元で道徳内容の身体化に寄与した。この点で、教育勅語は道徳教育の充実というよりも、その形骸化と人命軽視をもたらしたというべきである。

第三に、教育勅語が民族的優越感の「根拠」とされるとともに、異民族支配の道具としても用いられた事実である。台湾総督府の初代学務部長伊沢修二が教育勅語を教化の手段として利用しようとしたことを手始めとして、朝鮮総督府は朝鮮教育令（一九一一年）において教育は教育勅語の趣旨に基づいておこなうと定め、台湾総督府も台湾教育令（一九一九年）において同様の規定を設けた。こうした措置は、天皇のもとで独自の「国体」を築いてきた日本人は、その独自な「国体」ゆえに道徳的にも優れているのだという教義を異民族に対しても無理矢理に承服させようとするものであった。教育勅語の文面は、「之ヲ中外ニ施シテ悖ラズ」というように普遍的な道徳律であることを標榜しているものの、他方で「爾祖先ノ遺風ヲ顕彰スルニ足ラン」というように血縁集団のロジックを刻み込んでいる。そのために、実際のところとても「中外」（国の内外）に広く受け入れられるようなものではなかった。当時の為政者もそのことを認めざるを得なかったために一九一〇年代前半には台湾向けの教育勅語を極秘裏に起草する試みがおこなわれ、また、朝鮮で三・一独立運動が生じた際には教育勅語の解釈のオーソドキシーを担っていた哲学・倫理学者井上哲次郎が、「爾祖先」云々という教育勅語の文言は朝鮮人の怒りを募らせるとして、朝鮮向けの教育勅語を別に起草すべきという論を展開した。いずれも、教育勅語の権威をおとしめてしまう懸念から実現にはいたらなかったものの、こうした事実は、教育勅語が普遍性からはほど遠く、自民族中心主義、排他主義をその本質的な要素として組み込んでいることを示している。

一九四八年六月一九日、衆議院は「これらの詔勅を排除し、その指導原理的性格を認めないことを宣言する。政府は直ちにこれらの謄本を回収し、排除の措置を完了すべきである」、参議院は「教育勅語等が、あるいは従来の如き効力を今日なお保有するかの疑いを懐く者あるをおもんばかり、われらはとくに、それらが既に効力を失つている事実を明確にするとともに、政府をして教育勅語その他の諸詔勅の謄本をもれなく回収せしめる」ことを決議した。この決議に従って同月二五日、文部次官が都道府県知事・高等教育機関の学校長宛に「本省から交付した「教育ニ関スル勅語」等の謄本で貴管下学校等において保管中のものを貴職において取りまとめのうえ〔中略〕至急本省へ返還方処置されたい」と指示した。教育勅語謄本は焼却処分され、公的には存在しないことになったはずである。

政府は、今年四月一八日、教育勅語の使い方について、憲法や教育基本法に反するかどうかという判断を、教育委員会や学校の設置者に委ねるとする見解を答弁書において表明したが、教育委員会や学校の設置者がそれぞれに「判断」するまでもなく、憲法、教育基本法および国会決議に反することは上記の経緯の内に明らかである。

以上のことにより、教育史学会理事会は学術研究を担う者としての立場から、歴史的資料として批判的に取り扱うこと以外の目的で教育勅語を学校教育で使用することについて、教育史研究が明らかにしてきた戦前日本の教育の制度や実際にかかわる諸事実に照らして許されるべきではないとの見解をここに表明するものである。

二〇一七年五月八日　　教育史学会理事会

〈http://kyouikushigakkai.jp/info/2017/050815621〉

第二篇

教育諸学からの発言

第一章

教育勅語の戦前と戦後
――教育史研究の視点から――

米田俊彦（教育史学会代表理事・お茶の水女子大学）

はじめに

二〇一七年三月末日の政府の「教育ニ関スル勅語」（以下、「教育勅語」と記す）使用容認の閣議決定を受け、教育史学会は五月八日に理事会として声明を出し、六月一〇日にシンポジウム「教育勅語の何が問題か」を開催、そしてその記録をもとに一〇月五日にブックレット（教育史学会編『教育勅語の何が問題か』岩波書店）を刊行した。ふだんは政治や行政の動向に対して距離をとることが多かった学会であるが、教育史研究が明らかにしてきた教育勅語の問題点についての無理解に基づく閣議決定に対して、まさに「何が問題か」を端的に伝える必要を感じてのことであった。

とりあえずブックレットを通じて端的に指摘すべきことは尽したと考えているが、戦後改革で廃止された旧憲法下における教育勅語と新憲法下における教育勅語とでは、教育勅語の存在の仕方、位置づけられ方が異なるので、少していねいに戦前と戦後の違いをふまえて、改めて教育史の視点から現代の教育勅語問題を整理することにしたい。

とりわけここでは一九四八年の衆参両院の決議がポイントとなる。教育勅語等の諸詔勅が、衆議院の決議では「国民道徳の指導原理としての性格」、参議院の決議では「従来の如き効力」を喪失していることを確認し、その実効性を徹底させるためにそれらの謄本の回収、排除を求めている。つまり、これらの国会決議は教育勅語を公的な世界から完全に排除することを宣言したものである。そのことの意義を、戦前から戦後への歴史の転換の文脈に即して、三つの視点を設定して検討していくことにする。

第一節　思想・言論の自由と信教の自由

大日本帝国憲法では、思想の自由は明記されておらず、言論の自由は第二十九条で「法律ノ範囲内ニ於テ」という限定を付けて認められていた。教育勅語の発布当初は批判も含めて様々な見解が現れたが、学校教育を通じて統制が強められ、自由に批判できるものではなくなっていった。一九二五年に治安維持法が制定され、その第一条で「国体」の「変革」を目的として結社を組織した者を処罰の対象とした。「国体」は教育勅語のキーワードでもある。治安維持法の「国体」と教育勅語の「国体」は完全に一致するものではないとしても、社会主義思想の拡散を徹底して抑止するために治安維持法の「国体」の「変革」が拡大解釈されて運用されたため、「国体」をキーワードとする教育勅語を自由に批判する言論は憲法によって守られず、刑罰（極刑）を覚悟しなければ不可能であった。

また、戦前の天皇制国家にあっては、国家神道は宗教にあらずという原則が採用されていた。大日本帝国憲法第二十八条で「日本臣民ハ安寧秩序ヲ妨ケス及臣民タルノ義務ニ背カサル限ニ於テ信教ノ自由ヲ有ス」と規定されていたが、国家神道は自由に信じたり信じなかったりしてよい宗教の一つではなかった。同じ憲法第三条で天皇は「神聖」だと定義されており、その神聖なる天皇の臣民は、天皇を神として崇敬する内発的な心情をもつ必要があるとされ、まさにそのために教育勅語が生み出された。神聖な天皇は日本人が共通して崇敬するものであったが、それは「信仰」ではなかった。

神社は国の機関であり、伊勢神宮の神官は官吏、それ以外の神社の神官は待遇官吏で、内務省神社局が所管した。教派神道、仏教、キリスト教は「宗教」として扱われ、内務省宗教局（一九一三年より文部省に移管）が所管した。制度としても国家神道はまさに国家の機関のなかに位置づけられ、一般の宗教とは別の扱いを受けていた。

神社参拝は学校教育の活動に組み込まれていた。奉安殿は神社様式が多く採用され、校庭の一角に設置されて登下校のたびに児童生徒は拝礼させられた（小野、二〇一四）。距離的な限界はあったが（全国的に実施されたわけではなかったが）、一九三〇年代から四〇年代初めには国家神道の頂点に位置する伊勢神宮への参拝を主眼とする小学校の修学旅行（「参宮旅行」）が盛んになり、東京市からも各区の費用補助によって多数の小学生が参拝した（橋本、二〇一三）。一九三〇年代以降の戦時下にあっては、各学校で、必勝祈願の神社参拝が頻繁に行われた。

第二次大戦後、ＧＨＱは政治犯の釈放など、思想、言論の自由の確保に優先的に取り組んだ。治安維持法は一九四五年一〇月一五日に廃止されている。また同年一二月一五日、ＧＨＱのいわゆる神道指令によって国家神道は禁止された。奉安殿は学校から除去されたし、児童生徒学生の神社参拝も禁止された。教育勅語は、天皇を神の子孫とし、その天皇への無限の忠誠を求めているので国家神道の経典のような文書であるが、神道指令によって排除されることはなかった。この曖昧な扱いが一九四八年の国会決議を必要とさせることになる。

日本国憲法の原理や理念により、また直接的には第九十八条の「この憲法は、国の最高法規であつて、その条規に反する法律、命令、詔勅及び国務に関するその他の行為の全部又は一部は、その効力を有しない。」の規定により、教育勅語は少なくとも一九四七年五月三日の憲法施行の日に公的な世界から排除された（はずであった）。ところが、その同じ憲法によって思想、言論、信教の自由が保障されることになった。個人としては教育勅語の趣旨を正しいと考えることもそのように発言することも自由であり、あるいは教育勅語に記述された神道の教説を崇拝することの自由も憲法で保障されることになった。

思想の自由、言論の自由が認められるのはあくまでも個人の私的領域または宗教の世界においてであって、公的な世界では使えないという原則との境界は明快である。しかし、信教の自由をめぐっては、若干複雑な状況が生じている。

明治天皇（と昭憲皇太后）を神としてまつる明治神宮は、教育勅語の発布を明治天皇の功績としている。明治神宮のホームページには国民道徳協会による教育勅語の口語訳が掲載され、あるいは教育勅語の書写や音読ができるようなページが用意されている（国民道徳協会による口語訳については辻田（二〇一七）や長谷川（二〇一七）が詳しい）。その口語訳では、「一旦緩急アレハ義勇公ニ奉シ以テ天壌無窮ノ皇運ヲ扶翼スヘシ」は、「非常事態の発生の場合は、真心を捧げて、国の平和と安全に奉仕しなければなりません」としている。高橋陽一氏が原文に忠実に「非常事態のときには大義に勇気をふるって国家につくし、そうして天と地とともに無限に続く皇室の運命を翼賛すべきである」とした口語訳（高橋陽一、二〇一七）とはかなり違う。国の平和と安全に奉仕することは、それ自体としては非難されにくい。明治天皇を神とする明治神宮が教育勅語の解釈を示し、あるいは社会にそれをアピールすることは自由であり、その解釈を肯定的に受け入れて信奉することも信教あるいは思想の自由として保護される。ここから教育勅語を公的に排除した国会決議との複雑な関係が出現することになる。とりわけ、神道を教育理念とする私立学校において教育勅語を教育活動に用いることが、私立学校としての教育の自由により保障されるべきなのか、それとも公教育機関として共有されるべき規範（国会決議によって公的な世界から排除された教育勅語を使うべきではない）に従うべきなのか、ということが論点となる。結論としては、公的な学校を運営するのは宗教法人ではなく学校法人であり、私立学校の教育も公教育の一環であるから、やはり国会決議の論理が優先されるべきであろう。

日本国憲法が保障する様々な自由によって、教育勅語は宗教団体を含めた私的な空間では永続可能となっている。だからこそ、公的な世界では完全に排除されているとの国会決議の原則が徹底されなければならない。なお、公権力そのものである政府が閣議決定によって教育勅語の再利用の可能性を認めるなどということは、もっての外である。

教育勅語は法令ではない。しかし一八九一年の「小学校祝日大祭日儀式規程」「小学校教則大綱」（いずれも文部省令）に教育勅語の文言が盛り込まれ、その規定が一九〇〇年の小学校令施行規則（文部省令）に継承されたことから、実際には法的な効力をもった。一九一一年の朝鮮教育令、一九年の台湾教育令（いずれも勅令、現在の政令に相当）にも盛り込まれたが、二二年の朝鮮教育令・台湾教育令には継承されなかった。

そして、「皇国ノ道」が教育勅語の「斯ノ道」であるとの解釈のもとに、一九四一年に国民学校令、四三年に中等学校令が制定され、四三年に師範教育令が改正されるなどして、各学校の目的が「皇国ノ道ニ則リテ……錬成ヲ為ス」とされ、戦時下の教育理念が「皇国民錬成」と広く呼称された（ただし青年学校令と大学令は改正されなかった）。これらの学校令はいずれも勅令である。

各学校令は、たとえば戦時下で短縮した修業年限を延長して元に戻す一九四六年二月勅令第一〇二号「中等学校令中改正等」などを除き、基本的に一九四七年三月の学校教育法の附則で廃止されるまで、そのまま存続した。

今回の教育勅語問題において、教育勅語がかつては法令であったが、戦後法令でなくなったことを理由にして、教育勅語についての解釈を政府が答弁をしないという事態が起った。かつては法令であったが教育基本法等によって法令でなくなったという理解の仕方自体は間違いではない。問題は、なぜ教育基本法・学校教育法の制定まで教育勅語が法令のなかで生きていたのか、である。教育勅語そのものは法令ではないので排除しにくいが、法令に規定された教育勅語あるいは「皇国ノ道」といった文言は、改正すれば排除できるからである。

終戦後、急を要することについては、旧制度の教育法令は教育基本法や学校教育法の制定を待たずに改正されている。修業年限については前述のとおり改正されたし、大学に女子が入学できるようにするため、一九四六年二月に大学予科規程（文部省令）が改正された。四六年一〇月には国民学校令施行規則（文部省令）の教育勅語や御真影を含んだ学校儀式を定めていた箇所が削除される形で改正された。四五年一〇月、文部省訓令第八号「私立学校ニ於テハ法令ニ定メラレタル課程ノ外ニ於テ宗教上ノ教育ヲ施シ又ハ宗教上ノ儀式ヲ行フコトヲ得ルノ件」（都庁府県宛）が出され、一八九九年の文部省訓令第一二号による宗教教育・儀式の制限（キリスト教主義の学校の宗教教育を制約していた）を取り除く措置がとられた。では、「皇国ノ道」はなぜすぐに削除されなかったのか。

日本側（文部省）が自ら進んで「皇国ノ道」を削除する意思がなかったことは推測されるが、GHQも同様だったのだろうか。「皇国ノ道」が教育勅語の「斯ノ道」であることが認識できなかったという推測は可能である。しかし、国民学校令施行規則の第一条第一号に「教育ニ関スル勅語ノ旨趣ヲ奉体シテ教育ノ全般ニ亙リ皇国ノ道ヲ修練セシメ……」、中学校規程・高等女学校規程・実業学校規程（文部省令）の各第一条には「〇〇〇ニ於テハ教育ニ関スル勅語ノ旨趣ヲ奉体シ中等学校令ノ本旨ニ基キ……」（〇〇〇には学校の種別が入る）と書かれている。これらは一九四一年に国民学校令が、あるいは四三年に中等学校令が制定され、「皇国ノ道」がそれぞれの第一条に盛り込まれた時に制定された文部省令である。いずれも一番目立つ最初の条項に「教育ニ関スル勅語」とあるから、気づかなかったとは考えにくいが、これらの条項は改正されなかった。

一九四六年度中は、教育勅語を学校現場から完全に排除することが決まっていなかったから、法令の規定から削除する必要がなかったのかもしれない。奉安殿は撤去させ、御真影も回収し、前述のとおり、一九四六年一〇月には国民学校の学校儀式からも御真影や教育勅語を排除した。GHQで教育を担当していたCIEは、一時は戦後版の教育勅語を用意したこともあった。急いで勅令から「皇国ノ道」、省令から「教育ニ関スル勅語」の文言を削除するまでもないと判断したのかもしれない。

日本（人）側の教育勅語を排除する意識の弱さは、キリスト教主義の私立学校の戦後の対応を見るとわかる。筆者はかつて、国立公文書館に所蔵されている各学校の学則規則認可文書により、一九三〇年代から四〇年代前半に、キリスト教主義の私立専門学校が圧力や介入によって学則中の教育目的条項を変更し、「基督教主義ニ基キ」といった語句を削除し、代わりに「教育勅語ノ御趣旨ニ基キ」「皇国ノ道ニ則リ」といった語句を加えた学校が多かったことを明らかにしたことがある。そこでは、それらの学校が戦後、必ずしもすみやかに学則を元に戻さなかったことについても次のように指摘した（米田、一九九一：七二～七三頁）。

戦後改革の主体性の欠如はしばしば指摘されることであるが、学則についても同様の指摘が可能である。さすがに「皇国の道」を目的に掲げた学校は戦後まもなく改正した。しかし「教育勅語」を含んだだけの学則を有していた学校は、物価騰貴に対応した数度の授業料改定のための学則改正の際にも目的条項の改正をせず、結局新制大学へ移行するまでそのままにしていたところがほとんどであった。「教育勅語」がキリスト教主義と共存できないことは自明であり、また「勅語」の存在の是非が議論されていた時期でもあった。本来の目的条項になぜ戻さなかったのか、まったく疑問である。

「皇国の道」の場合はセットで「錬成」が使われていたためにそのままにしにくかったのかもしれない。しかし「皇国の道」と「教育勅語」は同義である。「教育勅語」をそのままにしておいても、ＧＨＱや軍政部から指示も指導もされなかった、あるいは咎められる懸念もなかった、ということであろう。キリスト教主義学校の関係者でさえ教育勅語による支配から自ら脱却しようとする意識が乏しかったことからすれば、日本人全体にその意識がさらに乏しかったことが十分に推測される。

いずれにしても、法令に教育勅語の文言が残っていた以上、教育基本法・学校教育法の制定までは教育勅語の完全な排除は不可能だったことになり、また実際に徹底して排除することはできなかったのである。

第三節　教育勅語の「普遍性」をめぐって

教育勅語の「父母ニ孝ニ兄弟ニ友ニ夫婦相和シ朋友相信シ恭倹己レヲ持シ博愛衆ニ及ホシ学ヲ修メ業ヲ習ヒ以テ智能ヲ啓発シ徳器ヲ成就シ進テ公益ヲ広メ世務ヲ開キ常ニ国憲ヲ重シ国法ニ遵ヒ一旦緩急アレハ義勇公ニ奉シ」のくだりが現代でも通用するという意味で、教育勅語には普遍的な道徳の教えが盛り込まれていて、そこだけは現代でも（いつの世でも）使えるという議論がしばしばなされる。二〇一七年三月三一日の閣議決定の「憲法や教育基本法に反しないような形で教育に関する勅語を教材として用いることまでは否定されることではない」という立論も、現代でも使える部分があるということを前提にしたものと考えられる。

しかし、一九四八年の国会決議で否定された文書の一部だけをあえて使うことにどれだけの意味があるのか、あるいは友達を信頼する、といった道徳を教えるのにわざわざ教育勅語を使わなければならない理由が見当たらない、といった反論が容易に想定される。にもかかわらず、なぜ、あえて、教育勅語なのか、なぜ繰り返し教育勅語の普遍性が主張されるのか。

教育勅語のテキスト自体の最後に、「之ヲ古今ニ通シテ謬ラス之ヲ中外ニ施シテ悖ラス」と自ら普遍性があると書いてある。普遍性へのこだわりを理解するためには、テキストのこの記載を検討しておく必要がある。

政府の教育勅語使用容認方針に対して日本教育学会等の会長・代表理事が連名で「政府の教育勅語答弁に関する声明」を発表したが、それに対して日本漢字能力検定協会代表理事会長の高坂節三氏が反論を表明した（高橋節三、二〇一七）。高橋節三氏は高坂正堯氏の弟で、経済同友会幹事、東京都教育委員などを歴任した人物である。反論文では、会長連名の声明の要旨を紹介したうえで、「日本の「破局」をもたらした手段として「教育勅語」が悪用されたことを認めるに吝《やぶさ》かでない」としつつ、教育勅語を「肯定的に扱う余地のまったくないものだろうか」と疑問を示し、次のように論じている。

起草にあたった一人、当時の法制局長官、井上毅は、その徳目が日本に特殊なものでなく、広く諸外国に通用する普遍的なものであるかどうかを確かめるために、（中略）金子堅太郎に調査を求めた。

金子は「教育勅語」の徳目がわが国固有の倫理の教えに基づきながら、世界に通用する普遍的なものであることを確認し、その成立の経緯を「世界に輝く教育勅語」という形で発表したのである（『金子堅太郎著作集第二集』）。われわれは、こうした「教育勅語」の形成された労苦や尽力を頭から無視してよいものであろうか。

近代日本の歴史を切り開いてきた先人に対する畏敬の念を欠いてはならないと思う。

必ずしも論理的ではなく、まさに「畏敬の念」という心情に訴えかける主張であるが、教育勅語には普遍性があることを理由にその復活再生を期待する人々の意図あるいは意識が率直に語られているように思われる。

金子堅太郎の『世界に輝く教育勅語』は、一九三〇年に「教化資料第百四輯」として財団法人中央教化団体聯合会から出版された小冊子で、同年の一一月三日の「明治節」におけるラジオ放送の講演速記である。この冊子（講演）では、たしかに井上毅が教育勅語の草案を金子に見せ、この勅語が欧米に知られた時に「中外ニ施シテ悖ラス」が「欧米の教育の方針に矛盾すると云ふやうなことがあつては是は由々敷き一大事」だとして金子の意見を求めたとある（金子、一九三〇：二三）。それに対して金子は欧米の教育の方針に反していないと回答したという。

さらに、金子がこの冊子（講演）で強調しているのは、日露戦争中の一九〇五年四月にニューヨークのカーネギー・ホールで行った講演のことである。この講演で金子は「一旦緩急アレハ義勇公ニ奉」ずるという箇所に最も力を入れて説明し、「議場の聴衆は拍手喝采して大いに教育勅語を賞賛」し、現地のマスコミがこれを大きくとりあげたという（金子、一九三〇：一〇）。そして、金子の提言で文部省が教育勅語の英訳を作り、その英訳を中心に元東京帝国大学総長菊池大麓がロンドンで日本の教育を紹介して好評を得た。宗教による秩序が緩みつつあった欧米社会において、教育を通じて道徳と学識を兼備した人を作ることが求められるようになり、教育勅語を中心とする日本の教育がむしろモデルとされるようになったと誇らしく説明している。教育勅語発布当初は、作者の井上自身が普遍性に不安を感じていたのが、逆に普遍性を獲得して欧米に対して誇るべきものになったというストーリーが描かれているのである。

このように描かれる教育勅語の普遍性を高坂節三氏は強調し、あるいは普遍性を獲得するにあたっての金子などの努力を尊重すべきだと主張しているのであるが、そもそも金子が述べていた欧米での教育勅語の高い評価については、事実とは違うようである。日露戦中から戦後にかけての教育勅語の対外宣伝活動を詳述した平田諭治氏の『教育勅語国際関係史の研究』によれば、金子のアメリカでの講演では教育勅語の徳目部分のみが紹介され、かつ当時のマスコミの報道を見る限り高い評価を得ておらず、また、菊池のイギリスでの講演は、教育勅語の効用を天皇の宗教的権威によって強調したものであったために、宗教による秩序に代わる道徳的秩序を模索していた当時のイギリスにおいて賞賛されるものではなかったとされている。

さらに平田（一九九七）は、日清日露戦間期において、資本主義化、帝国主義化しつつあるなかで有用、有効でなくなりつつあった教育勅語の限界への指摘、批判が繰り返されていたにもかかわらず、右の海外宣伝と、海外で好評を博したことにされた事実とによって、教育勅語が政府内での信用と地位を高め、その「普遍性」を前提に植民地支配にも活用されていったと指摘している（ただし、実際には特殊性を強く帯びていたために植民地支配での活用がスムーズではなかったことは駒込（一九九六）や樋浦（二〇一七）でも論じられている）。教育勅語に普遍性があるとの、現代にもつながる自己中心的理解の仕方は、このあたりに起源がありそうである。

ところで、教育勅語の普遍性に関する解釈は、戦前において大きく変更されたという経緯がある。小山常美氏や高橋陽一氏が明らかにしたことの概要は次のとおりである（小山、一八九八／高橋、一九九七／高橋陽一、二〇一七）。

文部省著作（国定教科書）の『高等小学修身書』巻二（児童用、一九一三年）には、「父母ニ孝ニ」から「義勇公ニ奉シ」までは普遍的な道徳と言えても、その次の「以テ天壌無窮ノ皇運ヲ扶翼スヘシ」は日本人に限ったことなので、「斯ノ道ハ（中略）之ヲ古今ニ通シテ謬ラス之ヲ中外ニ施シテ悖ラス」の「斯ノ」は「父母ニ孝ニ」から「義勇公ニ奉シ」までをさすこととし、「天壌無窮ノ皇運」の「扶翼」は「斯ノ」に含まれないとの解釈が示されていた。日本語の文章理解としてはきわめて不自然であるが、天皇制を支えることを外国人に求めることはできないので、「義勇公ニ奉シ」で切って、そこまでが普遍的な道徳であると解釈せざるを得なかった。教育勅語の普遍性を海外にアピールしていた事情とも符合する。

ところが一九三九年に文部省に設置された「聖訓ノ述義ニ関スル協議会」はそれまでの右の解釈を改め、「斯ノ道」には「以テ天壌無窮ノ皇運ヲ扶翼スヘシ」までを含めることとした。そして「斯ノ道」は「皇国ノ道」という語に言い換えられて一九四一年の国民学校令等の目的規定に使われることになる。教育勅語は、「国体」「皇運扶翼」という特殊性を強調してそれを普遍的だと強弁する解釈を採用して最後を迎えたのである。

おわりに

教育勅語問題を教育史の視点で三つの角度から検討してみた。

教育勅語は、思想・言論の自由がない状況のもとで、国家神道の枠組みにおいて強大な効力を発揮した。教育勅語を排除した日本国憲法による思想、言論、信教の自由の保障という新しい権利保障秩序の中で、教育勅語は私的領域、あるいは宗教の世界において、生き続けることが可能になった。私的な空間、あるいは宗教の世界で教育勅語を完全に排除することはできないが、それだけに、公的な世界から教育勅語を排除した一九四八年の国会決議は重要な意味をもち続けている。

教育勅語は、それ自体は法令ではなくても、法令に書き込まれることで法的効力をもった。教育基本法制定に至る戦後教育改革のプロセスにおいて、教育勅語の排除はＧＨＱも日本人（側）も消極的であり、それゆえに教育基本法・学校教育法まで旧制度の法令に教育勅語が書き込まれたままになった。キリスト教主義学校の関係者でさえ、学則から教育勅語の文言を除外することに積極的ではなく、全体として、ＧＨＱも日本（人）側も教育勅語の排除に自覚的でも主体的でもなかったと言わざるを得ない。そして法令の根拠があった以上、教育勅語は曖昧な形で学校現場に残され、その排除は教育基本法・学校教育法の制定以後の課題となった。それゆえに、やはり一九四八年の国会決議の意義は大きい。

教育勅語の普遍性は、日露戦争中から戦後にかけて意識的に海外に宣伝された。海外から高い評価を得たこととされ、教育勅語は日本の誇るべき道徳教育の中核となり、植民地教育にも活用された。しかし、普遍性を強調していた時の解釈の歯止めはアジア・太平洋戦争や第二次世界大戦の段階で外され、天皇への忠誠という特殊性を前面に出し、それを「斯ノ道」で受けて「中外ニ施シテ悖ラス」とし、「皇国ノ道」という教育の根本理念にまでしてしまった。その傲慢さに対する反省が一九四八年の国会決議の原点である。

戦前と戦後にまたがる教育勅語にかかわる問題は、非常に複雑な構造と経緯とをもっているが、この構造と経緯の全体に核心として位置づけられるのは、やはり一九四八年の国会決議であろう。私的な空間あるいは宗教の世界でしか存続し得ないという戦後の教育勅語にかかわる秩序の枠組みは、この国会決議によって作られ、現在まで維持されてきた。この枠組みに穴を開けようとしたのが二〇一七年三月三一日の閣議決定であるが、これは国会決議に明らかに違反している。

この国会決議は、法令のような拘束力はもたないが、植民地支配を含めた戦前の天皇制による強権的な支配と侵略戦争を引き起こしたことの反省を国権の最高機関として表明した重い歴史的事実である。この決議をなかったことにするならば、それは歴史の修正に他ならない。

●引用・参考文献

小野雅章（二〇一四）『御真影と学校――「奉護」の変容――』東京大学出版会。

駒込武（一九九六）『植民地帝国日本の文化統合』岩波書店。

小山常美（一九八九）『天皇機関説と国民教育』アカデミア出版。

高橋節三（二〇一七）「「教育勅語」に思う」『産経新聞』二〇一七年七月一二日朝刊一九面（＝本記事は日本漢字能力検定協会のホームページに掲出されている〈http://www.kanken.or.jp/outline/data/sankei_kaitoranma_170712.pdf〉（二〇一七年一〇月二二日閲覧）。

高橋陽一（一九九七）「「皇国ノ道」概念の機能と矛盾――吉田熊次教育学と教育勅語解釈の転変――」『日本教育史研究』第一六号。

高橋陽一（二〇一七）「教育勅語の構造と解釈」教育史学会編『教育勅語の何が問題か』岩波書店（岩波ブックレット九七四）、第一章。

辻田真佐憲（二〇一七）「教育勅語肯定論の戦後史――敗戦直後の擁護論から森友学園事件まで――」岩波書店編集部編『教育勅語と日本社会――いま、歴史から考える』岩波書店。

橋本萌（二〇一三）「一九三〇年代東京府（東京市）小学校の伊勢参宮旅行――規模拡大の経過と運賃割引要求――」『教育学研究』第八〇巻第一号、二〇一三年三月。

長谷川亮一（二〇一七）「「口〝誤〟訳」される教育勅語――戦後の教育勅語受容史――」岩波書店編集部編『教育勅語と日本社会――いま、歴史から考える』岩波書店。

樋浦郷子（二〇一七）「教育勅語と植民地支配」教育史学会編『教育勅語の何が問題か』岩波書店（岩波ブックレット九七四）、第三章。

平田諭治（一九九七）『教育勅語国際関係史の研究――官定翻訳教育勅語を中心として――』風間書房。

米田俊彦（一九九一）「私立専門学校への「御真影」下付と学則改正――キリスト教主義学校を中心に――」久保義三編『天皇制と教育』三一書房、第一章第二節。

第二章

生活指導研究と教育勅語

——生活指導史研究の視点から——

瀧澤利行（日本生活指導学会理事・茨城大学）

第一節　明治一五〇年と教育勅語問題

日本政府は、二〇一八年（平成三〇年）に一八六八年（慶応四年・明治元年）から起算した場合に「明治一五〇年」を迎えるとして、種々の記念行事を企画している。明治維新以降の「近代日本」のあり方をどのように評価し、これに対していかなる姿勢で臨むかはさまざまな立場がありうるであろうから、ひとまずここでその当否に言及することはしない。ただし、政府やその関係団体が、日本の発展の礎を「明治」という時代にもとめ、その成果を日本の美徳として継承を力説していることはほぼ異論のないところであろう(1)。

たとえば「明治一五〇年」に関する政府広報では、「明治以降の歩みを次世代に遺す」として、「明治以降、日本は近代化の歩みを進め、国の基本的な形を築き上げた。明治以降の日本の歩みを改めて整理し、未来に遺すことにより、次世代を担う若者にこれからの日本の在り方を考えてもらう契機とする。」と記し、「明治以降の歩み」として、歴史的に評価すべき明治期のイシューとして「立憲政治・議会政治の導入」「国際社会への対応」「技術革新と産業化の推進」「女性を含めた教育の充実」をあげている。また、「明治の精神に学び、更に飛躍する国へ」と明治期に形成されたとする日本の精神性を基礎に今後の日本の発展を嘉することを掲げて、「明治期においては、能力本位の人材登用の下、若者や女性が、外国人から学んだ知識を活かし、新たな道を切り拓き、日本の良さや伝統を生かした技術・文化を生み出した。これらを知る機会を設け、明治期の人々のよりどころとなった精神を捉えることにより、日本の強みを再認識し、現代に活かすことで、日本の更なる発展を目指す基礎とする。」としている。そしてその「明治の精神」として「機会の平等」「チャレンジ精神」「和魂洋才」などを示している。

繰り返すが、「明治」に対する感慨は日本の人々のなかで種々あろうし、それに対してどのような態度をとるかは、まさしく日本国憲法第一九条で定めた思想及び良心の自由に関わることであって、本稿でことさらそれを掘り下げて議論することも当面しない。しかしながら、今般（二〇一七年）の「教育に関する勅語」（以下、「教育勅語」と記す）の教育現場での使用を容認する政府答弁書閣議決定に関する一連の経緯（以下、「閣議決定問題」と記す）が、こうした「明治」への、あるいは「明治的なもの」への肯定的気運から生じていた事象であると考えることは、当を得ていないと退けられるのみであろうか。さきにみたような明治の「美徳」ともいえる諸点が、日本の近代化を推進するうえで大きな原動力となったことは否定できない。他方で、その推進の影で様々な矛盾を同時に深く胚胎させていったこともまた明治の一面である。勤勉性の名の下での国際的にみても長い労働時間や社会的処遇においてなお残る男女格差は、明治以降の日本社会のなかで「国際化」することによって緩和するよりはむしろ温存されたままである。すなわち、政府広報に掲げられた明治の精神とは事の一面を示すものであって、その背後には今日なお解決されない、あるいはむしろさらに顕著になっている問題群があることもまた認識されなければならない。明治の時代としての特徴、秀逸性を論じるときには、同時にその限界や課題についても明確にしてこそ、歴史を可能な限り、正当に評価する立場を保つことになるといえる。

日本生活指導学会は、後述するように歴史や社会の展開のなかで光があたってきた事象はもとより、光をあてられてこなかった、あるいは様々な偏見をもってみられてきた人々の生き方や暮らしにことさら光をあて、その人々の視線に何がみえていたか、あるいはみえているのかを考えながら、その人々がこの社会に生きる術を読みとくことにその研究の主眼をおいてきた研究集団である。

その立場からみたときに、今般（二〇一七年）における「教育勅語」の「閣議決定問題」が、日本で生活を営む人々にとってどのような意味をもつのかを検討していきたい。なお、本稿は、この学術研究団体に属する個人がその団体のこれまでの研究活動を主体的に理解してその視点から検討する限りの論考であり、いうまでもなく学会全体の意思を反映したものではない。

第二節　国会決議への日本生活指導学会理事会の対応

閣議決定問題の詳細は、本書の他稿で詳細に論じられることになっているので、本稿ではことさらに再言しない。ここでは、閣議決定問題に対して日本生活指導学会がどのように対応したかとその際の経緯の一端を示すこととする。

国会議員による教育勅語の教育現場での使用の如何に関する質問主意書に政府がその使用に際して、日本国憲法、教育基本法に反しない限りで使用することを一概に妨げないことを主旨とした答弁書を閣議決定したことに対して一定の社会的論議が起ころうとした際、日本生活指導学会では、いち早くこの問題について何らかの学会としての所見や意見を明らかにすべきではないかという問題提起が理事会メーリングリストの登録者間でなされた。それは、少なくとも日本生活指導学会の理事の間では、政府の答弁書を閣議決定という法形式をもって、「教育勅語」を部分的にではあれ、その内容を肯定的にとらえて教育現場で扱うことを是認する政策的傾向が社会的に容認されてしまうことへの危惧が共有されていたからであった。いうまでもなく、個人が教育勅語という文書の内容それ自体にどのような意思をもつかは思想の範疇である。しかしながら、政策主体が立法府であり国権の最高機関である国会において衆参両院の院議をもってその失効と排除を決した文書内容を部分的であれ使用して教育を行うことを是認するというからには、その基本的な考え方やその際の教育のあり方について十分に議論する必要があり、そうした議論を経ることなしには安易にその決定を受け入れることには大きな危険がともなうことを確認するべきである。そうした意図がこの理事会のなかでのやりとりの初期段階で問題提起した理事とそれに呼応した理事間での共通した認識だったと考える。その後の経緯では、事態がまだ流動的で実際の教育現場でどのように取り扱われることになるか明らかでない段階での一定見解の表明には検討が必要であるという意見もあった。他方でこの問題を看過することは後述するように学会の存在意義に関わるのではないかとの意見も明らかにされた。

その後、理事間での協議を経て、理事のなかの一人が本件に関する理事有志という形式で声明原案を起草し、声明に賛同する理事の間で修文を重ね、理事会での合意を得て、声明を公にした。

この過程で声明の起草や修文に関わった日本生活指導学会の理事有志のなかでおそらくは共有されていたであろう思念は、日本国憲法や教育基本法の理念に違うという理由から衆参両院で失効決議がなされた教育勅語を指導原理的な側面を幾分かでも含んでいるものとして（唯一の指導原理として扱うのでなければ）、教育の場で教材として使用することを妨げるものではないという政府見解に対する違和感はもとより、教育勅語自体が内包している世界観や人間観において日本生活指導学会が研究やそれを通した実践で対象としている多様な人々の現状と大きく乖離するものであるという認識であったろう。教育勅語に関する議論は国会での失効決議以降も個人の発言の形で様々に言及されてきたが、勅語という表明形式の問題性はあってもその内容の一部はこんにちなお価値があり、継承すべきであるという言説は少なくなかった。しかしながら、日本生活指導学会が学会として追究してきた問題群の多様性からみたときには、むしろその内容こそに多くの議論し批判すべき点があることを指摘すべきではないかという意見がみられたことが、いち早く理事有志声明という形式で学会の意思の一部を表明することにつながったと考える。

第三節　日本生活指導学会の研究視角から見た教育勅語

日本生活指導学会は、その設立（一九八三年）当初から、学校教育における生活指導の課題にとどまらず、医療・看護における対象者支援、心理領域による対象者支援、社会福祉領域における自立の援助、司法福祉・矯正教育における自立更生など、多様な生活者の生活支援とそれへの教育的あり方を学問的課題としてきた。学際的というよりは、各自の学問的基盤を一旦留保し、検討する問題に対して一人の人間として事実をとらえ、そこに集う人々が人間としての本質に即して考え、発言し、それを各自の専門領域に還元してから自身の研究姿勢として生かしていくという議論のスタイルは、少なくとも周辺の関連学会にはみられないものである。それゆえにこの学会に集うという気風が日本生活指導学会にはある。

そのようなことから考えると、日本生活指導学会にとっては、教育勅語の歴史的成立過程やその普及における種々の歴史的問題とともに、それ以上に教育勅語が内包している人間観こそが学問的批判の対象となりうるものである。すなわち、教育勅語が望ましいとしている人間的生活上の諸価値は、自らが研究対象としてきた諸課題の状況からみたときに果たして受け継ぐべき遺産といえるのかという問いが当然に生じてくる。

しばしば「十二徳目」として、教育勅語が今日的にもなお有効であるとされる根拠として挙げられる概念は、今日的に日本生活指導学会が課題としている生活者が抱える問題群と関連的・対比的にとらえることができるものが多い。さしあたって挙げてみると以下のような対比群を例示することができる。

1 「父母ニ孝ニ」

これが両親の存在を前提とし、親は子に対して慈愛をもって育てるという前提のもとでの徳目であるならば、これまで日本生活指導学会で課題としてきた児童虐待問題からこの徳目をみるとき、「孝」という徳が何を前提として成り立つべきものであるかを再考せざるを得ない。この孝の概念はいうまでもなく儒教に根源をもつものであるが、旧民法における家族に関する諸規定や現民法における親権のあり方など、この孝の概念に支えられた家族制度とその思想に影響を得ている社会制度や慣行は決して少なくない。児童虐待や高齢者の養・介護などの家族に関わる諸課題のすべてがそれに発端するとはいえないにしても、孝の概念が虐待や家族による高齢者の養・介護を温存する家族関係や諸制度に影響していることは否定できまい。いうまでもなく、子が親に対して親愛の感情を抱くことは自然なこととして肯定されてよいであろうが、教育の観点からみるとき、それに増してもとめられることは親が子に対していかに自然な愛情をもって子育てを行うかであり、教育勅語にはそれが欠けていることは否めない。

２「夫婦相和シ」

夫婦が生物学的な男女の生殖を前提とした配偶関係を前提とした概念で、その和合を説くことがこの徳目の主旨であるならば、すでに性別違和に対して制度的にも医学的にも種々の対応が講じられており、社会文化的にも一定の受容がなされつつある中で、両性の配偶関係における和合のみを価値とする家族観自体が実情に適合していない。もちろん、性別違和に由来する多様な家族形態に対してどのような感情をもつかは思想の範疇に属するが、ＤＶ関係にある両性関係に対してこの徳目がいかなる意味をもつのかは疑問を入れうる。

３「朋友相信シ」

この徳目もまたいじめ（ネットいじめを含む）現象の現状をみるとき、あるいは空疎で教条的な徳の強要とみなしうるものである。このような徳目がなぜ今日的状況では粗笨な概念としてしか映らないのかを深く検証することに教育社会学研究が意を用いてきたことを改めて考える必要がある。

４「恭倹己レヲ持シ」

この徳目は、世代を問わず種々の依存症・依存状態、特にアルコール依存、薬物依存、ギャンブル依存などの物質依存やプロセス依存、関係依存が精神病理的および社会的課題となっている今日において、むしろ反語的意味をもつ。他の徳目に対する解釈を含めて、教育勅語の全面的あるいは部分的肯定論のなかには、この反語性（そのようなことがある現代社会であるからこそこうした徳目を掲げることに意義があると考える）に基づくと思われるものも少なくないが、少なくとも依存症や依存状態の人々に対して単に徳目を力説することにほとんど治療的意義がないことは精神病理学的および精神保健学にみても明らかであるし、予防的効果も多くは期待できない。

５「学ヲ修メ業ヲ習ヒ」

これもまた、不登校やニートとよばれる現象との対比でみれば、「恭倹己ヲ持シ」とほぼ同様の解釈が可能であろう。

ここで取り上げた社会的課題群、すなわち児童虐待やＤＶ、いじめ、依存状態などは、学術的にはその生起と展開の機序について慎重に検討する必要があるものである。しかしながら、もし教育勅語に掲げられた徳目を無条件に肯定的にとらえたならば、おおむねいずれもそこからの逸脱としてみなされうる現象群である。また、日本的美徳とされてきた「勤勉性」もまた、長時間労働を温存する意識として再考が迫られている。

そして、確認すべきことは、現下における政策動向は、まさに教育勅語の徳目観からみれば「逸脱的」とみなされうる現象に対していかに対応すべきかが焦眉の急とされ、曲りなりにも政策的に種々の議論や対応がなされ、またなされようとしている状況にある。児童虐待の防止等に関する法律（二〇〇〇年）、配偶者からの暴力の防止及び被害者の保護等に関する法律（二〇〇一年）、いじめ防止対策推進法（二〇一三年）、アルコール健康障害対策基本法（二〇一三年）など、立法府やその政策の主体であるべき内閣が、課題を残しつつも、それらの逸脱を社会的に救済し、それらを包摂した社会環境の整備に努めつつあるところである。さらに、長時間労働の是正を謳う「働き方改革」もまたその一環に位置している。そうした過程において、他方でそのような現象群を逸脱としてしまいかねない徳目観をはらんだ教育勅語を部分的にせよ教育現場で用いることを容認することは、現に進行しつつある立法とそれに基づく政策の理念との不整合を露呈することになる。

今般の閣議決定問題の背景に、教育勅語に親和的な経営者が担う学校法人への国有地払い下げ問題の不透明さに発端する社会的文脈からの問題化であることは念頭におくにしても、こうした政府の教育勅語に対する姿勢は、一方で国会や政府が進める多様な生活課題をもつ人々への立法とそれに基づく政策が、真にそうした人々の生活実態に寄り添ったものであるかどうか問われる局面を描き出している。言い換えれば、教育勅語を部分的にではあれ賞揚することは、在日外国人や性別違和をもつ人々をも含む日本における生活者が抱える多様な問題への対応が、実はそうした人々への排除や偏見、家族的心情に基礎をおいた社会編成を温存したままの弥縫的あるいは温情的政策意図から出ているものではあるまいかという疑念を抱かせる。

そうした観点が成り立つならば、今般の教育勅語問題は、単に教育や教育学の問題に限定されるものではなく、この国において生活する人々の現在および将来の生き方への不気味な挑戦とも解しうる展開をはらんでいるといえる。日本生活指導学会は、教育勅語に示された徳目群からは逸脱しているとみなされるような人々の生活と向き合い、その人々の生活に分け入って考える姿勢をもつことによって、そうした人々が現象としてあらわしている生活の状況とその内奥のなかで躍動している満ち足りた生への渇望の亀裂と接合への希求とを明らかにして、そこに対する支援のあり方を自らの学問的核心と信じて活動してきた集団である。その立場からみたとき、教育勅語が内包している人間的価値に対する見方を部分的にであれ容認する立場に与することはできないと考える。

第四節　生活指導研究と伝統性の関連

ここで付言的に記しておきたいことは、教育勅語への肯定的評価が日本の伝統的倫理観の継承という本質的課題に対する思想的応答の一環に位置すると仮定した場合、それに対応する生活指導研究の立場が、原理的に反伝統性に立脚するものであるかというと必ずしもそうではない。生活指導研究におけるすべてがそうであるとはいえないが、生活指導研究には日本の歴史的文脈のなかで形成された伝統的生活観や文化様式に焦点を当てて研究してきた軌跡が明確に存在する。たとえば、戦後の日本の生活指導研究において指導的立場にあった東京大学教育学部教授の宮坂哲文（一九一八〜一九六五）は東京大学文学部教育学科の卒業論文「禅林における教育形態の研究」（後に同論文に補筆して『禅における人間形成』（一九四七））(2)において、禅堂の修行・生活の規則集である「清規」を検討しながら、集団生活における生活規律と人間形成の課題を分析した。「清規」は唐代の禅僧百丈懐海（七四九〜八一四）が定めた「百丈清規」に始まるとされ、道元（一二〇〇〜一二五三）の「永平清規」などによってしられる禅宗叢林での集団生活の規則集であり、食事、清掃、集団行動などの諸規定を定めたものである（金子、二〇一〇）。宮坂はこれらの修行慣行のなかに集団生活における規律とその受容が人間形成の根幹を形成することを看取し、後の生活指導や特別教育活動の基本理念の参照枠とした。また、「協働自治」の実践を通じて訓練論的生活指導の源流を形成したとされる野村芳兵衛（一八九六〜一九八六）の「協働自治訓練」概念は自身の信仰基盤である浄土真宗の信仰集団の生活慣行や真宗思想の「同行二人」に影響を受けたものであるとされる（磯田、一九六七、六七頁）。

これらの例示は、生活指導研究が日本の伝統性に立脚した研究視角を普遍的に有していることを論じうるものではないが、生活指導研究の原理的基礎の析出にあたって、日本あるいは東洋の生活様式に根源をもつ思想文化の要素を十分に意識しながら研究が進められてきたことを示している。しかしながら、そこで示された伝統性とは、教育勅語に象徴されているような知識人の概念的な操作によって作為的に創出された伝統性とは明らかに異なる民衆的心性のなかで継承されてきた実生活と不可分の伝統的倫理観であるといってよい。中内敏夫がこうした民衆心性こそが日本の伝統的な生活教育思想の基盤を形成していると洞察していることが生活指導研究における伝統性の位置と意義を総括しているととらえられる(3)。その観点からみたとき、教育勅語を部分的にせよ肯定的に取り扱う姿勢は、民衆心性に基づく伝統性とは明らかに異質な次元での伝統性の強調であるといってよい。

第五節 「閣議決定」の意味とこれへの対応

今般の閣議決定問題のいま一つの問題性は、議会答弁書の閣議決定という形式をとっていることである。内閣法第六条には「内閣総理大臣は、閣議にかけて決定した方針に基いて、行政各部を指揮監督する。」とされており、これによって、内閣総理大臣は答弁書の内容に即して行政各部を指揮監督する権限をもつことになる。国権の最高機関である国会が失効を確認した文書について、行政府の長がその決議内容に抵触するような行為は、統治行為としても問題であり、この点を大きく議論の俎上に乗せ、公論の場で閣議決定の無効化を広く呼びかける運動を展開する必要がある。なぜならば、この閣議決定によって、内閣のもとにある行政各部の勤務者は、内閣総理大臣もしくは主務大臣の指揮監督のもとに教育勅語の取り扱いについて閣議決定と異なる措置を取れない状態に置かれる。思想・信条の自由にも関わるこの問題につき、閣議決定によって多くの公務労働者の思考や行動を停止させてしまう閣議決定は、著しく個人の良心に介入する行為といえる。もちろん、個人が教育勅語にどのような意思と行動をとるかは自由の範囲であるが、一方の自由を容認し、一方の自由を結果として拘束あるいは自粛させてしまう措置は、思想的中立性を保つべき政府のとる道ではない。

以下の記述は筆者の個人的感懐であるが、国立大学法人化以降、教育学研究の社会的影響力が社会的に問われていると思われる。安保法制、特定秘密保護法、改正組織犯罪処罰法（共謀罪法制）と思想・信条の自由、学問の自由を侵食するような法改正が相次ぐなかで、教育学関連諸学がまさに学問的批判対象としてきたことに対する侵襲を座視してはならないという思いは、本書の基盤をなす教育学関連学会のネットワーキングによってようやく掬われた思いがする。

日本生活指導学会の創設者の一人であった教育学者の城丸章夫（一九一七〜二〇一〇）は、「生活指導における指導」とは「相手の自主を前提としており、従ってまた拒否の自由を認めた上に成立するもの」だと明言した（城丸、一九八四、一二九頁）。この「拒否する」ところから始まる人間的関係性の深化こそ様々な側面での生活指導を成り立たせる原基であることを考えると、それを前提としていない教育勅語の存在は、生活指導とはどこまでいっても交わることのない次元にあるものという思いを強くせざるを得ない。

●注

（1）政府は、内閣官房に「明治一五〇年」関連施策推進室および「明治一五〇年」関連施策各府省庁連絡会議を設置し、「明治以降の歩みを次世代に遺す施策」「明治の精神に学びさらに飛躍する国に向けた施策」「明治一五〇年に向けた気運を高めていく施策」の三分野の政策推進をはかっている。

（2）宮坂哲文（一九四七）『禅における人間形成』霞ヶ関書房、後に宮坂哲文（一九七〇）『禅における人間形成　教育史的研究』評論社として再刊された。

（3）中内敏夫は、生活指導の源流を構成した生活綴方の成立と展開を中心に日本の生活教育の伝統を様々な視角から考究したが、中内はそれを民衆心性という概念で包括している。中内敏夫（一九七一）「十九世紀における非朱子学的方法意識の発達」『國學院大學教育学研究室紀要第7号』國學院大學教育学研究室、後に中内敏夫（一九九八）『教育の民衆心性』（中内敏夫著作集Ⅳ）、藤原書店に加筆修正して再録された。

●引用・参考文献

磯田一雄（一九六七）「野村芳兵衛の生活教育思想」『教育学研究』三十四巻一号、日本教育学会。

金子奈央（二〇一〇）「禅宗清規と日本におけるその受容に関する宗教学的研究」東京大学大学院人文社会系研究科博士論文。

城丸章夫（一九八三）「生活指導とは何か」『生活指導研究１』日本生活指導学会、明治図書。

第三章

道徳教育と教育勅語問題

――戦後道徳教育振興期の論点に学ぶ――

◆折出健二（愛知教育大学名誉教授）

はじめに

教育勅語が排除された戦後期の一九五〇年代は、道徳教育の振興をめぐる論議をとおして教育勅語問題の真の克服を探った時期であった。道徳教育のあり方を深く考察し続けた教育学者・哲学者らの論考を検討し、原点に戻って、今起きている道徳教育問題をとらえ返す機会としたい。

第一節　戦後道徳教育振興期の論点と教育勅語・修身教育の問題

「教育勅語はなくなったか」。

これは小川太郎が「戦後教育の反省」を論じるさいに冒頭で問うた言葉である。小川自身、子ども時代に学校で御真影（天皇・皇后の肖像写真）への拝礼、君が代斉唱と勅語奉読を体験していた。そのことを背景にして小川は、教育勅語を中心とする日本の教育と教師について次のように述べた（小川、一九七九、五〜六頁）。

日本の教育は教育勅語を中心として行うように規定されていたのだから、初等教育にたずさわる教師は、全科を担任して受持児童についての責任を一人で背負っており、この期間に忠良な臣民としての態度をつくりあげなければならなかったから、この強制はとくに強くはたらいた。（略）子どもたちに要求しなければならないことを、自らは信じないという矛盾の苦しみを避けようとする人間的な弱さが、権力の統制に進んで服従する教師をつくったという事情もあったであろう。

敗戦後、その教師達が「勅語と御真影の撤去」を経てしだいに民主主義教育への転換に取り組み始めた時の状況を、小川はこう述べた（同前、七頁）。

勅語中心のかつての教育が、「生徒の思想感情を統制する力強い方法」であって、この方法によって民衆が自分で考える力を奪われてきたのであるという認識は、まだしんに教師の間に徹底しているとは言い切れないところがある。あれはあれで正しかったのであり、いまは時代が変わったのであるとする考え方が、一部には根強く残っている。教育はけっきょく、そのときどきの国家の方針にしたがっておればよいのであって教育に独自の真理はないと言った教師もある。勅語中心のかつての教育もあのときとしては正しかったのであり、こんにちの民主教育はいまの時期においては正しいとする教育観は、よそおいを変えた随順教育観にほかならない。

小川によって戦後教育の教師の立ち位置がきびしく問い直されていたのと同じ時期に、国の方では道徳教育振興の方策が相次いで提示された。教育課程審議会「道徳教育振興に関する答申」（一九五一年一月）は、「道徳教育は、学校教育全体の責任である」とし、「道徳教育を主体とする教科あるいは科目を設けることは望ましくない」「（道徳教育の方法は―引用者）児童、生徒に自ら考えさせ、実践の過程において体得させて行くやり方をとるべきである」と明示した。これを受けて、文部省（当時）は「道徳教育振興方策案」（一九五一年二月）ならびに「道徳教育のための手引き要綱」（一九五一年五月）をまとめた。

一方で、吉田茂内閣のもとで、一九五〇年から二年間文部大臣を務めた天野貞祐は、同時期に『国民実践要領』を作成し道徳教育の必要性を唱えたが、「反動的修身教育の復活」と日本教職員組合等から批判された。

天野自身は、その辺の事情を「東西の聖者や賢人の教えにのっとり、わが新憲法の精神に基づいて、そういう道しるべを編集し、これを国民諸君の座右に呈して参考に供しようと考えた」が、「『国民実践要領』という名は、今にして考えるとこれは実にまずい名でした」と述懐している（天野、一九七〇、二二三～二二四頁）。

城丸章夫は、道徳教育に対する「学者天野」の批判を「政治家天野」が受け入れておればこういうことには至らなかったと示唆しつつ、修身科中心の道徳教育に対する天野の学問的批判は評価している（城丸、一九九二、一九〇頁）。天野の論説とはどのようなものであったか。天野の論稿に即して、教育勅語およびそれを核とする修身教育をめぐる論点をまとめてみたい。

天野は、論文「徳育について」（一九三七年）のなかで、徳育の隆盛を求める世論があることに言及しながら、「生きた現実社会にどれほど反道徳反理性的なものが跳梁跋扈《ちょうりょうばっこ》しているかを考えるならば徳育の非常に難しいことは明白である。／また社会にあらゆる虚偽、偽善、不道徳が横行していては道徳々と叫んでも道徳は権威をもちうるはずがなく、徳育の十分に行われるわけはない。諸学校における修身の授業時間を増しさえすれば、それで徳育が盛んになると考える人があるならば談（ママ）何ぞ容易なると言わざるを得ない」と指摘した（天野、一九七一、一五五頁。／は原文改行。跳梁跋扈とは悪人などがのさばり、はびこること）。

天野は、こう述べたのに続いて、まず、徳育の困難さを考察する（天野、同前、一五六〜一六〇頁）。その第一は、「徳そのものの構造」として、「道徳的価値即ち人格的価値は事物あるいは事物関係の如き対象の価値ではなくして行為、心術のごとき作用の価値である」ことからくる道徳教育の特性の問題である。したがって、直接に目的とするのは「低次の価値」で、それを「質料として道徳的価値が実現され徳行が成立する」。困っている友人に金を貸したり、相談に乗って悩み事を解決したりすることを通じて、「愛」や「友情」の道徳的価値が実現される。

第二には、自然界を支配する「自然法則」に対して、「愛、正義、誠実、信頼のごとき」徳に関する「道徳的法則」は自然法則と同じようには人生を支配しない、ということである。なぜなら、「人生にあっては過誤や自己欺瞞は言うに及ばず、忠君愛国の旗の下に案外に党同伐異の私心がはびこり、国体明徴の高唱の蔭に私利私欲が根を張ることさえも可能」だからである。だから、「社会を不道理の跳梁《ちょうりょう》横行に委せておいて学校においてのみ道徳を語り、道徳の威力を信ぜしめんとするも無理な注文である」（「党同伐異《とうどうばつい》」とは、仲間どうし助け合い、他の者を排斥すること（『角川漢和中辞典』））。

続いて天野は、修身科授業に伴う弊害を以下の三点にまとめている（天野、同前、一六〇〜一六二頁）。

その一つは、教科書を用いて多様な徳目を解明し、日常の心得を教えることは、いずれも「徳行の方式を教えるに過ぎない」ことである。つまり、そのような道徳教育は「水に入らずして水泳の型を習う」か「実験を見ずして化学を学ぶ」に等しい。「精神がなくして型だけを知ることはカントのいわゆる適法性に堕して道徳性を失ってしまう恐れがある」と、その危険性にまで言及した。

二つめに、「生徒が修身教科書を通じて様々な徳目、様々な有徳的言行を限りなく学ぶことには、生徒の道徳感覚を鈍らせる危険がありそうに考えられる」。すなわち、「道徳に対する新鮮な感情を失」わせ、「教え方によっては生徒の反抗心を挑発することさえ」もあり得る。「道徳感覚が人間の特権であり人格の中核である」のに、修身授業はそれを鈍くするだけではなく「殺す」ことになる。

三つめに、「それぞれの学科を通じて生徒の人格完成に参与することがその職分でなければならぬ」のに、「修身科担当者をして修身は自己独占のごとく思わしめ、他の学科の担当者をして修身は全然自己と無関係のことのごとく思わせる点」に、修身授業の弊害がある。

以上が、天野の当時の学問的な提起であった。一九三七年といえば、治安維持法制定（一九二五年）後の、言論の統制が強まり日本全体を戦争への暗雲が覆い始める時であるが、カント研究の哲学者・天野としては、時代に向かって発すべくして発した批判でもあった。

いうまでもなく、天野が問題にした修身科授業とは、教育勅語を中心とする修身教育の要であり、天野による批判は、教育勅語を核とする教育思想そのものへの批判でもあった。しかし、その教育勅語は、丸山眞男によれば、「日本国家が倫理的実体として価値内容の独占的決定者たることの公然たる宣言」（丸山、一九九五、二一頁）であった。また、城丸章夫は、教育勅語を徳目主義として批判する以上に重要なことは「道徳が天皇によって示され、天皇によって判定されるということこそ、この勅語の中心であり、また教育が天皇の教化として存在するということが『国体の本義』なのである」と指摘した（城丸、一九九二、十頁）。天野には、この見地からの国家の批判的検討は一切見られない。リベラルでありながら、勅語および修身教育の本質である天皇制国家の批判的な検討（当時としては非常に困難ではあったろうが）をかわしている限界がそこに反映されていた。

第二節　何を問い、何を探究すべきか

一九五〇年代後半には、初代日本教育学会会長・長田新による監修、勝田守一・国分一太郎・羽仁説子・平野武夫・益永次男・三井為友の責任編集による『現代道徳教育講座』全五巻が刊行された。その構成は、第一巻「道徳教育の原理」、第二巻「道徳教育の内容」、第三巻「道徳教育の計画」、第四巻「道徳教育の技術」、第五巻「道徳教育の展望」で

ある。

長田新は、「日本の進路と道徳教育」で、（当時の状況として）日本の自由と独立をめぐる危機が最も重要な課題となっており、自主性の確立は教育の中心テーマであると述べた。その中身に関して、長田は、「二千年の歴史において国家と家族はあったが、言葉の近代的な意味での社会というものはなかった」（長田、一九五七、一四頁）として、日本の民主主義をめぐる基本的な課題を取り上げ、その「社会を作ること」が「最大の道徳教育課題」だとした。

同『講座』第二巻では、「封建道徳の克服のために」として、菅忠道、古在美代、古川原、松丸志摩三、綿引まさが共同討議をして、益永次男が総括している。

そこでは、教育勅語に見られる天皇の権威を重んじる論調に対して、「彼等にとって問題となるのは天皇そのものではなくして、天皇を最高のシンボルとする前近代的な人間関係なのである。忠君愛国の『忠君』とは相対的なもの」であって、自分自身を自らが所属する共同体の「君に擬することを前提としての『忠君』なのである」と論じた（同前第二巻、一九五七、二三五頁）。

また、「従前の『修身科による道徳教育』に於ける徳目主義の一つの特色は、それが『一時一徳目主義』とも名づくべきものであったということである。たとえば『孝行』とか『親切』とか或いは『忍耐』・『勇気』・『責任』・『協同』・『進取』などという徳目を立て、これを説明し、理解させることによって、望ましい特性を身につけさせようとしたのである」。そうではなく、「諸々の徳の本質的構造は、それの立体的聯関《れんかん》構造に於いて把握されなくてはならぬ」とした（同前、二五五頁）。

同じ巻で勝田守一は、論文「現代道徳教育の内容」において重要な問題提起をした。それは、大別すると、公教育としての道徳教育はどうあるべきか、その道徳教育は国民にとってどのような内容であるべきか、という二点である。

一つめの点について勝田は、ヨーロッパにおける道徳と宗教との関係を考察し、それとの対比で日本の問題点を論じた。すなわち、イギリスなどの近代的学校においては、キリスト教を離れて道徳を考えることは非常に困難であったが、フランスやアメリカにおいて基本的人権を尊重する共和国が成立してからは、「道徳の拘束性は『神の命令』を持ち出さなくても、人間の社会の権威から十分理由づけられる」ということが広がった。しかし、新しい社会建設において道徳教育はどのような内容を持つべきかは決定されなかった（勝田、一九五七、三〜四頁）。

他方、日本では、近代的公教育において福沢諭吉らの道徳論も公教育に根ざしたとはいえず、道徳教育の民主的前進は見られなかった。明治の欽定憲法は「臣民の義務に反せざるかぎり」「信教の自由」を承認したが、実際には、神道が「臣民の義務」にかかわる「国民道徳」として公教育の支柱となった。形式的には世俗主義に見えるが、実質は、「天皇制の観念的支柱として使われる神道の『国教』化が、公教育において行われた」（勝田、同前、四〜五頁）。

また、日本では公教育にかかわる儒教的原則には自由に批判が加えられたが、踏み込んで道徳の原則論を築き上げるには至らず、「日本の場合には、道徳教育は、行為の自由を保障し理由づける普遍的法則がむしろ欠けていた」し、「そのかぎりでは、一定の『国民道徳』に関する部分以外には、道徳教育の原則（それがよいかわるいかは別として）はほとんどなかったといってよいのではないか。私達が、しばしば、国民道徳と家族道徳しか、日本の学校では教えられなかったというのは、そのことをいっているのではないか」と勝田は述べている（同前、五〜六頁。カッコ内は原文）。

先ほどの二つめの論点は、国家主義的な「国民道徳」を押しつけるのではなく、「国民の自発的な要求として支えさせる」（勝田）ためには、どういう内容が求められるか、である。

この二項対立（矛盾）を解決するため、当時の政府は戦時体制下で、教育勅語の示す道徳規範を「人間の本性にもとづくものだとする宇宙論的な基礎づけや存在論」（勝田）で強化しようとしたが、その「表看板」は敗戦まで崩れなかったものの、国民は日常の体験からその矛盾を感じ取っていた。こうして、勅語に基づく道徳教育は国民の自発性の涵養には失敗した。

「自発性は、その存在の要求とともに、生まれるのである。その存在が低くしかみとめられない道徳観の中から、一般国民大衆の自発性は生まれようがない。子どもにおいてはいっそうそうであった。公教育において、道徳教育を評価する場合、国民道徳の押しつけは成功した。しかし、自発性にもとづく道徳教育の成長には失敗したといわれる理由は、ここにあろう」と勝田は総括している（勝田、同前、七頁）。

戦後、国会での「教育勅語」の失効・排除決議がなされて以後、民主的社会になったのだから西欧的な文化に学んだ生活様式をもつべきだとする「民主的道徳」が喧伝され、信仰の面で個人の良心の問題を重視したけれども、国民の日常の自発性をどうとらえ、どう高めるかは不明で、実を結ばなかった。

このような歴史的考察を踏まえて、勝田は、現代道徳教育の根本問題として、「まずなによりも人間としての子どもたちの自発性と基本的には矛盾しない道徳の原則を明らかにしなければならない」と提起した（勝田、同前、一二頁）。ここで「人間としての子どもたちの自発性」としているのは、「基本的な人間的権利の尊重」（勝田）を込めているからである。というのも、「教育勅語にかわって、憲法を持ち出す」のではなく、「私たち自身が人間として生きるために、国家権力が国民に保障しなければならないと定めている憲法の表現を私たち自身の日常的な生活の中の実感として、受け止める」からである（勝田、同前、一五頁）。

このように、「自発性」の概念、さらには人間的自立を確かに支え、実践的にも理念的にも憲法の精神に沿って方向づける道徳教育のあり方が明確に提起されたのである。

では、新憲法と教育基本法（一九四七）の下で、新たな道徳的価値をどのように探究していくか。

このことについて、たとえば、秋田雨雀（児童文学者協会会長）は「人権の尊重・正義」と題する論稿で、「人間の権利は本来道徳的欲求であり、それは道徳として相互に尊重されなくてはならないと同時に、国民相互の連帯性において、法律によって保障されなければならない」として、権利概念の価値的意義を述べた（秋田、同前第二巻、一七二頁）。

また、教育勅語問題は愛国心教育とも深く結びついていたが、上原専禄は、「道徳教育としての愛国心の育成」と題する論稿で、「道徳教育というものは、教育基本法にもとづいた教育実践の全体を通じ、全教科の有機的で一体的な教育によって、しかも、生徒指導のあらゆる瞬間において、教師と生徒の生きた接触における具体的な指導として、行われるべきものである」（上原、同前、第五巻、二二六〜二二七頁）とし、「具体的な歴史的問題状況において、その問題状況に立ち向かう場合の」そうした問題を「自分の問題としてになおうとする態度」（同前、二三〇頁）こそ、「人間らしさ」だと解き明かした。

道徳の普遍性と可変性をめぐっても同時期には議論があったが、この点も含めて勝田守一は同『講座』第五巻の「あとがき」で、こう締めくくった（勝田、同前、第五巻、二五九頁）。

道徳が変わるというのは、決して、「社会」という抽象的なものが変化するだけで変わるのではないし、「生産様式」や「生産関係」が「変わる」とともに機械的にそれにともなって変わるのでもない。「社会」と私たちがいうときに、（愛情や誠実、不正をめぐる苦悩や要求をとおして―引用者）変わらぬ真実を求めつつ、世の中そのものをいつか大きく変えて行くという姿を込めてとらえなくてはならぬのではなかろうか。

だからこそ、私たちは、安定や愛情や誠実を求める変わらぬ努力を通じて世の中を変えていくということの姿の中で、現代の道徳教育を考えなければならなくなる。（中略）新しい『道徳』というよりも、もっと私たちは変わらぬ真実によって変わる道徳のありようを見つめるために、愛情や幸福や平和の、人間に《ママ》生きている姿をとらえることがたいせつのように思われる。

長田監修の『講座』が提起した論点は、第一に、主権者一人ひとりの権利への願いはそのものが道徳的欲求の表現であること、第二に、それを保障しあう国民同士の連帯を軸とする社会の構築こそが、権力的なやりかたで国家と家族にしか道徳を求めてこなかった戦前の道徳教育の陥穽を民衆自身の手で乗り越えていく道であること、そして第三に、具体的な社会を生きる人々のリアルな現実の問題を照射することの中に、国民の自発性に依拠しながら道徳的価値を探求していく道があり、これが今後の展望となることである。これらは今日の道徳教育のあり方を考える上でも、生きて働く視点である。

第三節　教材としての教育勅語

ところで、二〇一七年三月、第一九三回国会において安倍内閣は教育勅語を学校で教材として使用することを容認する見解を示した。そもそも、そこでいわれる「教材」とは何か、の検討が実は重要な意味をもっている。すなわち、政府見解では、道徳には限定せず広く教育の材料として教育勅語を用いることは容認される、という意味合いで使われた。勅語の教材化は、戦前、国定修身科教科書において見られた（このことの詳細は、本書所収の第一篇第一章・小野論文を参照されたい）。今また、教材としての教育勅語が問題となっているが、では、教材とは何か。

戦後期に、日本を代表する教育学者たちによって『岩波小辞典　教育』が編まれた（一九五六）が、その第二版で「教材」を次のように定義し、解説している（勝田守一他編、一九七三、六八～六九頁）。

「ふつう、教育目的達成の必要に応じ、子どもや青年に習得させるために選択された文化的素材をいう。（中略）デューイは教師が子どもの能力と教材の相互作用に着目するように注意し、教材は成長の過程を生き生きとさせ、また未来の生活と生きた関係をもっていなければならないとした。教材はふつう教科の内容に組織され、実際に教材選択にさいし教師に重要な影響を与えるのは教科書である。（略）また生活教育や経験カリキュラムなどの考え方では、子どもの生活や経験そのものから教材を選択する。（略）この（教材の―引用者）研究によって教師は、学ぶもの自身が学習をとおして教材を克服し成長していくよう指導する道をきりひらくことができる。

この説明の前段のように、戦前、国定修身教科書が「教師に重要な影響を与え」た。その仕組みの下で教育勅語が教材であるとは、天皇が価値を決め判定するその価値内容を教える、ということを意味した。同じく前記の後段に関しては、修身教育における「学習題材」として実践された。このことを生活指導の系譜を検証しながら分析したのが宮坂哲文であった。

宮坂（一九七五）は、大正自由教育の影響下で現れた奈良女高師附属小学校（木下竹次の指導があった）での実践「生活修身」に着目し、その修身の「学習題材」が子どもの自治会で協議された事柄から引き出される生活題材であったことを評価している。ただし、その実践はあくまで修身教育の方法における革新であって、国家主義的な内容自体に批判を加えるものではなかった。

しかし、宮坂は、こうした教育実践遺産の検証を経て、受け継ぐべきものを明らかにした。すなわち、子ども一人ひとりが様々な現実の矛盾と向きあいながらこれを他者との関係（仲間集団）のなかで克服し、生き方を選び取っていこうとするその過程が道徳であり、道徳主体としての自立を探究する過程を支える生活指導こそ道徳教育の要であると。

改めて、教育勅語を教材として扱うことの意味を考えると、そこには、教材選択の立場から見る二つの面がある。一つは、勅語が取り上げている親孝行や友愛等の価値を教えるために勅語を使う立場である。これは、天皇によって判定された価値内容に子ども達の関心を向かわせることである。しかし、国民主権の下ですでに排除されているその教育内容を教材として持ち出すことは、子どもにとって「未来の生活と生きた関係」（前出）をもつことになるだろうか。それは、主権者を育てる現代の課題と合致しないどころか、それ自体を真っ向から否定することになる。主権者たる子ども達に、天皇が決め判定する（固定化された）道徳的価値を教えることになるからである。教室で教師が勅語の記述を取り上げてそれを訓話的な素材（教授材）に使おうと、子ども達に勅語を朗読・唱和させようと、教育の働きとしては同じである。

もう一つの面は、歴史的な教育の史料として教育勅語を取りあげる場合である。この場合には、『教育』辞典が述べるように、その教材にある歴史的な出来事を乗り越えていく課題意識を持つように教師は指導する。指導の重点は、民主主義に対する子どもの認識の発達にある。すなわち、主権者の視点から歴史を批判的にとらえ直して未来をさぐることである。そこには、子どもの生活に寄り添った題材の現実性と真実性を公教育として重視するという立場が見られる。生活から離れた高みから、天皇の赤子《せきし》たる臣民が備えるべき価値を教えるのではない。子ども達がいかに自分の自発性をもって自分で考え判断して価値を選び取ることが大事かを学ばせるのである。

以上のことから、戦前の政治と教育の体制を知るための史料として扱う場合を除けば、教育勅語に示された道徳価値を教えるために勅語を教材化することは、子どもにとっては、自分は天皇によって道徳価値を判定される臣下の存在であることを学ぶことの復活にほかならず、あってはならないことである。

長年にわたり道徳教育を研究し、『学校教育と愛国心』（二〇〇八年）の著作もある藤田昌士が、教材としての教育勅語の問題について次のように述べている（藤田、二〇一七、三二頁）。

一般に「教材」というとき、それを必要とする教育（指導）目標があるはずである。（略）教育勅語を歴史の批判の資料として用いる場合を除き、教育勅語を「教材」として必要とするどのような目標が、日本国憲法のもとで成り立つというのだろうか。教育勅語教材使用容認は、安倍内閣が目指す改憲を暗黙の前提としたもの、それを先取りしようとするものではないか。

国会での教育勅語の排除から七〇年余を経て、教育関係者のみならず広く市民は、現在において教育勅語を必要とする教育目標はあるのか、と問うべきである。かつて小川が「教育勅語はなくなったか」と問うたが、それは敗戦後間もない頃の、はるか昔の話ではなく、今もなお、いや今こそ、問われるべき問いである。

おわりに

道徳教育の振興とは何かが活発に議論されたのが、一九五〇年代であった。この時期における道徳教育論に焦点を当てながら、教育勅語を核とする国家主義道徳教育からの離脱あるいは克服に当時の教育学者達はどう立ち向かってきたのかを見てきた。本稿では「特別の教科　道徳」の新設などこんにちの道徳教育政策には言及しなかった。しかし、公教育の場に影のごとく教育勅語を誘い込む動きに対して、これまで考察してきた各論点は、目の前で起きている事態を教師および市民が主体的に読み解いていくうえで参考になると考えている。

●引用文献

天野貞祐（一九七〇）『天野貞祐全集第四巻　今日に生きる倫理』栗田出版会。

天野貞祐（一九七一）『天野貞祐全集第一巻　道理の感覚』栗田出版会。

天野貞祐（一九七一）『天野貞祐全集第六巻　道徳教育』栗田出版会。

小川太郎（一九七九）『小川太郎教育学著作集第2巻　日本教育の思想と構造』青木書店。初出『日本教育の構造』（一九五五）の論稿からの引用である。

長田新監修（一九五七）『現代道徳教育講座1　道徳教育の原理』岩崎書店。

長田新監修（一九五七）『現代道徳教育講座2　道徳教育の内容』岩崎書店。

長田新監修（一九五七）『現代道徳教育講座5　道徳教育の展望』岩崎書店。

勝田守一・五十嵐顕・大田堯・山住正己編（一九七三）『岩波小辞典　教育（第2版）』岩波書店。

城丸章夫（一九九二）『城丸章夫著作集第1巻　現代日本教育論』青木書店。

城丸章夫（一九九二）『城丸章夫著作集第8巻　教育課程論・授業論』青木書店。

城丸章夫（一九九二）『城丸章夫著作集第9巻　平和教育論』青木書店。

藤田昌士（二〇一七）「教育勅語　その歴史と問題点」『治安維持法と現代』第三四号、治安維持法犠牲者国家賠償要求同盟発行、所収。

丸山眞男（一九九五）「超国家主義の論理と心理」『丸山眞男集　第三巻』岩波書店所収。

宮坂哲文（一九七五）『宮坂哲文著作集　Ⅰ』明治図書。

宮原誠一他編（一九七四）『資料　日本現代日本教育史　2』三省堂。

第四章

なぜ教育勅語の暗唱が問題なのか

――「隠れたカリキュラム」から読み解く――

西島 央（首都大学東京）

第一節　あなたは教室で配布プリントを回せますか――「隠れたカリキュラム」とは何か

私は、本務先の大学で、毎年一五〇名ほどが受講する「教育課程論」という教職課程の講義を担当している。例年、その講義の一回目はこんなふうに始まる。

チャイムが鳴って、私は教室に入ると一言も発しないままに、各ブロックで一番前の席に座っている学生にプリントの束をどさっと渡していく。すると学生達は自分の分を一枚取って、無言で後ろの列の人にプリントの束を回していく。プリントがブロックの真ん中あたりまで回った頃を見計らって、ようやく私は口を開く。

「面白いですね。僕はまだ何も指示していないのに、みなさん、自分の分を一枚取って後ろの人に回していく。みなさんはどうしてそうしようと思ったのでしょうか？」

こう問いかけると、「してやられた！」という顔をする学生もいるにはいるが、多くの学生は「そういうものなんだし、今さら気づかされて、『なぜそうしようと思ったのか』と批判されたって、どうしようもないだろう」という感じなのか、憮然とした表情になる。その表情を確認してから、私は種明かしのような話をする。

「みなさんは、今は『こうしよう』と改めて考えることもないくらい当然のこととして、一枚取って後ろに回したと思います。でも、小学校一年生の最初の授業でも同じことができたでしょうか。『先生は自分にだけたくさんプリントをくれた。もしかして先生は自分のことがお気に入りなのかな。』とぬか喜びをしたかもしれない。その後先生から『一人一枚取って後ろの席の人に回してください。』と指示されてはじめて、後ろに回すことができたはずです。そして、こういうことを他の授業や他の先生でも何度も繰り返していくうちに、今のように教師から指示されなくてもできるようになってきたのです。学校では、漢字が書けるようになったり計算ができるようになったりすることも学ぶけれど、『配布プリントを一枚取って後ろに回せるようになること』も学んでいるのですよ」と。

実際、学習指導要領のどこにも「配布プリントを一枚取って後ろに回せるようになること」という目標は書かれていない。しかし、私達は、漢字の書き取りや計算問題を繰り返すことでできるようになってきたのと同じように、連絡事項を伝えたり授業を効果的に行ったりする目的のために連絡プリントや教材プリントが配られることを繰り返していくうちに、指示されなくても「配布プリントを一枚取って後ろに回せるようにな」ってきたのだ。

このように、計画されているわけでも言明されているわけでもないが、学校で経験し学ぶうちに伝えられ習得する知識や規範や行動様式のことを、教育社会学では「隠れたカリキュラム」と呼んでいる。一九六〇年代にP・W・ジャクソンが、学校に適応していくための規制・規則・慣例という三つの「隠れたカリキュラム」を提起したのがはじめだ。現在では、ミクロな人間関係からマクロな社会の規範やしくみまで幅広く、その形成に学校教育がどう関わっているかを扱う教育社会学にとってこの概念は使い勝手がいいので、研究者や研究テーマによって少しずつ異なる定義がなされている。たとえば、例にあげたような「学校での日常的な活動を通して学び取っていく望ましい規範や行動様式」や、「国語や算数などの本来のカリキュラムの陰に隠れて知らず知らずのうちに伝達される知識」などである。

そのなかで私が一番気に入っているのは、M・アップルの「生徒たちがただ学校において毎日毎日何年間もの間、制度的要求や日課にあわせて過ごしていくだけで受けている、一定の規範・価値・性向のひそかな教えこみ」(Apple, 1979／邦訳、二七〜二八頁)という定義だ。それは、「公式の知識は社会の支配的利害のイデオロギー的配置を、具体的にどのように表しているのか。学校は、これらの限定された偏った知の基準を、いかにして疑問の余地のない真実として正統化するのか」(同、二七頁)を検証するための定義だからだ。

長い枕になったが、本章では、学校の儀式や行事での、またはそのための練習での教育勅語の暗唱がどういう問題をはらんでいるのかということについて、「隠れたカリキュラム」という切り口から考えていくことにしたい。具体的には、以前私が音楽教育の国民統合機能を検証するために考察した戦前期の小学校の儀式を例にして、それが「隠れたカリキュラム」としてどう機能していたのかを述べて、なぜ教育勅語の暗唱が問題なのかを論じていく。

第二節　なぜ〈君が代〉を歌って日本人という意識が形成されるのか

私は、いろいろな考え方をもつ人々が、国という単位ではどうして一つにまとまれるのかということに関心をもっている。ちょうど大学院生の頃は、後に「国旗及び国歌に関する法律」が制定されていくことになる時期で、どうしてそんなにまで学校で日の丸を掲げて〈君が代〉を歌わせたがる人達となんとしても歌わせたくない人達がいるのか、そもそも〈君が代〉を歌うと、どうして自分が日本人であるという意識をもつようになる(とその人達は考えている)のかという疑問をもった。

〈君が代〉をめぐっては、その歌が使われてきた歴史的・国際的な背景とともに歌詞内容が議論の対象となってきた。一方は、歌詞内容を理解させることを通して、国際社会で尊敬され信頼される日本人に育つことを期待し、一方は、その歌詞内容で戦前は天皇制イデオロギーが伝達されており、現在の政治体制にそぐうものではないと批判する。

だが、私にはその説明がどうもしっくりこなかった。というのも、私は今でも小学校の校歌をそらんじて歌えるが、歌詞のなかのいくつかの言葉は、低学年の頃には難しくて意味を理解できないままに歌っていたからだ。しかし、歌詞の意味がわからなかったからといって、学校行事などの校歌を歌う場面で自分がその小学校の児童だと思えなかったわけではないだろう。反対に、高学年になって歌詞の意味を理解して歌えるようになったからといって、テレビで覚えて同級生なら誰でも歌える歌――たとえば西城秀樹の〈ヤングマン〉やピンクレディーの〈ＵＦＯ〉――のように口ずさむものでもなかった。

校歌にせよ〈君が代〉にせよ、歌詞内容だけで自分が小学校なり日本なりの一員だという意識が左右されるものだろうか。もしそれだけではないとしたら、校歌や〈君が代〉はどうやって自分がその小学校の児童だとか日本人だとかという意識をもたせていくのだろうか。

考えてみると、日本では大半の学校に校歌があり、それぞれの地域社会の多くのお祭りに昔から歌われている歌があり、現存する全ての国に国歌があるように、歴史上ほとんどの社会集団はその象徴の一つとして歌をもってきた。だから、私達は歌が社会集団にとって何らかの働きをもっていることを経験的には知っていたわけだが、その歌が人々をまとめる力について、Ｂ・アンダーソンは次のように指摘する。「たとえば、国民的祭日に歌われる国歌を例にとろう。たとえいかにその歌詞が陳腐で曲が凡庸であろうとも、この歌唱には同時性の経験がこめられている。正確にまったく同じ時に、おたがいまったく知らない人々が、同じメロディーに合わせて同じ歌詞を発する。このイメージ―斉唱。」「この唱和がいかに無私なものと感じられることか！我々は、我々が歌っているちょうどその同じときに、同じように、他の人々もまたこれらの歌を歌っているということを知っている。」（Anderson, 1983／邦訳、二四九頁）

つまり、私たちが歌を通して社会集団の一員であるという意識をもつようになるのは、歌詞内容の理解によってではなく、その歌を歌う「時と場」によってだというのである。

第三節　戦前期の学校儀式はどのように「隠れたカリキュラム」として機能したのか

現在の日本では、たとえばスポーツの国際大会や国内の大会でも〈君が代〉が流されるし、テレビやネットを通してその場を同時体験できるので、自分がテレビやネットの向こうにいるスポーツ選手や観客と同じ日本人であると頻繁に自覚することになる。だが、そのような場やマスメディアがあまりなかった頃、つまり明治期から戦前期までは、学校こそが〈君が代〉を通して日本人＝皇国民という意識を涵養できる数少ない場だった。

では、その時代に学校で〈君が代〉を歌う「時と場」はどのように用意され実践されており、学校に通った人達はどう受けとめていたのだろうか。〈君が代〉を歌う「時と場」は、現在も学習指導要領でそう定められているように、儀式——当時は入学式などの他に元旦や紀元節といった祝日大祭日儀式など——や行事であった。ここでは、私が、戦前期に長野県の高遠町と飯田町周辺の尋常小学校や国民学校初等科に通った方々に、アンケートやインタビューを通してうかがった儀式にまつわる記憶を主な手がかりに検討してみよう(1)。

祝日大祭日儀式は、一八九一年の導入以降、学校教育の重要な一場面を担っていく。各小学校では「小学校祝日大祭日儀式規程」に基づいて儀式を執り行っていくようになるが、戦前の学校行事を天皇制イデオロギーとの関連で考察した山本・今野によれば、大正期頃までは儀式の実施状況や次第構成は各校様々であったという。儀式の徹底・強化が厳しくはかられるようになるのは、一九三七年に始まった国民精神総動員運動以降のことである（山本・今野、一九七三）。

資料1は、そのような流れのなかで一九四一年に出された「礼法要項」に示された祝日大祭日儀式次第の抜粋である。天皇・皇后の御真影への最敬礼の後に国歌を歌い、場合によっては校長による勅語奉読の後に〈勅語奉答〉を歌い、校長の訓話の後に当日の儀式唱歌を歌うように定められている。御真影への最敬礼、教育勅語の奉読、そして儀式唱歌の斉唱を祝日大祭日儀式や行事のたびに何度となく実践し、その意味するところを理解させて、子ども達を皇国民として仕立て上げることが期待されていたようすがうかがえる。

では、実際に各小学校ではこのような手順で儀式が行われていたのだろうか。高遠や飯田の小学校に通っていた方々は儀式をどのように受けとめていたのだろうか。アンケートやインタビューの回答から儀式当日の思い出をいくつかあげてみよう。

「式当日は体操場に全校並びに校長先生が教育勅語を奉読し、あと全校で先生のピアノにあはせてそれぞれの式の歌を合唱しました。」（高遠・三七）(2)

「必ず四大節には『君が代』を式の始めに歌いました。校長先生のモーニング姿と奉安殿の拝礼等60余年前の式典が頭に浮かびます。」（高遠・三九）

「式典といえば白い手袋をした教頭先生が勅語の箱をうやうやしく校長先生に渡し、国歌、それぞれの式典の歌をうたい、紅白まんじゅうをもらって帰ったこと。」（高遠・四一）

「式には着る物のない時期でしたが私しは式用のハカマ、着物、服は常に着ない、いっちょうらんを着ていきました。校長先生が紫の風呂敷をおごそかに開き白い手袋をはめて掛軸みたいなものをひらき教訓を読む『チン思うに我がこ

資料1　「礼法要項」に示された式次第（抜粋）

「礼法要項」（昭和一六年四月一日）「第六章　祝祭日」

一、祝祭日には、国旗を掲げ、宮城を遥拝し、祝賀・敬粛の誠を表する。

二、紀元節・天長節、明治節及び一月一日に於ける学校の儀式は次の順序・方式による。天皇陛下、皇后陛下の御写真の覆を撤する。この際、一同上体を前に傾けて敬粛の意を表する。

次に天皇陛下・皇后陛下の御写真に対し奉りて最敬礼を行ふ。

次に国歌をうたふ。

次に学校長教育に関する勅語を奉読する。

参列者は奉読の始まると同時に、一同上体を前に傾けて拝聴し、奉読の終わつた時、敬礼をして除に元の姿勢に復する。

次に学校長訓話を行ふ。

次に当日の儀式用唱歌をうたふ。

次に天皇陛下、皇后陛下の御写真に覆をする。

この際、一同上体を前に傾けて敬粛の意を表する。

三、天皇陛下・皇后陛下の御写真を拝戴してゐない学校に於ては、次の順序によって儀式を行ふ。

宮城遥拝

次に国歌をうたふ。

次に学校長教育に関する勅語を奉読する。

次に教育長訓話を行ふ。

次に当日の儀式用唱歌をうたふ。

四、儀式に参列する者は、服装を整へ、容儀を正しくし、真心を以って終始しなければならない。

五、式場に入る際は一礼する。挙式中は特別の場合の外、出入りしてはならない。

六、儀式の始と終には、一同敬礼をする。

〔注意〕

一、天皇陛下の御写真は式場の正面正中に奉掲する。

皇后陛下の御写真は、天皇陛下の御写真の左（拝して右）に奉掲する。

二、勅語謄本は箱より出し、小蓋又は台に載せて式場の上座に置くを例とする。

三、勅語奉読に当つては、奉読者は特に容儀服装に注意し、予め手を清める。（フロックコート、モーニングコート及び和服の場合は手袋は着用しない）謄本は丁寧慎重に取り扱ひ、奉読の前後に押戴く。

四、勅語奉答の歌をうたふ場合は、学校長訓話の前にする。

五、勅語奉読・訓話等は、御写真を奉掲する場合は御前を避け、しからざる場合は正面の中央で行ふ。

六、皇后陛下御誕辰・皇太后陛下御誕辰を賀し奉る儀式を行ふ場合には、凡そ祝日に於ける儀式に準じて順序・方式を定める。

遥拝式・勅語奉読式・入学式・卒業式又は記念式当日に於ける諸儀式に就いても右に同じ。

七、学校以外の団体の行事は、適宜前各項に準じて行ふ。

うそうこうそう国を始むるとことこうえんに……』それぞれの唄がありうたった。」（座光寺・四一）

「モーニングに白手袋姿の校長先生が奉安殿にむかい教育勅語を木箱よりうやうやしく取り出しとなえられたあと君が代を歌いそれぞれの儀式に応じた唱歌を歌いました。（中略）儀式の後それぞれの教室に入り紅白の落雁をいただいて帰りました。」（赤穂・四〇）

「儀式の雰囲気は全校生徒は大変緊張して入場し必ず校長先生の教育勅語の奉読があった後校長の訓話そして村長の祝辞の後全校生徒による奉祝歌を斉唱しました。此の四大節のうち天長節だけには村より全校生徒に当時おいしい大きなラクガンが配られてその事は今でも鮮明に覚えているうれしい時間でした。」（河南・四二）

「礼法要項」の儀式次第と比べてみると、どの年度でも、どの小学校でも、この次第に則って同じように儀式を執り行っていたようだ。だがそれ以上にここで注目したいのは、当時の子ども達の儀式の記憶と思い出があまりにも画一的であることだ。アンケートやインタビューの回答を整理すると、次の七項目に集約される。

①〈君が代〉など儀式唱歌を斉唱したこと
②御真影や教育勅語に関わる一連の動作
③モーニングと白手袋といった校長先生の服装や態度の特徴
④指揮や伴奏をする音楽の先生の服装や態度の特徴
⑤厳粛な雰囲気だったこと
⑥いい着物を着て儀式に臨んだこと
⑦らくがんや饅頭をもらったこと

このように、違う学年、違う学校であっても、同じような場面を覚えており、同じような思い出を語っていることから、儀式唱歌の練習の際などに伝えられた意味を理解していたというより、儀式が、アンダーソンのいう「同時性の経験」を子ども達にさせることによって、彼らを皇国民としてまとめあげる効果をあげていたとみることができそうだ。

私の調査と時期は異なるが、明治期の学校儀式を分析した山本・今野は、国家主義的教育の象徴が御真影・〈君が代〉・教育勅語の三つであり、それがワンセットとなって登場する儀式の挙行回数の多さを指摘して、「繰り返し繰り返し、儀式を挙行することにより、儀式挙行そのものの正当性と有意味性が強制されたに過ぎない。このように、いわば『繰り返しの論理』、『繰り返しの事実の注入と累積』こそが、日本（人）の文化受容のパターンの一つだ」（山本・今野、一九七三、一〇三頁）と考察した。この考察で山本・今野は、「隠れたカリキュラム」という言葉こそ使っていないが、繰り返される学校儀式という「時と場」が、アップルが定義するところの「ただ毎日毎日制度的要求にあわせて過ごしていくだけで受けている一定の規範の教えこみ」であり、それによって子どもたちに、自分自身と学校儀式に参列した人々が日本人であるという意識や天皇制イデオロギーを「疑問の余地のない真実として正統化」する機能を果たしていたことを読み解いたといえよう。

第四節　繰り返しがどのような問題をはらんでいるか
——教育勅語暗唱の「隠れたカリキュラム」

「時と場」の繰り返しによって、自分やその時にその場を共有する人達がその社会集団の一員であると思えるようになることは、社会的アイデンティティが形成されていくことであり、その社会集団の安定にもつながるはずで、よいことのように思える。にもかかわらず、「時と場」の繰り返しが「隠れたカリキュラム」として機能することで何らかの問題をもたらすとしたら、それはいったいどのような問題なのだろうか。私は、少なくとも三つの問題があると思う。

まず、「時と場」で繰り返される内容の意味するところをめぐって、本来のカリキュラムの陰に隠れて知らず知らずのうちに伝達される内容や意味がある場合があることだ。

たとえば卒業式などで現在でも歌われることがある〈蛍の光〉（原題〈蛍〉）は、今では一番だけかせいぜい二番までしか歌われないが、一八八一年の発表当時は四番まであり、三番と四番には「筑紫」「陸奥」「千島」「沖縄」といった地名が詠みこまれていた。しかも「千島」と「沖縄」は、日露戦争の後には「台湾」と「樺太」に詠み変えられている。地理の教材ではないのだから、国土の範囲を学ばせることが第一義の歌詞ではないが、当時卒業を祝ってこの歌を覚え歌うと同時に国土の範囲が伝達され、その範囲では今同じようにこの歌を歌って卒業を祝っているに違いないと「同時性の経験」を実感させたことだろう。

また、現在学校で〈蛍の光〉を習うときに三番と四番を目にすることは滅多にないはずだが、この歌に興味をもった子どもが少し調べれば、簡単に見つけられ、歴史的経緯を知ることもできる。これも広い意味では、〈蛍の光〉を学校で扱ったことで知らず知らずのうちに伝達されてしまう知識といえる。

このことから教育勅語の暗唱について考えてみよう。教育勅語を評価する立場の人達は、親孝行や友達を大切にすることなど、現在でも通用する規範が含まれていると主張する。なるほどその部分だけならその規範を教えるのに使えるかもしれないが、全文を暗唱するべく少し読み進めると、「一旦緩急アレハ義勇公ニ奉シ以テ天壌無窮ノ皇運ヲ扶翼スヘシ」の文言が現れる。暗唱させるにあたってその意味は教えないのかもしれないが、子ども達が目にしてしまう以上、興味をもった子どもが少し調べれば、すぐその意味はわかってしまうのだ。そして、私が学年が上がるに連れて少しずつ小学校の校歌の歌詞の意味を理解していったように、暗唱を繰り返すうちに、本来伝える意図がなかった規範が知らず知らずのうちに子ども達に伝達されてしまう危険性をはらんでいると考えられるのだ。

ただ、知らず知らずに伝達された規範や行動様式であったとしても、その意味するところを理解して、自身の良し悪しの判断として望ましいとか望ましくないとかと考えたならば、それは多様な考え方の一つとして認めるべきだろう。

むしろより問題なのは、意味するところの理解や自身の良し悪しの判断ではなく、「時と場」の繰り返し自体が「隠れたカリキュラム」となる場合、つまり「ただ毎日毎日制度的要求にあわせて過ごしていくだけで受けている一定の規範の教えこみ」として機能することのほうだ。その教えこみの問題は二つある。

一つは、「時と場」を繰り返していくうちに、確かめたわけでもないのに、日本中の学校で同じことが行われているはず、同じことを知っているはずという思いこみが形成され、「真実として正統化」されてしまうことだ。

私の専門の「教育社会学」の講義で、学生達にどんな教科の学習内容や教育活動がどんな「隠れたカリキュラム」として機能しているかを考えさせたときのことだ。ある学生が『給食が言明された食育という目的の他に、『隠れたカリキュラム』として、ご飯食で日本人の主食が米であることを教えたり、おかずに地域の特産物を出すことで地域に対する愛着を育てたりしている」と言ったのをきっかけに、給食のメニューを紹介し合ったところ、言い争いというほどではないが、メニューの違いにお互いに「日本の学校に通っていて給食でそれを食べていないなんておかしい」とでも言いたげな表情で驚き声を荒げる場面があった。よく考えれば、日本中で同じ給食のメニューを食べているわけがないことなどわかるはずなのだが、毎日毎日給食を食べているうちにそんな思いこみが形成され、自分の経験が唯一の「真実として正統化」され、多様な現実を想像できなくなっていたのだ。

もう一つは、「時と場」の繰り返しが「そのものの正当性と有意味性」の強制となり、やがて「疑問の余地」がなくなり、批判的に捉えることができなくなってしまうことだ。

これは、儀式や行事ではないが、第一節で紹介した「配布プリントを一枚取って後ろに回せるようになること」がその例にあたるだろう。私の問いかけに憮然となるのは、繰り返しによって疑問をもたなくなり、他の可能性を考えられなくなっていた証拠だ。

この二つから再び教育勅語の暗唱について考えてみよう。教育勅語の扱いが政治問題化するきっかけとなった、森友学園塚本幼稚園の園児達が教育勅語を暗唱する場面を私もビデオで見てみた。リズミカルに、しかし相当ながなり声で、意味を取りながら暗唱しているとは到底思えないものだった。だが、言葉が短く節をもつ〈君が代〉や童謡を覚えるのに比べて、言葉が長く節をもたない教育勅語を覚えるのは難しいので、相当に繰り返し練習して覚えさせたと想像される。その際に意味を説明したこともあろうが、五、六歳の子どもに理解でき、忘れないでいられる意味は「お父さん、お母さんを大切にしよう」とか「友達と仲良くしよう」とか、せいぜい「天皇陛下は偉い人だ」くらいだ。けれども、園児達は、繰り返し練習した教育勅語を幼稚園の儀式や行事で何度も何度もみんなで暗唱したことの喜び——「ありったけの声を出してその声が雑音にならないという喜び」（白石、一九八六、七四頁）を忘れることはないだろう。そしてその喜びこそが、教育勅語の提示する規範や行動様式を「時と場」の「繰り返しの事実の注入と累積」によって受け入れる触媒となるのだ。

教育勅語の暗唱をする幼稚園や小学校が他にもいくつか現れたとき、その暗唱経験のある人達が長じた頃に、教育勅語の提示する規範や行動様式が社会的イシューになったとき、一つには、それがどういう意味をもち、良し悪しが検討されてきたかという合理的な判断をしないままに、確かめたわけでもないのに、みんなそう考えているはずと思いこみ、その規範や行動様式を受け入れる空気が何かのきっかけでふわっと全体を覆ってしまいかねない危険性をはらんでいる。もう一つには、長じていく過程で得た知識や経験から、認知的、理性的には、その規範や行動様式の意味するところや良し悪しがわかっていたとしても、学校でやったのだから当たり前のはず、先生に教わったのだから正しいはずと、疑問に感じることなく、感情的、習慣的に受け入れてしまい、他の選択肢を想定することができなくなってしまう危険性をはらんでいる。

ある一つの規範や行動様式が全体を覆い、他の選択肢を想定できないとは、多様な考え方、多様な現実を認めない社会のことだ。そのような社会は一時的にうまくいっても、その先どうなるかは歴史が証明してきている。「時と場」の繰り返しは、社会集団の安定にもつながるが、それが行き過ぎた場合には社会の崩壊にもつながることを、私達は教育勅語の暗唱の繰り返しによって経験したはずだ。「隠れたカリキュラム」という切り口から教育勅語暗唱の問題を考えたとき、私が一番恐れているのは、このような結果をもたらす問題をはらんでいることである。

誤解を恐れずにいえば、現在私達が望ましいと考えている知識や規範や行動様式も、五〇年後、一〇〇年後には変わっているかもしれない。その意味では、私達が良しとしている学校教育活動のあり方もまた常に批判的に検証し、もう一つの選択肢を示して、多様な考え方、多様な現実の可能性を担保することが求められよう。

ちなみに、私の専門の「教育社会学」の講義は例年受講生が十名程度なので、一回目の冒頭は「こんなマイナーな講義を取りに来てくれてありがとう。感謝の意味をこめて、お菓子を用意しました。」と言って、ロの字型に配置された机で私を挟んで両端に座った学生にポッキーを渡すことから始まる。当然、プリントを一枚取って隣に回すようにはいかない。ポッキーを渡された学生は「どうしたものか」とお互い顔を見合わせ、やがて意を決したかのように一本取ったり二本取ったりまたは一本も取らずに隣に回していく。その間、私は学生達の当惑した表情と様々な取り分け方を愉しませてもらっている。

●注

（1）本多佐保美千葉大学教授を代表とする研究グループで二〇〇〇年～二〇一一年にかけて、現在の伊那市高遠町と飯田市を中心に、主に一九二九年度～三五年度生まれの方々を対象に、尋常小学校・国民学校初等科の音楽教育のようすをうかがうアンケート調査とインタビュー調査を行った。詳細は（本多佐保美他、二〇一五）を参照のこと。

（2）学校と入学年度を表している。このケースなら、高遠小学校に一九三七年度入学である。

●引用・参考文献

白石隆（一九八六）「学校唱歌、制服、ドラキュラ――インドネシアの国民統合――」原洋之介編著『社会科学の冒険5　東南アジアからの知的冒険――シンボル・経済・歴史――』リブロポート。
西島央（二〇〇二）「学校音楽はいかにして〝国民〟をつくったか」小森陽一他編『岩波講座近代日本の文化史5　編成されるナショナリズム』岩波書店。
本多佐保美・西島央他編著（二〇一五）『戦時下の子ども・音楽・学校――国民学校の音楽教育――』開成出版。
山本信良・今野敏彦（一九七三）『近代教育の天皇制イデオロギー　明治期学校行事の考察』新泉社。
Anderson, B. (1983) *Imagined Communities : Reflections on the Origin and Spread of Nationalism*, Verso.（白石隆、白石さや訳『想像の共同体――ナショナリズムの起源と流行――』リブロポート、一九八七年）
Apple, M. W. (1979) *IDEOLOGY AND CARRICULUM*, Routledge & Kegan Paul Ltd.（門倉正美他訳『学校幻想とカリキュラム』日本エディタースクール出版部、一九八六年）

あとがき

教育勅語の教材使用をめぐる二〇一七年二月〜四月の第一九三回国会でのやりとりをふまえたうえで、日本で最も大きい教育学研究者の学会である日本教育学会は、教育勅語問題ワーキンググループを設置し、この問題についての報告書を作成した。本書は、そのワーキンググループの報告書と、それに加えて教育学のなかのいくつかの分野の研究者に依頼して、個人の立場から自由に執筆していただいた原稿とによって構成されている。

日本教育学会がワーキンググループを作って本書が編まれるに至った経緯を、同学会の会長である私の個人的な判断や思いを交えて説明しておきたい。二〇一七年二月〜三月頃の私は、テレビや新聞の報道から、「国会で教育勅語をめぐっておかしな答弁がなされているな」と気にはなっていたが、日々の多忙な仕事に追われてそれっきりにしていた。

ところが、三月三一日に政府の答弁書が出され、四月に入って国会であらためて論戦が展開されるようになった時期から、私のもとに知り合いからメールや電話が届くようになった。私が日本教育学会の会長を務めている関係で、会員や理事から「日本教育学会はこの問題に対して何か対応をしないんですか」という質問（＝要請？）が相次いだのである。

確かに、教育に関する当面の重要問題について、学術研究者の立場からの見解を社会的に発信することは、現実の社会とは無関係でいられない研究者が負うべき社会的責任の一部であるといえるだろう。日本教育学会は教育学を研究する学術団体として、過去において、当面の重要な問題に関して声明を出したり、シンポジウム等を開いたりしてきた歴史がある。近年では、教育基本法改正が問題になっていた時期（二〇〇二～二〇〇六年）に、教育学関連一五学会共同公開シンポジウム準備委員会に加わり、四回の公開シンポジウム、二回の公開研究会を開催した。そのときにはまた、日本教育学会も加わった教育学関連二五学会の会長（理事長）の連名による「教育基本法見直しに対する要望」が、文部科学大臣と中央教育審議会会長に提出されている。

今回の教育勅語の教材使用の問題は、日本国憲法‐教育基本法の枠組みのなかで作られてきたこれまでの教育のあり方を、大きく逸脱する動きにもなりかねない。それゆえ、多くの会員や理事から質問（＝要請？）が寄せられて、日本教育学会の会長として何かをしていくかどうかを考えざるをえなかった。

しかし、私はしばらくの間、国会での論戦のゆくえを見守ることにした。ときの政治の動きに対して、学会は過度に政治的になってはいけないというのが私の考えである。学術研究者の団体として、何かやっていく必要が本当にあるのかどうかを見きわめたかった。

四月の国会での論戦や答弁書には、がっかりさせられた。野党議員の様々な質問に対して、政府側の答弁は曖昧で、論点をはぐらかすようなものに終始した。教育勅語を肯定的に扱う教材として使用することがいいのか悪いのかという、最も肝心なところは、「まずは、学校の設置者・所轄庁において……判断されるべき」というふうに、政府ではなく教育委員会や学校法人等の判断に委ねられてしまうことになった。

「これはまずい」と私は思った。教育勅語を肯定的に扱う教材として使用することを政府が容認したかのような誤ったイメージが流布したうえ、判断が委ねられることになった教育委員会や学校法人などが実際には明確な判断基準を手にしないままの状態が作られたからである。教育行政や学校現場で、今後おかしなことが起きていって混乱してしまうかもしれない。学術研究者の団体として、どうやら何かをするべきだ、と判断をした。

私は小玉亮子・日本教育学会事務局長（当時）に相談したうえで、五月九日に開催された日本教育学会の法人理事会において、この問題についてワーキンググループを設置することを提案した。ワーキンググループに活動してもらい、(1)教育学関連諸学会に呼びかけて共同声明を出す、(2)緊急で連続シンポジウムを開催する、(3)専門性の高い研究者による「教育勅語の教材使用に関する研究報告書」を作る、といった内容の案である。

五月九日の理事会では、積極的に対応していくべきだという賛成論と、問題の危うさは理解できるが学会は政治的なものに関与するべきではないという慎重論との間での議論になった。議論の結果、あくまでも学術的な活動として、教育勅語とは何かとその歴史、今回の教育勅語使用容認問題の経緯の確認と問題点、そして教育学的な観点からの問題を明らかにし、世間に発信していく必要がある、ということで理事会出席者の了解が得られ、ワーキンググループが設置されることになった。

ワーキンググループのメンバーになってもらった皆さんは、実に精力的に動いてくださった。ワーキンググループが起草した声明案を教育学関連諸学会に提示し、教育学関連諸学会一七学会の会長（理事長）の連名で六月一六日に声明を発表することができた（七月末時点で二六学会に増加）。また、六月と九月に二度にわたってシンポジウムを開催し、その成果を反映させながら、一二月一日に「教育勅語の教材使用問題に関する研究報告書」が完成した。同一二日に文部科学省の担当者に手渡すとともに、文科省記者会で記者発表を行った。会長共同声明に関してもシンポジウムに関しても、多くの教育学関連諸学会の協力を得ることができた。学術的な観点から、今回の教育勅語問題をどう考えればよいのかを取りまとめ、社会に発信することができた。

本書は、前述したように、日本教育学会が設置したワーキンググループが取りまとめた報告書「教育勅語の教材使用問題に関する研究報告書」を収めるとともに、何人かの研究者に新たに寄稿していただいた。後者は、報告書ではカバーしきれていないトピックや視点を今後のわれわれが議論していくための素材として、個人の立場から自由に議論を展開していただいた。

教育勅語の失効・排除や教育基本法の成立など、戦後改革については、研究の世界でも様々な評価があり、その後現在に至るまでの歴史のとらえ方も含め、今後、史実のさらなる究明とそれらを通した学問的な論争がなされていく必要がある。また、「特別な教科」とされた道徳教育の実施が目前に迫っている中、道徳教育のあり方についても、原理・内容・方法の様々な面で今後しっかりとした研究が積み上げられ、それをもとにした学問的な論争がなされていくことが期待される。

政治の世界は、残念ながら真理性に関心が払われないことがしばしばである。政治の世界ではイデオロギーや情念がそれ自体様々な動きを作り出す源泉になる。また、誰の声や意志が多数者になるかが何よりも重要で、それによって現実が変化させられていく。こうした結果、言明の真理性は、政治のゲームのなかでは軽視されてしまいがちである。

しかしながら、学問の世界は真理性こそが最大限に尊重される世界である。ときの権力も、ときの世論も、真理性を裏づけてくれる確実なものではない。ただし、研究者や研究者集団にとっても、真理には簡単に到達することはできない。むしろ、研究の世界ができることは、われわれが住むこの世界に関する、よりましな言明とまちがったり歪んだりした言明とを、学問的なルールと方法によって慎重に選り分けていくことである。

日本教育学会のワーキンググループの報告書と、他の教育学研究者が寄稿して編んだ本書が、政治の論理に振り回されがちな教育勅語の問題を、世の中の人達が冷静に議論し判断できるための材料になることを祈りたい。

最後になるが、精力的に作業を進めてくださったワーキンググループの皆さん、日本教育学会からの働きかけに積極的に対応してくださった教育学関連諸学会の皆さん、本書の出版を引き受けてくださった世織書房の伊藤晶宣さんに、心からお礼を申し上げたい。

二〇一八年一月

日本教育学会会長　広田照幸

執筆者一覧（執筆順）

中嶋哲彦（なかじま・てつひこ）
一九五五年生まれ。名古屋大学大学院教育発達科学研究科教授（教育行政学・教育法学）。著書は『教育委員会は不要なのか――あるべき改革を考える』（岩波書店）、『生徒個人情報への権利に関する研究――米国のFERPAを中心に――』（風間書房）、論文に「なぜ教育勅語の復活を願うのか――「徳」の樹立と建国の一体性――」『世界』八九八号、などがある。

小野雅章（おの・まさあき）
一九五九年生まれ。日本大学文理学部教授（日本教育史）。著著は『御真影と学校――「奉護」の変容――』（東京大学出版会）、論文に「戦前日本のおける『国旗』制式統一過程と国定教科書――文部省による制式決定（一九四〇年）迄の経緯」『日本の教育史学』第五九号、などがある。

有本真紀（ありもと・まき）
一九五八年生まれ。立教大学文学部教授（音楽教育学・歴史社会学）。著著に『卒業式の歴史学』（講談社）、『ハートフルメッセージ――初等音楽科教育法――』（明星大学出版部）、論文に「明治期学校表簿にみる児童理解実践――『個性調査簿』の成立過程――」『立教大学教育学科研究年報』第五五号、などがある。

三羽光彦（さんぱ・みつひこ）
一九五四年生まれ。芦屋大学臨床教育学部教授（教育学）。著書に『高等小学校制度史研究』（法律文化社）、『六・三・三制の成立』（法律文化社）、論文に「戦後初期滋賀県における無争学園中等部の教育に関する一考察――新学制発足に先行する私塾的中等教育創造の試み――」『中等教育史研究』第二三号、などがある。

本田伊克（ほんだ・よしかつ）
一九七三年生まれ。宮城教育大学大学院教育学研究科准教授（戦後民間教育運動史・教育課程論）。論文に、「改訂学習指導要領の性格分析――私たちの教育課程づくりをめざして」『教育』第八五九号、「教育の知識論的・文化階層論的基盤――『教育社会学的教育学改』序説――」『宮城教育大学紀要』第四七巻、などがある。

大橋基博（おおはし・もとひろ）
一九五三年生まれ。名古屋造形大学造形学部教授（教育学）。著書に『テキスト 教育と教育行政』（勁草書房）、論文に「教育目標が強制されるシステム――教育振興基本計画と教育の目標管理――」『教育』第八〇九号、「新教育基本法と学習指導要領」『日本教育法学会年報』第四二号、などがある。

米田俊彦（よねだ・としひこ）
一九五八年生まれ。お茶の水女子大学基幹研究院人間科学系教授（日本教育史）。著書に『近代日本教育関係法令体系』（港の人）、『教育審議会の研究　中等教育改革』（野間教育研究所）、『近代日本中学校制度の確立――法制・教育機能・支持基盤の形成――』（東京大学出版会）などがある。

瀧澤利行（たきざわ・としゆき）
一九六二年生まれ。茨城大学教育学部教授（養生思想史、健康思想史、健康文化論）。著書に『近代日本健康思想の成立』（大空社）、『養生論の思想』（世織書房）、『健康文化論』（大修館書店）、論文に「明治期健康思想と社会・国家意識」『日本醫史學雜誌』第五九巻第一号、などがある。

折出健二（おりで・けんじ）
一九四八年生まれ。愛知教育大学名誉教授（教育方法学、生活指導論）。著書に『市民社会の教育――関係性と方法』『人間的自立の教育実践学』（いずれも創風社）、『他者あって私は誰かの他者になる――いま創《はじ》めるアザーリング――』（ほっとブックス新栄）などがある。

西島央（にしじま・ひろし）
一九六八年生まれ。首都大学東京人文科学研究科准教授（教育社会学・音楽教育学）。著書に『部活動――その現状とこれからのあり方――』（学事出版）、『戦時下の子ども・音楽・学校――国民学校の音楽教育――』（開成出版）、論文に「社会問題化した『部活動のあり方』に音楽教育はどう臨むのか――中学生及び中学校教員対象調査データの分析から――」『音楽教育実践ジャーナル』第一五巻第二八号、などがある。

広田照幸（ひろた・てるゆき）

一九五九年生まれ。日本大学文理学部教授（教育社会学）。著書に『教育は何をなすべきか――能力・職業・市民――』（岩波書店）、『格差・秩序不安と教育』（世織書房）、『日本人のしつけは衰退したか――「教育する家族」のゆくえ――』（講談社）などがある。

教育勅語と学校教育──教育勅語の教材使用問題をどう考えるか

2018年3月31日　第1刷発行

編　者　日本教育学会教育勅語問題ワーキンググループ
装幀者　M. 冠着
発行者　伊藤晶宣
発行所　(株)世織書房
印刷所　(株)ダイトー
製本所　協栄製本(株)

〒220-0042　神奈川県横浜市西区戸部町7丁目240番地　文教堂ビル
電話 045-317-3176　振替 00250-2-18694

落丁本・乱丁本はお取替えいたします　Printed in Japan
ISBN978-4-86686-000-8